_____ 님의 소중한 미래를 위해
이 책을 드립니다.

부동산투자
궁금증
100문 100답

부동산 초보자도 술술 읽는 친절한 입문서

부동산투자

궁금증

100문 100답

최영훈 지음

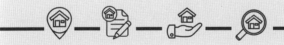

메이트북스

메이트북스 우리는 책이 독자를 위한 것임을 잊지 않는다.
우리는 독자의 꿈을 사랑하고,
그 꿈이 실현될 수 있는 도구를 세상에 내놓는다.

부동산투자 궁금증 100문 100답

초판 1쇄 발행 2023년 9월 1일 **|** **지은이** 최영훈
펴낸곳 (주)원앤원콘텐츠그룹 **|** **펴낸이** 강현규·정영훈
책임편집 남수정 **|** **편집** 안정연·박은지 **|** **디자인** 최선희
마케팅 김형진·이선미·정채훈 **|** **경영지원** 최향숙
등록번호 제301-2006-001호 **|** **등록일자** 2013년 5월 24일
주소 04607 서울시 중구 다산로 139 랜더스빌딩 5층 **|** **전화** (02)2234-7117
팩스 (02)2234-1086 **|** **홈페이지** matebooks.co.kr **|** **이메일** khg0109@hanmail.net
값 19,800원 **|** **ISBN** 979-11-6002-410-4 03320

당신이 사는 집은 당신이 만드는
가장 중요한 투자 중 하나이다.

• 로버트 J. 실러(미국 경제학자) •

부동산투자와 관련된
핵심 궁금증들을 담은 책!

"두껍아, 두껍아. 헌 집 줄게, 새집 다오."

어렸을 때 흙장난하면서 한 번쯤 불러본 적 있나요? 어린 시절에는 몰랐지만 어른이 된 지금은 이 노랫말이 예사롭지 않습니다. 마치 '내 집 마련'이 정답인 듯한 가사죠. 헌 집에서 새집으로 옮겨가는 일이란, 자본주의 관점에서 보면 바람직한 일입니다. 그런데 맞바꿀 헌 집이 없다면 어떻게 해야 할까요?

필자의 아버지는 TV 프로그램 〈나는 자연인이다〉의 애청자입니다. 산속에서 홀로 사는 '자연인'을 보며 아련한 표정을 짓곤 합니다. 자연에서 집을 짓고 사는 게 꿈이라 하시지만, 어머니는 가고 싶지 않다고 말씀

하시지요. 제가 아이에게 다른 곳으로 이사를 가자고 하면 대뜸 이렇게 묻겠지요. "아빠, 거기에서 유튜브 볼 수 있어? 친구 누구랑 가?"라고 말이지요.

누군가에게는 산속 오두막이, 누군가에게는 반포 아크로리버파크가, 누군가에게는 친구들이 많이 사는 동네가 '좋은 집'이 될 것입니다. 이렇게 '좋은 집'의 기준은 각각 다를 수밖에 없습니다.

그런데 좋은 집의 기준은 다양해도 '내 집 마련'의 과정은 대부분 비슷할 것입니다. 돈을 벌고 아끼고 모아서 목돈을 마련하고, 부족한 돈은 대출을 받는 방식이지요. 그렇게 집 한 채를 장만하고, 다시 모으고 아껴서 상급지로 가는 일이 마치 인생의 숙제와 같습니다.

이 숙제에는 시련도 있습니다. 바로 '집값의 향방'이지요. 부동산 가격이 올라도 걱정이고, 집값이 떨어져도 걱정입니다.

한때 대한민국에서 '부동산 불패'라는 공식이 통용되었습니다. 특히 2020년을 전후로 부동산은 폭등했지요. '영끌, 빚투, 벼락거지, 청포족' 등 부동산 급등에 따른 신조어도 잇따라 생겨났고요. 그런데 지금은 어떤가요? 영원할 것만 같았던 부동산 시장이 하락세로 이어졌습니다.

부동산 시장과 정책은 반대 방향을 향합니다. 집값이 올라갈 때는 억누르려는 정책을 펼치고, 떨어질 때는 거래를 늘리려는 정책을 펼치지요. '공급'과 '수요'의 균형을 유지하기 위해서입니다. 결과적으로 '집=돈'이라고만 보면 늘 골치 아픈 숙제일 것입니다.

　이 책에는 '어느 지역이 좋다' '언제 팔고 사라' '부동산은 이때 오른다'라는 식의 내용은 지양했습니다. 부동산은 통제 불가능한 변수도 많고, 예측도 어렵기 때문입니다.

　하지만 인생의 숙제를 풀기 위한 근본을 탐구하려 노력했습니다. 집값이 오르고 내리고와 관계없이 언제나 통용될 만한 부동산투자의 기본기를 담았습니다. '좋은 집'을 위한 기초 상식부터 필수 정보, 관련 정책까지 모두 이 책에서 훑어볼 예정입니다. 더 좋은 집을 향한 업그레이드 과정도 흐름에 따라 풀어냈습니다.

　이 책이 '내 집 마련'이라는 숙제에 좋은 참고서이자 길잡이가 되길 바라는 마음입니다. 집을 '사는 것(자산)'으로 바라보지 않고, '사는 곳(주거)'으로 바라보았으면 좋겠습니다. 그래서 실생활에 도움이 될 만한 부동산 정보를 알차게 담았습니다. 특히 상대방을 설득하는 노하우와 실제 계약서 특약 사항 정리 등은 다른 책에서는 볼 수 없는 특별한 내용이 될 것입니다. 분쟁이 생겼을 때 단순히 "임차권 등기를 하고 소송을 하라"고만 하지 않습니다. 미리 방지하는 문자 메시지, 상황을 타개할 수 있는 5가지 전략 등은 현실에서 큰 도움이 될 것입니다.

"모르면 당한다"는 말이 참 아프게 합니다. 그 어느 때보다 가슴 깊이 와닿습니다. 법을 몰라서, 등기부를 몰라서 당했습니다. 몰라서! 안 해도 될 일을 하고, 해야 할 일을 못하게 됩니다. 전세 사기 피해자들은 몰랐고, 가해자들은 알았습니다. 주택임대차보호법과 대항력을 알면 당하지 않습니다.

집을 매수하거나 매도할 때, 전세를 얻거나 임차인을 얻을 때 등 흔히 일어나는 일과 관련된 정보를 자세히 수록했습니다. 갭투자 과정에서 빚어지는 혼선을 한 번에 정리하는 노하우도 담아냈습니다.

첫 집이 헌 집이 되고, 다시 새집으로 바꾸기까지의 모든 과정에서 이 책이 좋은 참고서가 되면 좋겠습니다. 더 간절한 분들에게, 더 좋은 기회가 가기를 바랍니다.

최영훈

4장 부동산 매매 시에 체크해야 할 것들

5장 잔금에서 이사까지! 아직 끝난 게 아니다

9장 갭투자, 꼭 알아둬야 할 상식

10장 알아두면 유용한 부동산 정보

11장 청약·분양권에 대한 거의 모든 것

12장 믿을 만한 공인중개사를 선택하는 방법

13장 잘 고른 상가, 연금이 따로 없다

1장

내 집 마련만큼
인생에 중요한
일도 없다

1장은 '내비게이션'입니다. 내 집 마련은 안정된 거주 공간이 생긴다는 것 외에도 많은 의미를 갖습니다. 팬데믹 이후에는 그 의미가 더욱 확장되었고요. 이제 집은 사무실이자 피트니스 센터이자 도서관으로서의 역할을 하고 있습니다. 자산 증식의 훌륭한 수단이 되기도 하고, 노후를 대비할 수 있는 안전장치도 됩니다. 집값을 예측할 수 있는 객관적인 지표를 제시하는 내 집 마련의 내비게이션도 구비했습니다. 내 집 마련으로 가는 첫차, 지금 출발합니다.

집에 대한 인식,
팬데믹 이후 어떻게 변했나?

▎집, 쉬는 곳에서 사는 곳으로! 코로나19 바이러스로 시작된 팬데믹은 삶의 방식을 급격하게 변화시켰습니다. 그 결과 집을 바라보는 사람들의 인식도 바뀌었지요. 사회적 거리두기로 재택근무를 하는 사람들도 많아져서 집에서 시간을 보내기도 했고요. 사람들이 집에서 머무는 시간이 많아지면서 주거 공간의 가치가 높아지기 시작했습니다. '쉼·휴식·안정'이라는 전통적인 가치에 '여가·활동·기능'이라는 개념이 더해졌습니다. 우리가 사는 공간에 대한 인식과 사용 방법이 변화한 것입니다.

　팬데믹 이전에는 '초품아·역세권'이 중요한 가치였습니다. 그런데 지금은 '베타룸·특화된 커뮤니티 시설' 등을 내세우며 공간의 차별성을 부각시키고 있지요. "커뮤니티 시설을 특화시킨 아파트를 선호

한다"는 설문조사 결과도 있고요. 그만큼 사람들이 집에서 머무는 시간이 많아지면서 다양한 가치를 중시하기 시작한 겁니다.

| 홈코노미 주거 공간이 삶의 질을 변화킨다는 것은 익히 알고 있을 겁니다. 사람들이 집에서 더 많은 시간을 보내면서 삶의 중심이 집으로 옮겨졌습니다. '워라밸(워크 앤드 라이프 밸런스를 줄여 이르는 말로, 일과 삶의 균형을 이르는 말)' 문화도 힘을 보탰지요. 집은 휴식과 수면을 취하는 곳에만 머무르지 않습니다. 일하고 공부하고 운동하고 즐기는 장소로 진화하고 있지요. 이를 '홈코노미[집(home)과 경제활동(economy)이 결합된 신조어]'가 뒷받침합니다.

코로나19 바이러스 전후로 일어난 가장 큰 변화는 재택근무와 온라인 학습의 확대입니다. 홈오피스와 인터넷 강의에 대한 필요성이 높아졌지요. 즉 사람들이 집에서 일하거나 공부하려는 공간의 필요성을 느끼기 시작한 것입니다. 그리고 집에서 운동을 하는 '홈트' 인구도 증가했습니다.

이러한 현상은 '거주 공간의 재발견'으로 이어집니다. 사람들은 기존의 주거 공간이 충분하지 않았다는 것을 깨달았고, 주거 공간의 효용성을 높이고자 합니다. 기존의 유휴 공간을 내실 있게 사용하고자 변화를 도모하고 있지요.

| 스테이케이션 실내 집합금지 정책 때문에 야외에서 시간을 보내게 된 것도 변화 중 하나입니다. 집 근처의 공원이나 산책길이 중

요해졌지요. 일명 '공세권(공원)·팍세권(Park)·숲세권(숲 등 자연환경)' 에 대한 갈망이 더 커졌고요. 집 안의 실외 공간도 눈에 띕니다. 발코니, 테라스 정원처럼 야외 공간의 중요성이 강조되는 분위기입니다. 사람들은 편안하고 기능적인 야외 공간을 둔 집을 선호하고 있습니다. 베란다 한쪽의 미니 텃밭은 삶의 활력소가 되곤 하니까요.

그리고 집 근처에서의 생활을 중시하는 이른바 '스테이케이션[머물다(stay)+휴가(vacation)]' 현상도 생겼습니다. 아파트 단지의 커뮤니티 시설이 대표적인 예입니다. 일반적인 아파트의 커뮤니티 시설은 헬스장, 독서실, 휴게 공간 정도였습니다. 그러다가 수영장, 골프장, 키즈카페, 사우나 시설을 갖춘 아파트가 보편화되었고, 영화관과 카페테리아는 물론이고 옥상 정원이나 인피니티 풀을 갖춘 아파트도 등장했지요. 미니 워터파크, 다양한 산책로, 캠핑 공간 역시 눈에 띄는 변화입니다. 이제는 아파트 단지를 벗어나지 않아도 많은 것을 즐길 수 있게 된 것이지요.

이처럼 '집'에 대한 사람들의 생각이 바뀌고 있습니다. 삶의 질을 높여주는 주거 공간에 대한 욕구도 동시에 커지고 있는 상황입니다.

부동산 시장에서도
소신이 필요한 이유는?

┃한 배우의 내 집 마련 스토리 "니 아버지 뭐하시노"라는 대사로 유명한 한 배우가 있습니다. 그는 예능 프로그램 〈나 혼자 산다〉에 출연하면서 소탈하고도 친근한 이미지를 보여주었지요. 그의 내집 마련 이야기도 화제를 모았습니다. 그는 50여 년간 전월세를 살면서 겪은 무주택자의 서러움을 방송에서 호소했었지요. "집값 떨어진다는 말만 믿었는데, 2배가 넘었다"라는 그의 말이 대중들에게 많은 공감을 얻기도 했고요.

이후 그는 2022년 초, 인천 송도에 위치한 한 아파트를 샀습니다. "56년 만에 소원을 이뤘다"라고 밝혀 많은 사람들에게 축하를 받았습니다. 하지만 2022년 하반기부터 부동산 침체가 시작되면서 집값 하락으로 안타까움을 자아내기도 했습니다. 그런데 그 배우에게만 해당되는 일일까요? 그와 같은 고민을 하고, 같은 선택을 한 사람들이 많았습니다. 이와 관련된 기사를 보도록 할게요.

▌'벼락거지'와 '영끌거지' 2021년 2월 12일자 〈한국경제〉에 이런 내용이 실렸습니다.

"한 누리꾼은 '모든 상황이 다 원망스럽다'라고 입을 뗀 뒤 '2년 전만 해도 분위기 좋은 신도시에서 호가 6억~7억 원 수준인 아파트에 살고 있었다. 이사를 계획하면서 전세를 줄지 아니면 팔지를 고민하던 시기였는데, 더 이상 안 오른다. 지금이 꼭지다라는 시누이의 말을 듣고 팔기로 결심했다'고 했다. '나는 벼락거지가 되고 말았다. 이모든 상황이 너무 억울하고 원망스럽다. 시누이도 너무 밉고 싫다'라고 했다."

2022년 12월 20일자 〈매일경제〉에서 발췌한 내용을 보겠습니다.

"30대 직장인 김 씨는 요즘 밤잠을 설친다. 올해 초 집을 산 게 문제였다. 지난해에 주변 친구들이 집을 사자 순식간에 '벼락거지'가 됐던 김 씨. 마음이 조급해진 그는 올해 초 경기도 동탄에 위치한 신축 아파트를 9억 원에 매수했다. 부부가 모은 돈과 신용대출, 그리고 주택담보 대출을 총동원했다. 말 그대로 영혼까지 끌어 모으는 '영끌'이었다.

드디어 내 집이 생겼다는 안도감은 잠시였다. 연일 뉴스에서는 부동산 하락 기사만 나오기 시작했다. 문제는 금리였다. 그가 매월 갚아야 하는 원리금이 60만 원이나 늘었다. '예비금으로 빼놓은 돈도 이제는 대출 갚는 데 써요. 영끌을 하면서 가계 살림을 짜놨는데, 여기에서 더 줄여야 하니 막막합니다. 언제까지 이러고 살아야 하는지 한숨만 나오네요'라고 했다."

▌누구의 잘못인가?

2021년에 집을 팔아 후회한 누리꾼과 2022년에 집을 사서 한숨을 쉬는 김 씨. 둘 중 누가 잘했고 못했는지를 따질 수 있을까요? 결국 부동산은 소신과 신념에 따른 문제입니다.

부동산 시장은 분위기를 많이 탑니다. 대중의 심리와 행동이 합리적인 소비를 방해하지요. 이론적으로는 '쌀 때 사고, 비쌀 때 파는 것'이 맞습니다. 그런데 현실이 꼭 그렇지만은 않습니다. 남들이 사면 비싸더라도 사고 싶고, 집값이 떨어지면 소비 심리가 하락하기도 합니다. 이렇게 '비이성적인 상황'이 발생합니다.

소신을 갖고 부동산 시장을 헤쳐 나가야 하는 이유가 바로 이겁니다. 소신이 있어야 자신의 결정에 책임을 지고, 일희일비하지 않게 해주니까요.

장기적인 관점으로 부동산을 바라봐야 합니다. 부동산 경기는 변동성이 크므로 예측하기가 어렵습니다. 그러므로 주변 분위기에 휩쓸려서 선택을 한다면, 결국은 이도저도 이루지 못한 채 손해만 보고 물러날 가능성이 큽니다.

분명한 소신을 갖고, 시장 변화에 대처하면서 장기적인 목표를 향하는 자세가 중요합니다. 집을 팔아서 후회한 누리꾼과 집을 사서 한숨 쉬던 김 씨. 몇 년 뒤에는 어떤 상황에 처해 있을까요?

내 집 하나는
꼭 있어야 하는 이유는?

┃남의 집에 산다는 것 '내 집'에서 사는 것과 '남의 집'에서 사는 것. 생각보다 이 둘의 차이는 큽니다.

사람들은 전세나 월세를 살 때 겪는 부조리한 문제들을 대개 '남의 집에 사는 서러움'이라고 표현합니다. 최근에는 전세 사기 피해가 늘면서 세입자의 불안도 증가했습니다. 한편 부동산 가격이 상승하던 시기에는 박탈감마저 느끼게 하고요. 이것들이 내 집 하나는 꼭 있어야 하는 이유이기도 합니다.

┃개인의 취향에 맞게! 세입자들이 자기 돈으로 인테리어 공사해서 들어가는 경우를 본 적 있나요? 아마 거의 없을 겁니다. 만약 그런 경우가 있다면 "남의 집을 왜?"라며 비웃을 거고요. 어떤 집주인들은

계약할 때 '못 박기 금지' '반려동물 금지' 같은 특약을 걸기도 합니다. 그만큼 세입자 입장에서는 자신이 거주하는 공간을 마음대로 꾸미거나 고치지 못하고 제약을 받지요.

반면 자기 집이라면 어떨까요? 마음대로 꾸밀 수 있습니다. 자기 집에 산다는 것은 곧 자신만의 공간을 가질 수 있다는 뜻이지요. 반려동물도 마찬가지입니다. 그리고 공간을 꾸밀 수 있습니다. 흔히들 "인테리어 싹 하고 들어간다"라고 표현하지요. 집 안의 일부 구조나 색감 등을 바꾸기도 하고요. 자신의 취향과 용도에 맞게 바꾸면 삶의 질도 높아집니다.

┃"엄마, 우리 또 이사 가?" 전세나 월세의 최대 단점은 아마도 주거 환경이 바뀐다는 점일 겁니다. 2년 계약이 끝나면 다른 집으로 이사를 가야 할 수도 있습니다. 지금까지 살던 동네의 전월세 가격이 많이 올랐다면 하급지로 이사를 가야 할 수도 있고요. 이렇게 2년마다 이사를 간다는 것은 자녀에게도 좋지는 않습니다. 집과 동네, 학교, 친구들까지 바뀐다는 것이 아이에게 정서적으로 안정적이지는 않으니까요.

남의 집에 살면 결국은 이사를 해야 합니다. 이사 또한 만만하게 볼 일이 아니지요. 이사 한 번 할 때마다 소요되는 시간과 돈, 에너지가 상당합니다. 계약 기간이 끝나고 이사를 가야 할 때 다른 집을 알아보는 일도 쉽지 않습니다. 부동산 사무실에 들러서 여러 집을 둘러보고, 금액과 이사 날짜에 맞는 집을 찾아 계약도 해야 하니까요. 이사란 게 신경 쓸 일이 한두 가지가 아닙니다. 이사 가기 위해 주변 정리도 해야 하고, 새로운 집으로 이사를 가서도 몇 날 며칠을 정리해야 합니다.

▌전세 사기와 집주인 횡포 걱정 끝!

내 집이 있으면 보증금을 돌려받지 못할 걱정도 없습니다. 최근 전국적으로 발생한 전세 사기 범죄를 볼까요? 세입자들은 전세 보증금을 떼일 위기에 처해 있습니다. 그런데 내 집을 갖고 있다면, 최소한 사기당할 일은 없습니다.

"돈이 없어서 보증금을 못 돌려주겠다"라고 말하는 집주인도 많을 겁니다. 계약 기간이 끝나면 보증금을 돌려받는 것이 당연한 일입니다. 계약 사항에도 '임차인 퇴거와 보증금 반환은 동시이행'이라고 분명히 적혀 있습니다. 그런데 현실은 어떤가요? "계약 기간이 끝나고 나갈 테니 보증금을 돌려달라"고 당당하게 말하더라도, 돌려받지 못하는 경우가 생각보다 많습니다. 돌려줄 돈이 없다는 이유에서죠.

대항력 확보, 내용증명, 임차권등기설정, 경매 등 합법적으로 돌려받을 절차는 있습니다. 하지만 이 또한 에너지를 소비해야 하고, 돌려받을 때까지 스트레스를 겪게 되지요. 이러한 것들이 '집 없는 서러움'이라고 합니다.

집은 곧 돈입니다. 일반적으로 시간이 흐를수록 부동산의 가치는 올라갑니다. 이는 곧 자산 증대와 연결되지요. 집을 소유하면 집값 상승의 결과로 자산을 늘릴 수 있습니다. 자기 집이 있다는 것은 정서적으로도, 경제적으로도 안정감을 높이는 일입니다.

집으로 노후 설계하기,
어떻게 가능할까?

│집값은 시속 100km, 월급은 시속 50km 지금은 '100세 시대'를 향해 가는 시기입니다. 이는 부양해야 할 사람보다 부양받아야 할 사람이 많아진다는 것이지요. 장기적인 관점에서 보면 집은 단순히 현재의 자산을 넘어 노후를 대비할 수 있는 수단이기도 합니다. 좋은 집 한 채가 효자가 되는 세상이지요.

최저임금이 16배 상승하는 동안에 강남 아파트 값은 33배나 상승했습니다. 600원이던 최저임금이 9,620원이 되기까지 30여 년이 걸렸는데, 평당 300만 원이던 강남 아파트는 평당 1억 원이 되었습니다. 이러한 현상을 '노동소득이 자본 증가 속도를 못 따라간다'라고 일컫습니다.

중위소득 기준으로, 서울에서 살 수 있는 아파트는 3%에 불과합니다(2023년 4월 한국주택금융공사). 가구소득 대비 주택가격 비율(PIR)이 수도권은 10배입니다. 10년 동안 한 푼도 안 쓰고 돈을 모아야 수도권에 소재한 집을 마련할 수 있다는 뜻입니다.

힘들게 일해서 월급을 모으더라도 매수할 수 있는 집이 별로 없습니다. 월급이 오르는 속도보다 집값 오르는 속도가 빨라서 그렇습니다. 화폐가치는 하락하고, 월급은 오르지 않고, 물가는 오릅니다.

▌좋은 집을 선점하라

그렇다면 우리는 어떻게 해야 할까요? 상황이 허락하는 한 하루빨리 '내 집'을 마련해야 합니다.

사람들은 좋은 입지에 있는 집을 늘 갈망합니다. 그리고 이미 가지고 있다면 타인에게 내주려고 하지 않지요. 부동산 하락기에 "부자들이 헐값에 집을 파는 대신, 자식들에게 증여한다"라는 이야기를 들어본 적이 있을 겁니다. 실제로도 그렇습니다. 한국부동산원에서 발표한 자료에 따르면, 2022년 1~10월 증여 거래 건수가 7만 3,005건(전체 거래 중 9%)으로 2006년 이후 가장 높은 수치라고 합니다. 결국 집은 '선점'의 문제입니다. 좋은 집을 소유하면 노후를 대비하거나 자녀에게 증여할 수 있는 등 선택의 폭이 넓어집니다.

▌최고의 노후 대비 수단은 집!

기대수명 83세, 건강수명 73세, 정년퇴직 60세라고 보면, 83세까지 살아야 하는데 수입은 60세에 끊기는 것입니다. 퇴직한 후에도 20여 년을 더 살아야 하는데, 일정한 수입 없이 어떻게 살아가야 할까요? 대다수의 사람들이 보험이나 연금으로 생활하는 것이지요. 경제활동을 했을 때보다 수입이 줄어드는 만큼, 고정지출을 줄여야 합니다. 그런데 이때 내 집을 가지고 있다면 생활비를 절감하는 데 도움이 됩니다. 월세와 같은 임대료를 내지 않아도 되기 때문이지요. 혹은 큰 집에 살다가 평수를 줄여서 작은 집으로 가는 것도 노후를 대비하는 한 방법입니다.

집이 있다면 예기치 못한 상황에 대처할 수도 있습니다. 집은 개인이 가진 자산 중에서 많은 부분을 차지합니다. 노후에 경제적으로 어려울 때 집을 비상금으로 쓸 수 있지요. 집을 팔아서 말이죠. 갑자기 수술비가 필요하거나 자녀들이 결혼할 때도 활용 가능합니다.

주택연금

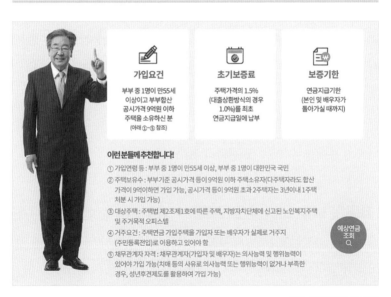

출처: 한국주택금융공사

또한 집이 있으면 주택연금에 가입해서 연금을 받을 수 있습니다. 자기 집에서 계속 살면서 연금 수입이 생기는 것이니 일석이조입니다. 부부가 살아 있는 동안 거주를 보장받을 수도 있습니다. 부부 중 한 명이 사망하더라도 100% 동일 금액을 지급해주고요. 만약 집값보다 연금 수령액이 더 많더라도 돈을 되돌려줄 필요가 없습니다.

다만 가입할 때 집값의 약 1~1.5%를 내야 하고, 이자 형식으로 연(年) 보증료도 내야 합니다. 그럼에도 집은 노후를 대비하기 위한 좋은 수단입니다. 연금 소득이 발생할 수도 있고, 비상시에 활용할 수도 있으니까요. 하늘 아래 내 집이 있다는 안정감도 줍니다. 말 그대로 좋은 집 한 채가 효도하는 세상입니다.

집값을 예측할 수 있을까?
_ 부동산 경기 변동 주기

┃집값, 결국은 오르락 내리락! 집값은 어떻게 될까요? 2023년 초 부동산 시장을 보면 최고점에 비해 30% 폭락하거나 반값으로 떨어진 곳들도 있습니다. 거래량, 매매가격, 전세가격, 소비자 심리지수 등 다방면에서 부동산이 회복될 기미가 보이지 않습니다.

부동산에 대한 연구와 논의도 다각도로 진행되고 있습니다. '부동산 시장 경기의 순환(사이클)'이라는 주제는 오래전부터 있었습니다. 이는 '부동산은 상승과 하락을 반복한다'라는 의미이기도 합니다.

┃부동산 경기 변동 주기 부동산 사이클은 순환적 변동과 비순환적 변동(계절적 변동·장기적 변동·무작위 변동)으로 나뉩니다. 거래량과 가격, 소비 심리에 따라 '저점-상승-고점-하락-저점'으로 과정이

반복됩니다. 대개 이론서에는 '하향-회복-상향-후퇴'로 표현합니다. 그리고 '안정 구간'이 따로 있다는 것이 가장 큰 특징입니다.

부동산 경기의 변동 주기는 17~18년으로 봅니다. 일반 경기 사이클인 8~10년에 비하면 진폭, 즉 최고점과 최저점의 차이가 크지요. 타성 기간(일반 경기와 변동 기간이 서로 다른 부동산 경기가 일반 경기보다 뒤지는 기간)이 길고, 순환 국면이 불규칙적이며 비반복적입니다.

부동산 경기는 지역적·국지적인 특성이 있어서 '전국에서 광역'으로 확대되는 경향이 있습니다. 즉 가격이 올라갈 때 먼저 오르는 지역이 있고, 상승 흐름에 따라 전국에서 광역으로 확대된다는 뜻입니다. 가격이 내려갈 때도 마찬가지입니다. 일반적으로는 '후순환', 즉

부동산 사이클

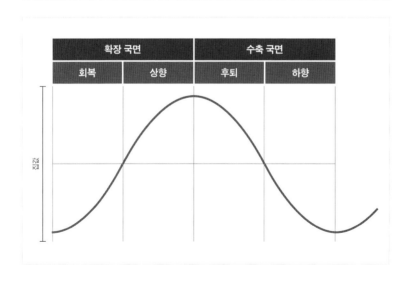

<**확장 국면(호황)**>

1. 회복 시장

• 매도인 우위, 금리 하락, 공실률 감소, 거래량 회복

2. 상향 시장

• 매도인 우위, 낮은 금리, 공실률 최저, 거래량 증가, 청약 경쟁률 상승

• 조정대상지역 확대, 세금 증가, 분양권 전매제한 강화

• 어제의 고점이 오늘의 저점(내일의 집값이 더 비싸짐)

<**수축 국면(불황)**>

1. 후퇴 시장

• 매수인 우위, 금리 상승, 공실률 증가, 거래량 위축

2. 하향 시장

• 매수인 우위, 높은 금리, 공실률 최고, 거래량 감소, 미분양 증가

• 규제지역 해제, 금리 인하, 세금 유예 또는 조정

<**안정 시장**>

• 부동산 시장에만 존재하는 특별한 시장 상황

• 가격이 안정됨으로써 요동치지 않는 국면

• 매수-매도 어느 한쪽이 우위에 있지 않고, 현재의 가격에서 매매가 이루어짐

뒤따르는 특성이 있습니다.

부동산 경기는 일반 경기에 비해 회복은 느리고 후퇴는 빠릅니다. 부동산 침체기가 지속된 뒤 다시 상승하려면 오랜 시간이 걸린다는 뜻이지요. 반면에 고점까지 올라갔다가 내려가는 속도는 빠릅니다.

집값의 미래를 알 수 있는
지표들은 뭘까?

|집값의 향방을 예측할 수 있는 데이터 부동산 상승과 하락을 예측하는 일은 말 그대로 '신의 영역'입니다. 집값이 오를 때는 하늘 높은 줄 모르고 올라가고, 집값이 떨어질 때는 바닥을 뚫어버릴 기세입니다. 부동산 시장은 하방경직성(한 번 올라간 가격은 떨어지기 어렵다는 특성)이 강합니다. 그런데 2022년 하반기 이후에는 어땠을까요? 예상을 뛰어넘는 속도로 떨어졌습니다.

언젠가는 하락장이 끝날 텐데 반등 시점을 알 수 있을까요? 앞으로 집값이 어떻게 될지 그 향방을 점쳐볼 수 있는 지표들은 다음과 같습니다.

• **매매수급지수(한국부동산원)** – 매매수급지수는 집을 사려는 심리, 부동산 매매 심리를 의미합니다. 아래 그래프는 한국부동산원에서 제공하는 전국주택가격동향조사(전국 260개 시·군·구의 거래 가능한 아파트·연립·단독주택을 조사함. 조사 주기는 월간이나 아파트는 주간) 매매수급동향 데이터입니다. 0부터 200까지 있는데, 매매수급지수가 기준선 100보다 낮을수록 집을 매도하려는 사람이 많다는 뜻입니다.

아파트 매매수급동향

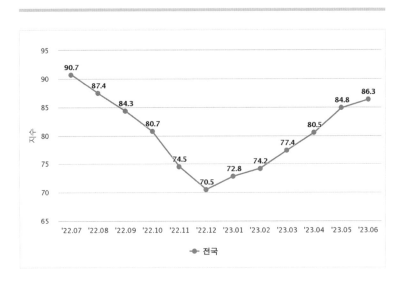

• **주택시장 소비심리지수(국토연구원)** – 전국의 일반 가구(약 7천 가구)와 중개업소(약 2,300곳)를 대상으로 설문조사를 실시해 수치화한 지수입니다. 0~200의 값에서, 100을 넘으면 지난달에 비해 부동산 시장 분위기가 살아나고 있음을 의미합니다. 가격 상승이나 거래 증가

가 많았다는 뜻이기도 하고요. 서울 기준 2022년 11월 74.3으로 저점을 찍은 뒤, 2023년 6월 105.3으로 꾸준히 올랐습니다.

• 매매가격 전망지수(KB부동산) – 중개업소의 시장 동향을 조사한 결과입니다. 조사 항목은 '상승·약상승·보통·약하락·하락'으로, 5개 선택지 중에서 하나를 선택하는 방식입니다. 매매가격 전망지수가 100을 초과할수록 상승 전망이고, 100 미만일수록 하락 전망을 의미합니다. 2023년 7월의 전망지수를 보면 '보통(68.1%)–약하락(19%)–약상승(12.3%)–하락(0.5%)–상승(0%)'으로 나타났습니다.

매매가격 전망지수

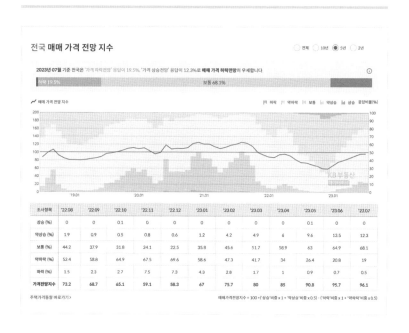

전국 매매 가격 전망 지수

2023년 07월 기준 전국은 '가격 하락전망' 응답이 19.5%, '가격 상승전망' 응답이 12.3%로 **매매 가격 하락전망**이 우세합니다.

하락 19.5%　　　보통 68.1%

조사항목	'22.08	'22.09	'22.10	'22.11	'22.12	'23.01	'23.02	'23.03	'23.04	'23.05	'23.06	'23.07
상승 (%)	0	0	0.1	0	0	0	0	0	0	0.1	0	0
약상승 (%)	1.9	0.9	0.5	0.8	0.6	1.2	4.2	4.9	6	9.6	13.5	12.3
보통 (%)	44.2	37.9	31.8	24.1	22.5	35.8	45.6	51.7	58.9	63	64.9	68.1
약하락 (%)	52.4	58.8	64.9	67.5	69.6	58.6	47.3	41.7	34	26.4	20.8	19
하락 (%)	1.5	2.3	2.7	7.5	7.3	4.3	2.8	1.7	1	0.9	0.7	0.5
가격전망지수	73.2	68.7	65.1	59.1	58.3	67	75.7	80	85	90.8	95.7	96.1

주택가격동향 바로가기 >

매매가격전망지수 = 100 +('상승'비중 x 1 + '약상승'비중 x 0.5) – ('하락'비중 x 1 + '약하락'비중 x 0.5)

• **주택구입부담지수**(한국주택금융공사) – 집을 사면서 받은 대출과 소득을 비교하는 데이터입니다. 중위소득 가구가 표준대출을 받아 중간가격 주택을 살 때 대출 상환 부담을 나타내지요. 소득, 금리, 주택가격을 모두 고려합니다. 지수가 높을수록 집을 사는 일이 부담된다는 뜻입니다. 주택구입부담지수가 하락하다가 상승으로 돌아서야 집값이 바닥을 찍었다고 봅니다.

• **전세가율**(한국부동산원) – 매매가격 대비 전세가격, 즉 집값과 전세가격의 차이를 말합니다. 매매가가 10억 원인데 전세가가 5억 원이라면, 전세가율은 50%입니다. 일반적으로 전세가격이 매매가격에 가까워질수록 집을 사려는 사람들이 늘어납니다. "그 돈이면 차라리 집을 사자"라는 것이지요. 전세를 놓고 그 보증금을 보태서 집을 매수하는 '갭투자'도 활발해집니다. 그 결과 '전세가 상승 → 매매 증가 → 매매가 상승'으로 이어집니다. 반대로 전세가격이 떨어져서 전세가율이 낮아지면 주택 구입 부담이 늘어나기 때문에 매수 심리가 소극적으로 바뀝니다.

• **청약 경쟁률**(한국부동산원) – 청약 경쟁률 또한 부동산 주요 지표 중 하나입니다. 청약에 당첨되어서 신축 아파트에 입주하려면 대개는 2~3년이 지나야 하지만, 청약 당시의 부동산 분위기에 따라 달라집니다. 부동산 상승기에는 청약 경쟁률이 높아집니다. 매매가 줄고 집값이 하락하면 경쟁률은 낮아지고요. 미분양 주택 통계(국토교통부 '월

별 주택 통계')를 보면 현재의 분위기를 알 수 있습니다. 2022년 12월의 미분양 주택은 6만 8천 가구였습니다. 이는 2015년 이후 최고치이지요. 다만 미분양 신고 공개는 의무가 아니므로, 건설사들이 관련 자료를 숨기거나 실제 미분양 수보다 적게 발표할 수도 있습니다.

• **주택거래량(국토교통부)** – 주택거래량과 집값은 밀접한 관계를 이룹니다. 거래량은 다양한 요소에 영향을 받습니다. 거래량이 많아지면 가격이 올라갑니다. 주택거래량은 금리와는 반대 양상을 보이지요. 정부 정책에 따라 거래가 늘기도, 줄어들기도 합니다. 국토교통부 실거래가 데이터로 집계됩니다.

이들 지표 외에 경매시장의 낙찰가율(감정가 대비 낙찰가 비율), 기준금리 추이, 가구소득 대비 평균 주택가격도 집값의 향방을 예측하는 데 도움이 되는 자료들입니다.

2장

내 집 마련을
하기 전에
알아야 할 것들

2장은 '기본기'입니다. 내 집 마련, 생각만 해도 가슴 설레는 말입니다. 듣기만 해도 가슴 벅차는 일이죠. 하지만 단순히 감정과 감성만 앞세우기에는 그 일의 크기가 너무나 큽니다. 그래서 '기본기'가 너무나 중요합니다. 부동산 계약 과정을 순서대로 안내하며, 안전하게 거래할 수 있는 기초 지식을 제시할 예정입니다. 더 좋은 집을 싸게 살 수 있는 방법도 살펴보겠습니다.

집피지기면 백전불패,
집 구하는 순서는?

┃가족과 상의부터 하기 집을 사려면 어떻게 해야 할까요? 돈만 있으면 될까요? 물론 돈이 중요합니다만, 돈이 전부는 아닙니다. 내 집 마련을 할 때 어떤 고민을 해야 하는지 살펴보겠습니다.

집을 구할 때는 많은 요소를 고려해야 합니다. 그중 첫 번째는 '가족 구성원들도 이사를 가고 싶어하는지'가 중요합니다. 가족 구성원 중에 한 명이라도 이사를 반대한다면, 무리해서 이사를 할 필요는 없습니다. 가족들과 충분히 상의한 후에 결정해야 하지요.

┃먼저 고려해야 할 것 3가지 집을 구하려면 먼저 3가지를 고려해야 합니다. 바로 '거리, 이유, 자금'이지요. 첫째, 거리입니다. 가족들의 주된 생활지역을 알아야 합니다. 부모의 직장이나 자녀의 학교

등이 어떤지를 따져봐야 합니다. 그다음에 거리, 이동 수단, 경로 등을 고려해서 선택 범위를 좁혀 나갑니다.

둘째, 이사하려는 이유입니다. 단순히 오래 산 곳에서 떠나고 싶어서인지, 이직이나 발령 때문에 이사를 해야 하는지, 자녀의 학교 문제는 없는지, 집값이 앞으로 더 오를 곳으로 가고 싶은지 등 그 이유를 명확히 알아야 합니다.

셋째, 자금을 파악해야 합니다. 현재 버는 돈 말고 미래의 소득까지 고려해야 합니다. 현재 가지고 있는 돈과 대출 상황이 어떤지, 대출을 할 때 얼마의 금액이 필요한지 등도 살펴봐야 합니다. 집은 '할부'로 구매하는 셈입니다. 최대 30~40년에 이르는 초장기 할부이지요. 긴 시간 동안 원금과 이자를 갚아야 합니다. 그런데 5년 뒤에 은퇴를 해야 한다면 어떨까요? 그러니 대출을 받았을 때 원리금을 어떻게 감당할 것인지, 그 계획을 구체적으로 세워야 합니다.

│지역과 동네를 선정하기 그다음은 지역과 주거 형태를 정합니다. 지역은 개인의 선택이 많이 반영되는 문제입니다.

동네의 평균적인 집값부터 자녀의 학교, 대중교통의 편의성 등 여러 면을 생각해봐야 합니다. 원하는 요건을 더 많이 만족시킬수록 집값은 더 비싸질 것입니다. 따라서 '꼭 필요한 것' '있으면 좋은 것' '없어도 괜찮은 것' 등으로 우선순위를 정하면 집을 선택할 때 도움이 될 것입니다.

▌용의 꼬리인가, 뱀의 머리인가?　집이 아파트만 있는 것은 아닙니다. 일반 주택, 상가주택, 빌라, 오피스텔 등 주택의 유형은 다양합니다. 이는 가족들의 삶의 방식과 인원, 가격에 따라 달라지는 부분입니다. 일반적으로 아파트가 일반 주택에 비해 가격이 비싼 편입니다. 따라서 '비싼 지역+저렴한 집'으로 갈지, '저렴한 지역+비싼 집'으로 갈지를 고민해봐야 합니다.

▌손품 들이기　그다음에는 이사 갈 지역의 정보를 모읍니다. 부동산 관련 사이트나 애플리케이션을 보면 자세히 나와 있습니다. 해당 지역의 인터넷 커뮤니티나 중고거래 사이트를 둘러보는 것도 동네 분위기를 파악할 수 있는 한 방법입니다.

▌동네 맛집 탐방하러 겸사겸사!　발품을 많이 팔수록 좋습니다. 시간적으로 여유가 있다면 집부터 먼저 보지 마세요. 해당 동네부터 마실 가듯이 다녀옵니다. 이때는 가격을 보러 가는 게 아닙니다. 동네의 분위기를 살피러 가는 것이지요.

　방문하기에 좋은 시간대는 보통 초등학교 하교 시간입니다. 이 시간에는 학원 차량을 비롯해서 학부모들이 많이 모입니다. 그만큼 동네의 분위기를 파악하기에 좋습니다. 혹은 자기가 중요하게 여기는 시간대에 가보는 것도 좋습니다. 출근길이 중요하다면 출근 시간에, 조용한 동네가 좋다면 밤에 방문을 해보고 살펴보세요. 부동산에 들러서 가격이나 분위기를 물어봐도 좋습니다.

┃지금부터는 실전!
이제부터 실전입니다. 정보를 파악했다면 집을 보러 갑니다. 그런데 이때 무턱대고 가면 집을 못 볼 가능성도 있습니다. 미리 약속을 하고 방문하는 것이 좋습니다.

약속은 이렇게 잡아보세요. "언제 이사 가려고 하는데, 얼마 정도의 집이 있다면 보고 싶다" "A아파트나 30평대로, 역에서 가까운 곳을 원한다" "네이버에 올라온 B아파트 몇 동 몇 층 집을 보고 싶다"라고 말이지요.

┃대출 상담은 미리미리!
대출은 매수를 결정하기 전에 미리 확인해야 합니다. 소득, 주택 소유 여부 등에 따라 대출 금액이 달라지니까요. 집을 매수할 때 가장 중요한 일이 대출이므로, 반드시 계약하기 전에 확인해야 합니다. 소득 관련 서류를 챙겨 가면 더 정확하게 상담받을 수 있습니다.

┃부동산을 여러 곳 다녔다면?
여러 군데의 부동산을 돌며 집을 보는 경우가 있습니다. 이때 한 번 본 집이라면 아까 봤던 곳이라고 말하는 것이 좋습니다. 괜히 껄끄러워질 수 있으니까요. A부동산에서 봤던 집을 B부동산과 본 뒤에 C부동산에서 계약할 수도 있습니다. 심지어 C부동산에서는 집도 안 본 상태라면 어떨까요? 부동산 중개수수료 문제로 난처해질 수 있고, 중개보수 청구소송을 당할 수도 있습니다. 그러니 이미 봤던 집이라면 공인중개사에게 미리 이야기해두는 것이 좋습니다.

┃깨알 같은 팁　다음은 필자가 생각하는 깨알 같은 팁입니다. 먼저 같은 곳을 2번 이상 방문합니다. 아침과 저녁에 따라 분위기가 다를 수 있으니까요. 그리고 고지대인지 저지대인지를 확인하고, 상습 침수 지역은 아닌지 뉴스기사를 검색해봅니다. 또한 지하철과 버스 노선이 어떻게 되어 있는지도 확인해봅니다.

집을 사기에
좋은 타이밍은 언제인가?

┃비쌀 때 매수하려는 심리 사람 마음이 참 묘합니다. 쌀 때 사는 것이 맞는데, 대개는 물건이 비쌀 때 사고 싶어 합니다. '밴드 웨건(Band Wagon)' 효과라는 말을 들어본 적 있나요? '밴드 악단 홍보 마차를 따라다니는 군중들'에서 유래된 말로, 남이 하면 나도 하고 싶어 하는 심리를 일컫습니다. 홈쇼핑에서 자주 볼 수 있던 '마감 임박' '주문 폭주' 등의 문구가 이런 심리를 이용한 것입니다.

동네에 새 가게가 생겼을 때도 밴드 웨건 효과를 경험할 수 있습니다. 일명 '오픈발'이라고 하지요. 집 근처에 꽈배기집이 새로 문을 열었습니다. 이 가게 앞은 항상 사람들로 붐볐습니다. 줄을 선 모습 때문에 사람들은 더 궁금해하고 길게 줄을 섭니다. '얼마나 맛있길래 저렇게 줄을 서 있지? 나도 한번 먹어봐야겠다'라고 말이지요.

• 포켓몬빵과 허니버터칩 - 얼마 전까지만 해도 '포켓몬빵'이 큰 인기를 끌었습니다. 빵보다는 '띠부띠부씰'이라는 스티커를 모으려는 사람들 때문이었지요. '허니 버터칩' 과자 하나를 구하려고 몇 시간씩 줄을 서거나 프리미엄이 붙어서 비싸게 파는 경우도 있었고요.

• 친구 따라 영끌한다? - 사람의 마음이란게 참 재미있습니다. 부동산 소비 심리도 이와 크게 다르지 않습니다. 사람들은 부동산 상승기 때는 집을 사려고 하고, 하락기 때는 안 사려고 합니다. 남들 살 때 나도 사고 싶은, 왠지 사야만 할 것 같은 느낌. 그런데 이상하지 않나요? 소비의 기본 원리에 위배되니까요.

싼 가격에 물건을 사는 건 너무나 당연한 상식입니다. 그런데 부동산은 그렇지 않은 경우가 상당히 많습니다. 집값이 올라갈수록 사려는 사람이 많아지죠. 사려는 사람이 많아지니 집값은 더 올라갑니다. 그래서 부동산 상승기에는 공급보다 수요가 많습니다. 이때는 '어제의 집값이 제일 싼 가격'이라는 말이 통용될 만큼 매도자 우위 시장입니다. 이러한 분위기는 지난 2021년에 절정으로 달했습니다. 당시 청약 경쟁률 역시 치솟았고, 상품성이 덜한 부동산 매물조차 몸값이 높아졌습니다.

┃몸 사리면 더 안 산다 반대로 집값이 내려가는 시기에는 잘 안 사려고 합니다. '어제의 가격이 제일 비싼 가격'이라는 생각이 들고, 다음 달에는 집값이 더 떨어질 것이라는 생각이 들어서죠. 이것이 매

수자 우위 시장입니다. "제발 이 집 좀 사주세요"라고 말하는 시기에는 급매가 나올 만큼 가격 경쟁이 치열해집니다.

흥미롭지 않나요? 6억 원에서 7억 원이 될 때는 집을 못 사서 안달인데, 7억 원이던 집이 6억 원으로 떨어질 때는 서로 안 사려고 합니다. 쉽게 생각해봐도 7억 원에는 사지 말고 6억 원에 사야 하는데 말이지요. 경제 상황, 금리, 유동성 등 외부 요인을 배제하고 봤을 때 설명하기 어려운 분야가 부동산 시장입니다.

▎적절한 매수 타이밍은 언제인가? 집을 사기에 좋은 타이밍은 부동산 하락기입니다. 매수자 우위 시장인 데다 가격이 한풀 꺾인 상황이기 때문이지요. 그런데 안타까운 점은 실수요자들이 이 시기에 더 소극적이라는 것입니다. 물론 부동산이라는 게 한두 푼 하는 것도 아니고, 전 재산을 걸 만큼 큰돈이니 당연한 반응이기도 합니다. 그럼에도 안타까운 마음이 드는 것은 사실입니다.

집값 침체기나 하락기는 투자를 하기에 좋은 시기입니다. 매물이 많아지면 그만큼 선택의 폭이 넓어진다는 것이고, 자신에게 유리한 방향으로 협의를 할 가능성이 높아지기 때문이지요. 따라서 나와 내 가족이 살기에 좋은 집이라는 생각이 들면, 부동산 하락기에 집을 매수하는 것도 고려해볼 만합니다.

다음은 부동산 하락기에 왜 집을 매수해야 하는지를 정리한 것입니다.

- 자기에게 좋은 집은 다른 사람이 보기에도 좋은 집일 가능성이 높다.
- 소비재로서 매력이 있다는 뜻이다.
- 좋은 집은 가격이 적게 떨어지거나 나중에 더 오를 가능성이 있다.
- 부동산 상승기라면 집주인은 집을 매도하려고 하지 않는다.

그럼에도 부동산 하락기 때 집을 사기란 쉽지 않습니다. '오늘 사면 내일 더 떨어질 것 같다'는 생각 때문입니다. 따라서 가격 기준을 세워두면 선택이 조금 더 쉽습니다. 2가지 기준은 다음과 같습니다.

- **집값 또는 능력 고려** – '집값이 얼마까지 떨어진다면 사겠다'라는 기준을 세워두면 좋습니다. 또는 자신이 감당할 만한 수준을 기준으로 삼아도 좋습니다. 여기에서 금액 기준은 '고점 대비 ○○%만큼 떨어질 때' 혹은 '××년도 가격까지 떨어졌을 때'를 말합니다. 소득 대비 기준으로 보면, 소득 대비 원리금을 얼마나 갚을 수 있는지를 계산해서 주택가격에 산정시키는 방법입니다.

- **거래량이 늘면서 최저가가 올라갈 때** – 집을 매수한 뒤에 집값이 떨어지는 일이 두렵다면, 가격 상승 초입을 노립니다. 집값 하락이 멈추는 때는 반드시 옵니다. 그러니 집값이 더 떨어지지 않고 최저 호가가 올라갈 때, 거래량이 늘어날 때 매수하면 좋습니다. 그때가 부동산 시장에 반전이 온다는 뜻이니까요.

계약하러 갈 때
어떤 마음가짐이어야 할까?

┃**전사의 심장이 아닌 신사의 태도로!** 부동산 계약을 하러 갈 때는 어떤 마음가짐으로 가야 할까요? 너무 긴장할 필요는 없습니다. 당연한 말을 왜 하는 걸까요? 의외로 긴장을 많이 하거나 무례하게 구는 사람들이 많기 때문입니다.

부동산을 계약하는 자리는 한두 푼이 오가는 자리가 아닙니다. 자동차를 살 때도 배기량은 어떤지, 좌석은 편한지, 트렁크 공간은 충분한지, 연비는 어떠한지 등 세부 사항을 꼼꼼히 확인하고 계약합니다. 그런데 아이러니하게도 부동산을 계약할 때는 소홀히 하는 사람들이 많지요. 계약 사항을 듣는 둥 마는 둥 하다가 도장만 찍고 가는 경우가 많습니다. 몇 천짜리 자동차 계약할 때는 그렇게도 신중하면서, 몇 억짜리 부동산을 거래할 때는 소홀히 하는 것이지요.

▎내 손에 가족의 운명이 달려 있다

앞서 말했듯이 부동산은 '가족의 생활 터전'이자 우리의 전 재산을 좌우할 만큼 중요한 요소입니다. 부동산 계약을 '비즈니스 계약'이라고 한번 생각해보세요. 회사의 명운이 걸린 비즈니스 자리에 회사를 대표해서 이 자리에 왔다는 마음가짐으로 말이지요. 이번 계약 때 문제가 생기면 회사가 파산할 수도 있다는 신중한 태도로 말이죠.

너무 오버하는 것이라고 생각하나요? 절대 아닙니다! 자신의 전 재산이 걸려 있는 자리입니다. 회사가 망하면 다른 일자리를 구하면 되지만, 내가 떼인 보증금을 다른 사람이 채워주지는 않습니다. 그렇기에 '적당한 긴장'을 유지해야 합니다. 그리고 서류에 쓰이는 글자 하나하나를 중요하게 생각하길 바랍니다.

▎Manner, Maketh, Man

태도와 복장도 생각해볼 요소입니다. 계약서를 쓰다 보면 예의를 지키지 않거나 시비를 거는 사람들이 의외로 많습니다. 계약하는 자리에서 "집이 별로다, 뭐가 안 좋다"라며 괜히 트집을 잡는 세입자, 고압적인 자세로 상황을 불편하게 만드는 집주인들이 있습니다. 그런데 계약하러 온 자리에서 서로 시비를 걸어서 좋을 게 있을까요? 비즈니스 파트너로서 온 자리라고 생각하면, '공통된 해결책'을 찾는 데 집중할 수 있을 겁니다. 그리고 옷차림에도 신경을 쓰면 좋습니다. 정장을 갖춰 입을 필요는 없지만 슬리퍼는 자제하는 게 좋습니다. 위압적인 수준의 문신도 안 보여주는 것이 좋습니다.

우리는 평등한 관계!

우리는 흔히 집주인과 세입자의 관계를 '갑을 관계'라고 생각합니다. 틀린 말도 아닙니다. 그런데 계약하는 자리에서 지나치게 저자세로 나갈 필요는 없습니다. 집주인과 세입자는 '계약에 의한 관계'입니다. 집주인은 집을 빌려주고, 세입자는 그에 대한 대가를 지불하는 것이지요. 따라서 몰상식하거나 계약서에 없던 내용을 갑자기 요구하는 경우, 당당하게 질문하고 대응하면 됩니다.

모르는 것은 죄가 아니다

만약 모르는 게 있다면 우물쭈물하지 말고 물어보길 바랍니다. 이때 공인중개사의 역할이 중요합니다. 궁금하거나 중재할 사항이 있다면, 공인중개사에게 확인을 요구하거나 설명을 들으면 됩니다.

부동산 계약서를 쓰는 자리가 조금 겁이 나기도 하고 위축되기도 할 겁니다. 그래서 몰라도 아는 척을 하면서 그냥 넘어가는 경우가 있습니다. 그런데 모르는 것, 헷갈리는 것은 반드시 물어보고 해결해야 합니다. 특히 원래의 계약 조건과 내용이 다르다면 정확히 짚고 넘어가야 합니다. 도장을 찍고 난 뒤에는 되돌릴 수 없습니다. 그러니 애매한 부분이 있다면 도장을 찍기 전에, 돈을 보내기 전에 반드시 확인해야 합니다.

'찐' 급매 물건을
찾는 방법이 따로 있나?

당신이 급매를 잡지 못하는 이유! 사람 심리가 참으로 희한합니다. 집값이 올라갈 때는 못 사서 안달이고, 값이 떨어질 때는 몸을 사리니까요. 이성적으로 생각한다면 쌀 때 사야 맞는 건데 말이지요. 가격이 싸서 더 매력적인 '급매'는 하락장에서 잘 나옵니다. 하지만 하락장이라 급매도 사기 망설여집니다. 지금까지 당신이 급매를 잡지 못했다면 분명 이유가 있습니다. 그 이유에 대해 한번 알아볼까요?

다른 집보다 싸게 나온 급매. 여기에서 급매란 '급하게 팔고자 값이 상대적으로 싸게 나온 집'을 일컫습니다. 그런데 누구나 급매 물건을 잡을 수 있는 건 아닙니다. 부동산 상승기에는 급매 자체가 없습니다. 내일이면 집값이 더 오를 거라고 생각하기 때문에, 굳이 싸게 팔려고 하지 않으니까요.

▌능동적 급매와 수동적 급매　급매에는 2가지 종류가 있습니다. 그것은 바로 능동적 급매와 수동적 급매입니다.

　능동적 급매는 하락장이나 개인 사정에 의해 나옵니다. 하락장이나 부동산 침체기에 꼭 팔아야 한다면 남들보다 싸게 내놓을 테지요. 개인 사정에 의해 집을 급하게 팔아야 할 때도 가격을 내려서 내놓는 경우가 있습니다. 이렇게 집주인 스스로가 가격을 낮춰서 내놓는 집을 능동적 급매라고 합니다.

　수동적 급매는 상승장이나 정보 격차에 의해 나옵니다. 상승장이면 하루가 다르게 가격이 올라가기도 합니다. 값의 변화를 미처 몰랐거나 가격을 올리지 않아서 다른 집보다 싸게 파는 경우를 수동적 급매라고 합니다. 다시 말해 다른 집들의 가격은 올렸는데 가만히 있는 경우라고 보면 되지요.

▌부동산 추세가 변할 때　특히 부동산 시장의 추세가 변하거나 변화가 빠를 때 부동산 시장에 급매가 많이 나옵니다. 거래량과 가격대가 갑자기 변하는데 집을 팔려고 내놓는 매도인의 대처가 늦을 때가 있습니다. 예를 들어 5억 원에 팔려고 내놨을 때는 같은 가격의 물량이 많았는데, 시세가 급변하고 거래량이 늘면서 5억 원짜리 매물이 다 팔렸을 때 마지막 남은 집이 있다면 바로 그것이 수동적 급매가 되는 것입니다.

　급매는 부동산 정책과도 아주 밀접한 연관이 있습니다. 새로운 정책이 시행될 때 급매들이 나옵니다. 예를 들어 다주택자 양도세 강화, 대출 규제 등이 예고되었을 때 이 규제를 벗어나고자 집을 빨리 처분할 가능성이 높습니다.

▍'찐' 급매를 찾는 방법

부동산 하락기, 침체기 때 급매의 기준은 매도 호가가 아닌 실거래가입니다. 거래량도 없고 가격도 꺾이는 추세라 할지라도 집주인이라면 가격을 조금이라도 더 받고 싶을 겁니다. 하지만 원하는 가격에 거래가 되지는 않지요. 침체기 및 하락기에는 매수인이 찾는 가격이 반영되어야 합니다. 결국 매수자 우위 시장에서 진짜 매도를 해야 할 경우라면, '팔고 싶은 가격'이 아닌 '팔릴 가격'이 급매의 기준이 됩니다. 말 그대로 '제일 급하고 절박한 사람이 내놓는 가격'이 '급매'가 되는 것이지요.

포털 사이트의 부동산 탭을 보면 집주인들의 속 타는 심정이 잘 보입니다. 매물에 너도나도 '급매'라는 딱지를 붙이니까요. 그런데 이 단어만 보고 판단을 내리기는 쉽지 않습니다. 이 가격이 급매가 아닌 '시세'가 되기도 하니까요.

그렇다면 '찐' 급매 매물을 발견하는 방법은 있을까요? '○○일까지 잔금 조건'이라는 문구에 주목해보세요. 매물 설명에 '~까지'라는 기한이 붙어 있다면 진짜 급매입니다. 이런 집은 집주인이 그날까지 꼭 팔아야 할 이유가 있는 것이니까요. 대부분 이사 갈 집을 구해놨거나 양도세 비과세 기간인 경우입니다. 이 시기를 놓치면 여러모로 손해가 커진다는 뜻입니다.

'공실'이라는 문구가 있는 매물 역시 급매일 가능성이 높습니다.

이때 집주인은 일시적 2주택 혜택을 받고자 현재 공실인 집을 빨리 팔고자 할 가능성이 높으니까요. 그러니 구체적인 잔금 일자와 공실이라는 문구가 있는 매물이라면, 부동산에 연락해서 상황을 들어보세요. 그리고 집이 마음에 들어서 계약을 원한다면, 원하는 날짜를 맞춰줄 수 있다며 가격을 낮춰보세요. 그렇게 하면 높은 확률로 계약에 성공할 것입니다.

급매는 VIP가 잡는다는데, VIP가 되는 방법이 있나?

┃급매, 아무나 살 수는 없다 급매는 '누구나' 내놓을 수 있지만, '아무나' 살 수는 없습니다. 급매는 마치 VIP에게만 팔리는 물건처럼 소리 소문도 없으니까요. 대중에게 매물이 노출되기도 전에, 온라인에 올라가기도 전에 말이지요. 그러니까 진짜 급매는 VIP만 잡을 수 있습니다.

그렇다면 여기에서 말하는 VIP란 누구일까요? 우리는 어떻게 VIP가 될 수 있을까요? 백화점 고객처럼 많은 돈을 들여야 할까요? 그런데 의외로 돈이 안 드는 쉬운 방법이 있습니다.

┃급매가 늘어날 때를 파악하라! 급매는 부동산 분위기에 따라 늘었다 줄었다 합니다. 부동산 상승기 때, 대형 호재가 있을 때, 신규

공급(입주물량)이 줄어들 때, 거래량이 많아질 때, 부동산 활성화 정책이 나올 때 급매는 줄어듭니다. 2020년부터 2021년까지, 그러니까 부동산 대상승기 때가 그랬습니다.

반대의 경우라면 급매가 늘어납니다. 바로 2022년 부동산 시장 상황처럼 말이지요. 이때는 급격한 가격 상승에 따른 피로감, 지속적인 대출 규제, 이자 부담 증가, 실수요자 감소 등으로 부동산 거래가 줄었습니다. 조급해진 집주인들은 매물 가격을 내리면서 당시 매물 설명에 '급매'라는 문구가 붙은 매물이 많았습니다.

실제 급매 사진

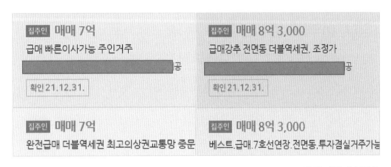

출처: 네이버 부동산

┃온라인에 노출되기 전에 팔린다 온라인에 게재된 부동산 매물마다 급매라는 문구가 있다면 이것은 급매가 아닙니다. 시세겠지요. 즉 집이 안 팔리니 매도 호가가 시세까지 내려온 상태입니다. 그

런데 이때도 급매는 나옵니다. 진짜 급매는 온라인에 노출되기도 전에 사라집니다. 그런데 우리는 왜 급매 매물을 못 볼까요?

부동산 매물이 시장에 나오고 소요되는 메커니즘을 알면 그 이유를 이해하기 쉬울 겁니다. 기술이 발달하고 사회가 고도화되어도 부동산 매물이 처음 나오는 곳은 '동네 부동산'입니다. 말 그대로 집 앞의 부동산이 '거래의 베이스캠프'인 셈이지요. 급매를 접수한 부동산에서는 이 매물을 팔려고 할 겁니다. 보통은 포털 사이트에 매물을 올리고 매수자를 기다리는 게 일반적입니다. 그런데 진짜 급매물이라면 그 메커니즘이 약간 달라집니다. 온라인에 노출시키기 전에 대기 손님이나 가족 또는 친지에게 직접 연락을 하는 것이지요. "지금 얼마 얼마에 좋은 집이 나왔는데, 일단 무조건 사"라고 말이죠. 그러니 진짜 초급매라면 온라인 사이트에 풀리기도 전에 대기 리스트에 있는 사람에게 정보가 먼저 들어갈 것입니다.

┃남들보다 빠르게, 누구보다 친밀하게! 지금부터 급매 정보를 얻기 위한 방법을 알아보겠습니다. 아무리 기술이 발달한다고 한들, 정보는 결국 부동산에 먼저 들어갑니다. 부동산에서는 어떤 사람에게 먼저 정보를 줄까요? '급매를 살 만한 사람'에게 먼저 연락을 합니다. 급매를 살 만한 사람이 되려면 첫째, 개인적인 친분을 쌓아야 합니다. 처음 부동산에 들어갔을 때는 '모르는 부동산'이지만, 두 번을 가면 '아는 부동산', 그다음에 가면 '친한 부동산'이 될 테지요. 가끔은 먹을거리라도 가져다주면 금상첨화이고요.

필자의 사무실에 한 달에 2번 정도는 들러서 커피 한잔하고 가는 50대 남성 고객이 있습니다. 가끔 과일을 가져다주는 60대 여성 고객도 있고요. 이분들은 "뭐 좋은 거 있으면 알려줘"라는 말을 하고 가십니다. 그 결과 그들은 급매 리스트 1순위에 올랐습니다.

둘째, 단순히 친근한 고객을 넘어 '진짜 고객'이 되어야 정보를 얻을 수 있습니다. 아무리 친한들 매수할 생각이 없는 사람에게는 정보를 굳이 알려주지 않습니다. 급매를 살 마음이 있는 진성 고객임을 어필하세요. "돈을 이 정도 준비하고 있다" "얼마 정도의 매물이 나오면 알려 달라" "실거주로, 아니면 전세를 줄 목적으로 살 거다"라는 식으로 미리 각인시키면 효과가 있습니다.

급매를 살 의향이 있다는 것을 분명하게 어필하면 됩니다. "나는 이 정도 급매라면 살 테니 언제든지 연락을 달라. 이 정도의 자금을 마련해놨고, 앞으로 어떤 식으로 할 것이다"라는 청사진까지 제시하면 훨씬 좋습니다. 제 경험에 비춰보면 솔직하게 사실대로 알려주는 고객이 기억에 남습니다. 정보만 캐러 왔거나 떠보는 고객은 우선순위에서 밀려나지요.

▎싫으면 싫다고 왜 말을 못해! 급매 정보를 얻은 고객의 반응은 다양합니다. 기다렸다는 듯이 매수하는 경우도 있고, 잡지 못하는 경우도 있습니다. 급매가 나오면 꼭 사려고 했는데 갑자기 마음이 바뀌거나 계획에 차질이 생기는 경우가 그렇지요. 그래도 괜찮습니다. 부동산에서 크게 개의치 않을 것입니다. 살 것인지 안 살 것인지, 의

사 표현만 분명하게 한다면 말이지요.

만약 매수할 마음이 없다면 사실대로 말하는 것이 좋습니다. "지금은 상황이 안 된다. 다만 다른 조건의 매물이 나오면 또 연락을 달라"라는 식으로 말이지요.

어떤 사람들은 거절하기가 미안해서 연락을 끊어버리기도 합니다. 그런데 이는 아주 안 좋은 방법입니다. 부동산과 지속적인 신뢰를 쌓아야 다음 번 급매 정보를 받을 수 있으니까요. 그러니 확실하고 분명하게 입장을 표명하는 것이 좋습니다.

결론적으로 말해, 눈도장 한 번이 계약서 도장 한 번을 불러옵니다. 좀 더 기억에 남는 손님이 되어야 남들보다 발 빠르게 좋은 정보를 얻을 수 있습니다.

3장

부동산 계약할 때
유의해야 할 점

3장은 '시동'입니다. 부동산 계약은 어렵습니다. 계약 과정이 법률에 기초한 행위이기 때문입니다. 자주 겪는 일이 아니라서 경험치를 쌓기도 어렵습니다. 결국 모르는 상태에서 시작되는 경우가 태반입니다. 그렇기에 이상한 일, 모르는 일도 대충 그냥 넘어가는 경우가 많습니다. 모르고 당하는 일이 없도록 현장에서 자주 일어나는 일들을 담았습니다. 가계약 단계 주의사항부터 집주인 확인하는 방법, 계약서 특약 사항과 등기부등본까지 살펴보겠습니다.

가계약금을 보낼 때
뭘 조심하고 어떻게 해야 하나?

▌가계약금이란? 부동산을 계약하기 전에 주의해야 할 사항들은 쉽게 찾아볼 수 있습니다. 그런데 교과서에 나오는 수준의 정보입니다. 정말로 알아야 하는 것은 찾아보기 어렵습니다. 지금부터는 계약의 실전, 현장이 아니면 알 수 없는 '가계약' 관련 정보를 알아보겠습니다.

계약의 시작은 계약금의 일부를 보내는 것, 즉 가계약입니다. 다른 사람이 먼저 매물을 채갈 수 없게 말 그대로 '찜' 해두는 겁니다. 계약금의 일부를 송금하면서 '이 집을 계약할 것'이라고 약속하는 것이지요. 이때 집주인과 만날 일은 없고, 전화나 문자메시지로 진행합니다. 그렇기에 조금 더 주의를 해야 합니다.

█ 문자메시지나 메신저로 진행!

가계약 단계에서 집주인과 만나는 경우는 드뭅니다. 보통 집을 보고 마음에 들면 부동산 사무실에서 최종 결정을 합니다. 또는 집에 돌아가서 전화로 진행하지요. 부동산은 양측의 의견을 조율하고 내용을 전달 및 확인시킵니다. 이때 문자메시지로 내용이 오고가는 것이 좋습니다. 그래야 증거로 남길 수 있으니까요.

<실제 문자메시지 내용>

[○○동 ××호 전세 계약의 건]

- 보증금 3억 원
- 집주인 무융자 조건으로, 이외 권리침해 요소를 발생시키지 않는다.
- 등기부상 채권최고액 0000원은 잔금을 받으면 즉시 상환, 말소시킨다.
- 오늘 계약금 일부 300만 원 입금 예정. 이 금액을 계약 해지금, 위약금으로 한다. 임대인은 배액상환, 임차인은 포기 후 일방해제 가능함(본계약 이후는 본계약 내용에 따른다).
- 반려동물, 벽걸이 TV, 실내 흡연 금지
- 임차인 전세대출 및 반환보증에 협조한다.
- 본계약은 ~일 이내, 시간 협의한다.

위 내용 확인 후 이상 없다면 임대인 신분증, 계좌번호 부탁드립니다.

█ 등기부등본 확인

가계약금을 보내기 전에는 확인해야 할 사항들이 있습니다. 먼저 소유자를 알기 위한 서류인 등기부등본을 확인합니다. 이때 주소, 소유주, 권리 관계를 잘 봐야 합니다. 여기에서 권리 관계란 집에 담보 대출이 있는지 등입니다. 등기부등본을 확인하기 전엔 절대로 돈을 보내서는 안 됩니다.

┃돈은 집주인 명의 계좌로! 돈을 송금할 때도 반드시 소유자 명의의 계좌로 보내야 합니다. 이미 앞선 과정에서 등기부등본을 보고 소유자를 확인했습니다. 소유자 명의와 동일한 명의의 계좌로 송금해야 합니다. 누가 어떤 이유를 대더라도, 집주인이 아닌 타인의 계좌로 보내서는 안 됩니다. 반드시 등기부등본에 있는 소유주 명의의 계좌로 송금해야 한다는 점을 기억하세요.

초등학생도 알 만한 상식적인 이야기를 계속 말하는 게 잔소리 같지요? 그런데 이론은 잘 알면서도 타인 명의의 계좌로 보내는 경우가 꽤 많습니다.

"내 남편(아내) 집인데, 지금 다른 일 보고 있으니까 아내(남편) 계좌로 보내주세요"라고 말하는 사람도 있지요. 그런데 부부라고 할지라도 절대 다른 명의의 계좌로 보내면 안 됩니다. 부동산 처분과 관련된 계약은 부부일지라도 함부로 할 수 없는 것이니까요.

┃모든 확인은 돈 보내기 전에! 계약금을 보내기 전에는 반드시 계약 사항들을 확인해야 합니다. 주소(동, 호수), 금액, 기간, 특약 사항, 등기부등본상의 특이사항, 임차인 전세대출 또는 보증보험 등을 꼼꼼히 확인해야 합니다. 이때는 부동산 중개업자가 집주인과 세입

자 양측에 내용을 전달하고 확인을 받습니다. 계약 사항에 문제가 없으면 집주인의 계좌번호를 세입자에게 넘겨줍니다.

▌가계약도 계약이다

돈을 보내고 나면 되돌리기가 쉽지 않습니다. 계약서를 쓴 것이 아니라 할지라도, 이는 가계약이기 때문에 '마음만 먹으면 쉽게 무를 수 있지 않을까?'라는 생각은 접어야 합니다. 사실 가계약이라는 말은 공식적인 용어는 아닙니다. 민법에서는 '계약금 계약'이라고 명시하고 있지요. 즉 법률 행위를 한 것입니다. 돈이 오고 갔다는 것 자체가 계약이니까요. 그러니 쉽게 생각하지 말고 결정해야 합니다. 만약 계약을 취소하고 싶다면, 집주인은 배액을 상환해야 하고 세입자는 계약금을 포기해야 일방해지가 가능합니다.

이때 얼마를 더 내야 하는지, 얼마를 포기해야 하는지가 중요한 쟁점이 될 수 있습니다. 예를 들어보죠. 전세가가 5억 원인 집의 계약금 중 일부인 500만 원을 보냈습니다. 이후 마음이 바뀌어서 해지하고 싶다면 어떻게 될까요? 실제로 송금한 500만 원으로 끝나는 것인지, 아니면 통상적인 계약금 10%인 5천만 원을 물어야 하는지 분쟁의 소지가 있습니다.

해지금액에 대해 구체적으로 내용을 명시하지 않았다면 실제로 주고받은 금액이 아니라 계약금 전액을 물어야 할 확률이 높습니다. 진짜로 보낸 500만 원이 아니라 5천만 원을 물어야 할 가능성이 크다는 것이지요. 따라서 약정 계약금인 500만 원을 해지금액으로 할지, 10%인 5천만 원으로 할지 미리 정하는 것이 가장 좋습니다.

▌자꾸 핑계를 대면서 약속을 안 잡을 때 때로는 계약금 일부를 받았는데도 본계약서 작성을 차일피일 미루는 경우가 있습니다. 이런저런 이유를 들어서 계약을 안 하는 사람들이 있으니 미연에 방지하려면 "계약서는 ××일 이내, ○○까지 작성한다"라는 문구를 넣는 것이 좋습니다.

▌기분도 나쁜데 세금을 내라고? 만약 계약 해지로 위약금을 받았다면 누군가는 돈을 번 것이지요. 배액상환을 했든 포기를 했든, 한쪽은 소득이 생긴 것입니다. 계약이 파기되어서 기분은 나쁘더라도 일단 돈은 벌었습니다. 이때 이 돈에 대한 세금 22%를 내는 것이 원칙입니다.

매도인이 배액상환을 한다면 22%를 제하고 돌려주고 원천징수영수증을 발급합니다. 매수인이 계약금을 포기한다면 22%를 뗄 필요는 없습니다. 매도인이 나중에 '기타소득신고'를 하면서 세금을 내면 됩니다. 다만 계약금 일부 단계에서 세금 신고를 하는 경우는 드뭅니다. 이 경우는 부동산실거래신고조차 하지 않은 상태라서 그냥 넘어가는 것이 대부분입니다.

'가계약'이라고 만만하게 봐서는 안 됩니다. 법률 행위로 책임이 따른다는 점을 꼭 알았으면 좋겠습니다. 혹시 이런 과정을 소홀히 한다거나 대충 하는 부동산과는 연을 맺지 않길 바랍니다.

부동산이 관행 운운하며
억지 부릴 때의 대처법은?

┃"까탈스럽게 너무 따지지 마세요!" 부동산 계약할 때 가장 무서운 말이 있습니다. "원래 그렇게 하는 거예요. 괜찮아요"라는 말이지요. 그런데 절대 관행이라는 말에 넘어가면 안 됩니다. 원칙에서 벗어나는 일은 법으로 보호받지 못하니까요. 대부분은 까다롭게 굴지 말라며 강행하려는 경우가 많은데, 계약은 계약입니다. 선택에 따른 결과는 온전히 계약자 본인의 몫이니 계약서만 믿어야 합니다.

계약 과정에서 예상치 못한 일은 누구에게나 생길 수 있습니다. 만약 거래를 할 때 손해를 보고 피해를 입었다면, 대다수는 원칙을 벗어나서 벌어진 일일 겁니다. 계약의 주도권을 쥔 당사자나 한쪽 편을 들려는 공인중개사가 종용하는 경우가 대부분이지요.

"지금까지 이래왔어요!" 대표적인 사례가 집주인 말고 다른 사람의 계좌로 돈을 넣으라는 겁니다. 이때 집주인이 아닌 대리 계약인 경우라면 더 큰 문제가 생깁니다. 집주인 몰래 계약하고 계약금을 떼먹고서 잠적하는 일이 벌어질 수 있으니까요.

집주인이 아닌 사람이 계약서에 도장을 찍는 경우도 있습니다. 위임장도 없이 오로지 말뿐입니다. 중개사무소에서 대리 권한을 확인하지도 않고 그냥 넘어가려 할 때도 많습니다. 그런데 소유주가 아닌 사람과의 계약은 법적 효력이 없습니다.

분양권 전매제한 기간에 거래를 하는 것도 원칙에서 벗어나는 일입니다. 이는 사기꾼들의 주요 표적이 되는 일입니다. 이렇게 해도 괜찮은지 물어보면 돌아오는 대답은 항상 비슷합니다. "지금까지 다 이렇게 해왔어요. 이렇게 해도 문제된 적이 없어요"라고 말입니다.

관행이라는 이름으로 조금이라도 미심쩍다면 합당한 자료나 근거를 요구해야 합니다. 계약자의 정당한 권리입니다. 변명이나 핑계로 한순간을 모면하려는 곳과는 거래를 할 필요가 없습니다. 공인중개사는 국가에서 정한 법에 따라 일처리를 해야 합니다. 관련 법령에 근거해서 공정한 계약을 이끌 의무와 책임이 있습니다.

간혹 관행이라는 이유로, 집주인을 잘 안다는 이유로 어물쩍 넘어가려고 한다면 어떻게 해야 할까요? 계약 내용에 큰 문제만 없다면 어느 정도는 유연하게 대처할 수도 있겠지만, 사실 타협하지 않는 자세가 필요합니다. 원칙을 벗어난 상황이라면 당당히 대응하기를 바랍니다. "지금까지 그렇게 해왔다"라는 말은 들을 필요가 없습니다. 관행일지라도 자신과는 별개이니까요.

▌중개사무소에서 책임질 수 있을까? 아무리 중개사무소가 책임을 진다고 해도 말뿐입니다. 어떤 경우에는 "잘못이 발생했을 경우 책임을 지겠다"라는 각서를 써준다고도 합니다. 그런데 한 번 입은 손해는 되돌릴 수 없고, 그렇다 한들 그 과정이 힘듭니다.

중개사무소에서 이렇게 안 하면 계약금도 못 돌려받는다며 협박 아닌 협박을 할 때도 있습니다. 이럴 때는 이렇게 해보세요. "중개 과실로 사고가 우려되니, 해당 내용으로 계약을 더 이상 진행할 수 없다"라고 말이지요. '중개 과실로 인한 중개 사고'는 공인중개사가 가장 피하고 싶은 일입니다.

실랑이가 계속된다면 부동산 관련 부서에 민원을 제기합니다. 시군구 기관에 전화를 걸어 관련 부서를 연결해달라고 하면 됩니다.

다른 사람이 오는 대리 계약,
정말 문제 없는 걸까?

┃집주인 아닌 다른 사람이 오는 '대리 계약' "집주인이 계약
때 안 나온다는데요?" 부동산 계약 때 당사자가 나오는 게 맞습니다.
미처 하지 못했던 말을 전하거나 세세하게 조율할 부분이 있으면 직
접 얼굴 보고 이야기하는 게 제일 좋지요.

그런데 실제로는 집주인 대신 다른 사람이 와서 계약하는 일이 흔
합니다. '바빠서, 직장 업무 때문에, 거리가 멀어서' 등의 이유로 대리
계약을 합니다.

집주인이 아닌 다른 사람이 대신 와서 계약서를 작성해도 될까요?
계약 행위를 법적으로만 본다면 꼭 계약 당사자가 나올 필요는 없습
니다. 다른 사람이 와서 계약을 해도 됩니다. 이를 '대리 계약'이라고
합니다. 대리 계약이 법적으로 가능하고, 대리인과 계약해도 당사자

와 한 효력이 있습니다.

심지어 대리인이 아무것도 없이 맨몸으로 와도 됩니다. '불요식(일정한 형식을 요구하지 않음) 행위'이기 때문에 그렇습니다.

다만 몇 가지 증빙서류가 필요합니다. 보통 위임장으로 증명하는데, 소유주에게 확인을 받았다면 사실 위임장도 필요 없습니다. 불요식 행위이니까요. 그러나 대리 계약이라는 증거를 남기는 것이 좋습니다. 이때 위임장, 인감도장 날인, 인감증명서, 신분증 등이 필요합니다.

┃위임장·인감도장·인감증명서 위임장에는 위임 내용, 날짜, 집주인과 대리인의 인적사항 등이 있어야 합니다. "집주인 A가 대리인 B에게 ○○부동산의 계약(매매, 전세, 월세) 권한을 언제 위임했다"라는 내용이 있어야 합니다. 그리고 인감도장이 집주인 소유의 인감도장인지를 확인하기 위해 인감증명서도 있어야 합니다. 집주인의 신분증(사본)과 대리인의 신분증까지 확인하고 나면 모든 절차가 끝납니다. 좀 더 꼼꼼한 부동산을 만났다면 집주인과 통화도 할 수 있습니다.

위임장

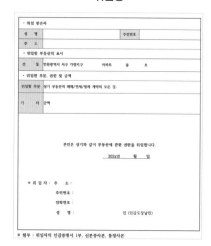

▌전세인지, 월세인지! 부동산 거래 유형과 금액까지 써놓는 것이 좋습니다. 월세를 전세라고 속이고서 보증금을 떼먹는 경우가 있기 때문입니다. 집주인이 집을 월세로 내놓았는데, 전세로 계약하면서 보증금 차익을 편취하는 수법이지요. 그러니 전세인지 월세인지, 금액은 얼마인지를 써놓는 것이 가장 안전합니다.

▌대출이라면 집주인이 참석한다 대리 계약 시에 주의할 점이 있습니다. 만약 은행 대출을 받는 경우라면 계약자 당사자가 참석해야 합니다. 은행에서는 집주인이 직접 계약했는지 따지기 때문입니다. 그러니 대출을 받을 계획이라면 중개사무소에 대리 계약은 안 된다고 미리 고지하는 것이 좋습니다.

부부 공동명의인데
한 명만 왔다면?

▌공동명의인데 소유주 한 명만 왔을 경우 최근에 공동명의가 늘었습니다. 절세 효과와 인식 변화 등으로 그렇습니다. 특히 부부 공동명의가 많지요.

계약하는 날에 부부가 함께 오면 좋겠지만, 사실 한 명만 오는 경우가 많습니다. 이럴 때는 어떻게 해야 할까요? "남편 신분증이랑 도장만 들고 왔어요" "아내는 이런 거 잘 몰라요. 저 혼자 하면 됩니다" 라는 말을 듣고 끝낼 것인가요? 그렇다면 계약을 해서는 안 됩니다.

부부의 경우 '일상가사대리권'이 있습니다. 이는 일상에서 흔히 벌어지는 일을 한 명이 결정 및 처리를 해도 된다는 의미입니다. 생활비 지출, 생필품 구입 등이 해당되지요. 그런데 부동산 계약은 일상가사대리권을 인정받지 못합니다. 부부라고 할지라도 혼자서 결정할 수는 없습니다. 민법 264조(공유물의 처분·변경)와 민법 265조(공유물의 관리·보존)에 따르면, 공동명의 계약 시 과반의 동의가 필요합니다. 즉 한 사람의 결정만으로 부동산 계약을 할 수 없다는 뜻입니다.

▌이럴 때 해결 방법! 그렇다면 해결 방법이 있을까요? 부부 중 한 명을 대리인으로 설정하면 됩니다. 민법 114조에 따르면 대리 행위와 관련된 내용이 있습니다. 권한을 정당하게 위임받았다면, 혼자 오더라도 계약이 가능하다는 겁니다. 이때 참석하지 못한 사람의 위임장, 인감도장, 신분증이 필요합니다.

▌위임 여부를 확인할 것! 위임장에는 위임하는 사람의 인적사항, 위임 내용, 날짜, 위임받는 사람이 있어야 합니다. 앞서 말했듯이 매매인지, 전세인지, 월세인지도 잘 구분해야 합니다. 보증금 금액까지 써놓는다면 완벽합니다. 위임장은 정해진 양식이 없으므로 관련 사항들만 잘 기록하면 됩니다.

돈을 보낼 때는 반드시 등기부상 소유주 명의의 계좌로 입금합니다. 부부 공동명의라면 부부 중 한 명의 계좌로 넣으면 되고요. 만약 공동명의자가 아닌 대리인이 왔다고 할지라도 소유주 명의의 계좌로 송금해야 합니다. 간혹 다른 계좌로 입금하라는 경우가 있는데, 이때는 반드시 집주인 확인을 거친 뒤, 계약서에 해당 내용을 기록해두는 것이 좋습니다. "공인중개사 입회하에 집주인 요청에 따라 ○○○의 계좌로 입금함"이라고 말이지요.

계약할 때 인감도장이
필요한가요?

┃ **"인감도장을 두고 왔어요!"** 집을 사고파는 일, 전월세를 계약하는 일이 흔히 겪는 일은 아닙니다. 어떤 이에게는 처음일 것이고요. 새롭고 생소한 분야이기 때문에 잘 모르는 것이 당연합니다. 계약서를 작성하는 날에 도장을 안 갖고 오는 경우도 있습니다. 인감도장이 아닌 막도장을 챙겨오는 경우도 있지요.

이럴 때는 어떻게 해야 할까요? 계약할 때 반드시 인감도장이 있어야 할까요? 반드시 그렇지는 않습니다. 인감도장이 없더라도 계약은 성립되고, 계약서 작성이 가능합니다. 혹은 도장이 아닌 서명으로도 가능합니다.

계약자 간에 합의만 된다면 계약서 작성을 하지 않아도 됩니다. "구두 계약도 계약"이란 말 들어보셨지요? 서로 뜻만 맞으면 법적 효력이 있습니다. 그러니 인감도장이 반드시 필요한 것은 아닙니다. 실제 공인중개사법에 따르면 계약 당사자는 서명 또는 날인이라고 되어 있습니다. 이는 서명이나 도장 중에 하나만 있어도 된다는 뜻이지요.

┃ 구두 계약도 계약이다 정해진 계약서 양식은 없습니다. 계약자 간에 'A집을 ○○까지 B에게 얼마에 판다'라고 간단히 적기만 해도 됩니다. 다만 일정한 형식으로 계약서를 쓰고 서명이나 도장을 찍는 이유는 증거로 남기기 위해서입니다. 증거가 없다면 한쪽 말이 달라질 때 문제가 생길 수도 있으니까요.

만약 전세 대출이나 주택담보 대출을 받을 예정이라면 반드시 도장을 찍어야 합니다. 은행에서는 서명만으론 안 될 때도 있습니다. 은행은 도장이 찍힌 계약서를 요구합니다만, 인감도장일 필요는 없습니다.

┃ 부동산에는 '비밀 도장'이 있다 도장을 아예 못 챙겼더라도 해결 방법은 있습니다. 보통 부동산 사무실에는 조립식 도장이 있습니다. 단어들을 조합해서 만들 수 있는 막도장이지요. 그러니 도장을 깜빡했다면 부동산 사무실에 요청해도 됩니다.

인감도장은 국가에 등록을 하고 쓰는 도장입니다. 그래서 인감증명서라는 게 있지요. 인감도장만 가져가면 인감도장인지 아닌지 증명하기가 어려우므로, 인감도장이 필요한 경우라면 인감증명서도 지참해야 합니다.

정말 집주인이 맞는지
확인하는 방법이 있나?

▎정말 집주인이 맞을까? 간혹 반대편에 앉은 사람이 집주인이 맞는지 아닌지 의심스러울 수 있습니다. 거액의 돈이 오고가는 자리인 만큼, 반드시 집주인이 맞는지를 확인해야 합니다. 공인중개사를 통해서 계약을 하는 거라면 부동산에서 집주인 확인을 해줍니다. 이때 신분증, 등기부등본, 은행 계좌로 확인시킵니다.

▎신분증 확인 방법 먼저 집주인의 신분증으로 얼굴과 주민등록번호를 확인합니다. 그리고 등기부등본 '갑구'에 소유주가 일치하는지를 확인합니다. 이름, 생년월일, 주민등록번호 등이 전부 일치하는지가 중요합니다. 신분증을 위조해서 오는 사기꾼도 있으니, 신분증 진위 여부도 확인합니다. 이는 전화나 사이트에서 확인 가능합니다.

• 전화 1382 – 국번 없이 1382를 누르고 안내에 따라 주민등록번호, 발급일자 등을 입력합니다.

• 홈페이지 정부24 – 사이트에 접속해서 주민등록증 진위확인 탭에 정보를 입력합니다. 이때 공동인증서가 필요합니다.

정부24에서 주민등록증 진위 확인

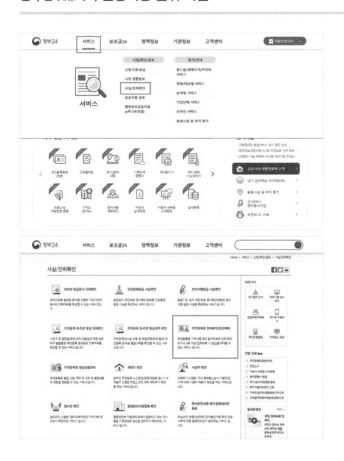

• 홈페이지 경찰청교통민원24 - 사이트에 접속해서 운전면허증 진위 여부를 알 수 있습니다.

경찰청교통민원24에서 운전면허증 진위 확인

┃소유주 명의 계좌로! 은행 계좌 역시 중요합니다. 등기부등본 상 집주인 명의 은행 계좌로 송금해야 합니다. 만약 타인에게 송금해야 한다면, 계약서 특약 사항에 기록해둡니다. "집주인 A의 동의하에 집주인이 아닌 B의 계좌로 입금하기로 한다. 입금 확인 영수증은 집주인이 발급한다"라고요. 그러나 집주인 계좌로 넣는 게 가장 뒤탈이 없습니다.

등기부등본과 건축물대장, 어떻게 확인해야 하나?

▌아는 만큼 보인다! 보증금 지키기의 처음과 끝은 등기사항전부증명서(등기부등본)를 확인하는 일입니다. 등기사항전부증명서에는 집주인의 인적사항, 대출 상황, 권리금을 위협하는 요소 등이 기록되어 있습니다. 부동산 중개거래를 했다면, 공인중개사가 등기부등본을 떼서 설명해줄 겁니다. 등기부등본은 아는 만큼 보입니다. 공인중개사가 설명을 하더라도 관련 지식이 없다면 그냥 넘어가겠지요. 등기부등본을 확인하는 일은 소중한 보증금을 지키기 위한 필수 단계입니다.

▌등기부등본 알아보기 등기부등본은 표제부·갑구·을구로 구성됩니다. 표제부에는 해당 부동산의 주소, 층수, 호수, 면적(크기), 대

지권 등이 기록되어 있습니다. 만약 아파트처럼 한 건물에 여러 집이 있다면 표제부가 2개 나옵니다. 한 동 전체와 해당 집에 대한 정보로 나뉘지요.

갑구에는 소유자(집주인)에 대한 정보가 있습니다. 지금까지 집주인이 얼마나 바뀌었는지, 현재의 집주인은 누구인지, 그리고 인적사항이 나옵니다. 이때 소유자 이름과 주민등록번호를 신분증과 대조하면서 확인하세요. 그런데 갑구에 소유자 외에 가등기·가처분 등 다른 내용이 있다면 즉시 거래를 멈추시길 바랍니다. 나중에 권리를 주

등기부등본의 표제부

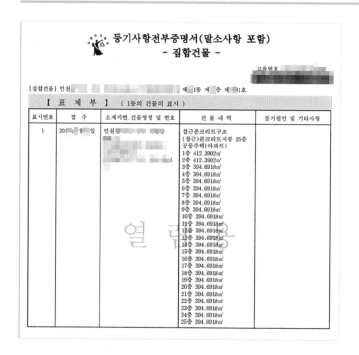

등기부등본의 갑구와 을구

[집합건물] 인천 ▨▨▨▨▨▨▨▨▨▨▨▨▨▨▨▨

(대지권의 목적인 토지의 표시)

표시번호	소 재 지 번	지 목	면 적	등기원인 및 기타사항
1	1. 인천▨▨▨▨ ▨▨▨	대	▨▨▨㎡	20▨▨ ▨▨▨

【 표 제 부 】 (전유부분의 건물의 표시)

표시번호	접 수	건 물 번 호	건 물 내 역	등기원인 및 기타사항
1	2018▨ ▨일	제 ▨층 제 ▨1호	철근콘크리트구조 ▨▨㎡	

(대지권의 표시)

표시번호	대지권종류	대지권비율	등기원인 및 기타사항
1	1 소유권▨	4▨▨▨의 ▨▨	2018▨ ▨▨ 대지권 2018▨ ▨▨ 등기

【 갑 구 】 (소유권에 관한 사항)

순위번호	등 기 목 적	접 수	등 기 원 인	권리자 및 기타사항
1	소유권보존	201▨년 ▨월 ▨1일 제▨▨▨▨호		소유자 ▨▨▨▨▨▨▨▨ ▨▨ ▨▨
1-1	금지사항등기		2018년1월29일	이 주택은 부동산등기법에 따라 소유권보존등기를 마친 주택으로서 입주예정자의 동의 없이는 양도하거나 제한물권을 설정하거나 압류, 가압류, 가처분 등 소유권에 제한을 가하는 일체의 행위를 할 수 없음. 2018년▨▨▨ ▨▨가
2	소유권이전	20▨년 ▨월25일 제▨▨▨호	20▨년 ▨월 ▨일 매매	소유자 ▨▨▨ 73▨▨▨-******* ▨▨▨▨▨▨▨

【 을 구 】 (소유권 이외의 권리에 관한 사항)

순위번호	등 기 목 적	접 수	등 기 원 인	권리자 및 기타사항
1	근저당권설정	20▨년5월 ▨일 제▨▨▨호	20▨년5월 ▨일 설정계약	채권최고액 금▨▨▨▨원 채무자 ▨▨▨▨ 근저당권자 ▨▨▨▨▨
2	근저당권설정	20▨년 ▨월 ▨일 제▨▨▨호	20▨년 ▨월 ▨일 설정계약	채권최고액 금▨▨▨원 채무자 ▨▨▨ 근저당권자 ▨▨▨▨▨▨
3	근저당권설정	2▨▨▨▨	20▨▨ 설▨	채권최고▨ ▨▨ 채무자 ▨▨▨ ▨▨ ▨▨ 근저당권자 ▨▨▨▨
4	2번근저당권설정등기말소	20▨년 ▨월 ▨일 제▨▨▨호	20▨▨▨ ▨일 해지	

장하는 사람들에게 뺏길 수 있으니까요.

을구에는 소유권 외 권리사항이 기록되어 있습니다. 흔히 주택담보 대출을 받았을 때 을구에 기록됩니다. 등기목적에 '근저당권 설정', 권리자 및 기타사항에 'C은행' 등이 나올 겁니다. 대출을 받은 금액도 나오는데, 이것이 '채권최고액'입니다. 채권최고액은 실제 대출을 받은 금액의 약 120% 정도로 설정되어 있습니다. 은행에서 돈을 빌려줄 때 떼이거나 연체 위험을 막고자 실제 금액보다 높여서 근저당을 설정합니다. 만약 등기부등본상 채권최고액이 1억 2천만 원이라면, 실제 대출은 1억 원인 셈이지요. 실제 대출 원금보다는 채권최고액이 중요하다는 점을 알아두세요.

만약 권리자 및 기타사항에 은행 이름이 아닌 개인 명의로 되어 있다면 짚고 넘어가야 합니다. 이는 개인한테 돈을 빌렸다는 뜻이니까요. 이럴 때는 웬만하면 거래하지 않는 것이 좋습니다.

▎건축물대장 알아보기 건축물대장도 중요하게 봐야 합니다. 건축물대장에는 건축물의 구조, 용도, 크기, 층수, 호수, 허가일, 착공일, 사용승인일, 소유자 등이 기록되어 있습니다.

건축물은 일반건축물대장(단독주택·다가구주택·점포주택)과 집합건축물대장(아파트·오피스텔·연립·다세대주택 등)으로 나뉩니다. 아파트처럼 여러 가구가 한 건물에 있다면, 건축물대장에는 총괄표제부·표제부·전유부가 따로 나옵니다.

건축물대장에서 다음의 3가지를 꼼꼼히 봐야 합니다. 먼저 층과

건축물대장

<table>
<tr><td colspan="9" align="center">일반건축물대장(갑)</td><td>(2쪽 중 제1쪽)</td></tr>
<tr><td>고유번호</td><td colspan="4">■■■■■■6</td><td>명칭</td><td colspan="2"></td><td colspan="2">호수/가구수/세대수
0호/1가구/0세대</td></tr>
<tr><td>대지위치</td><td colspan="3">경기도 남양주시 화도읍 마석우리</td><td>지번</td><td colspan="2">193-6</td><td>도로명주소</td><td colspan="2">경기도 남양주시 ■■■</td></tr>
<tr><td>※대지면적</td><td colspan="2">1,486 ㎡</td><td>연면적</td><td colspan="2">438.58 ㎡</td><td>※지역
자연녹지지역</td><td>※지구</td><td colspan="2">※구역</td></tr>
<tr><td>건축면적</td><td colspan="2">222.48 ㎡</td><td>용적률 산정용 연면적</td><td colspan="2">312.25 ㎡</td><td>주구조
철근콘크리트구조</td><td>주용도
단독주택</td><td colspan="2">층수
지하: 1층, 지상: 2층</td></tr>
<tr><td>※건폐율</td><td colspan="2">14.971736 %</td><td>※용적률</td><td colspan="2">21.012786 %</td><td>높이
6.7 m</td><td>지붕
(철근)콘크리트</td><td colspan="2">부속건축물
1 동 126.33 ㎡</td></tr>
<tr><td>※조경면적
㎡</td><td colspan="2"></td><td>※공개 공지·공간 면적
㎡</td><td colspan="2"></td><td>※건축선 후퇴면적
㎡</td><td>※건축선후퇴 거리</td><td colspan="2">m</td></tr>
<tr><td colspan="5" align="center">건축물 현황</td><td colspan="5" align="center">소유자 현황</td></tr>
<tr><td>구분</td><td>층별</td><td>구조</td><td>용도</td><td>면적(㎡)</td><td>성명(명칭)
주민(법인)등록번호
(부동산등기용등록번호)</td><td colspan="2">주소</td><td>소유권
지분</td><td>변동일
변동원인</td></tr>
<tr><td>주1</td><td>1</td><td>철근콘크리트구조</td><td>단독주택</td><td>147.25</td><td>■■■</td><td colspan="2">■■■</td><td rowspan="2">1/1</td><td>2009.3.23.</td></tr>
<tr><td>주1</td><td>1</td><td>철근콘크리트구조</td><td>문화및집회시설(예식장)</td><td>16.2</td><td>■■■</td><td colspan="2"></td><td>소유권보존</td></tr>
<tr><td>주1</td><td>2</td><td>철근콘크리트구조</td><td>단독주택</td><td>148.8</td><td colspan="5">- 이하여백 -</td></tr>
<tr><td>부1</td><td>지1</td><td>철근콘크리트구조</td><td>주차장</td><td>126.33</td><td colspan="5">※ 이 건축물대장은 현소유자만 표시한 것입니다.</td></tr>
<tr><td colspan="6">이 등(초)본은 건축물대장의 원본내용과 틀림없음을 증명합니다.</td><td colspan="2"></td><td colspan="2">발급일: 2023년 6월 27일
담당자:
전 화:</td></tr>
<tr><td colspan="6" align="center">남양주시장</td><td colspan="4"></td></tr>
<tr><td colspan="10">※ 표시 항목은 총괄표제부가 있는 경우에는 적지 않을 수 있습니다.</td></tr>
</table>

호수입니다. 눈으로 본 것과 건축물대장상의 층수가 다를 수 있습니다. 보기에는 1층인데 서류상으로 지하로 나올 수 있으니까요. 두 번째는 용도입니다. 집인 것처럼 보여도 서류상 집이 아닌 경우가 있습니다. 상가인데 주택처럼 개조했을 때 말이지요. 이러한 경우에는 전세 대출을 못 받을 가능성이 있습니다. 세 번째는 변동 사항입니다. 여기에는 불법건축물 등 위반 사항이 나와 있습니다. 위반 건축물이 있을 경우에는 빨간색으로 표시되어 있으니 반드시 확인하고 넘어가야 합니다. 이외에 토지대장, 지적도(임야도), 토지이용계획확인원 등도 확인해야 할 서류입니다.

열 변호사 안 부러운 특약 사항,
어떻게 적어야 할까?

|계약자 간의 특별한 약속인 특약 사항 요즘 반려동물과 함께 지내는 사람들이 많습니다. 내 집이라면 상관없겠지만 세 들어 산다면 쉽지 않은 일입니다. 특히 '반려동물 금지'라는 조건을 걸고 전월세를 놓는 경우가 많습니다. 반려동물과 살고 싶다면 어떻게 해야 할까요? 현실적인 해결 방법을 보겠습니다.

|반려견 이야기를 안 한 경우, 소송 결과는? 실제 사례를 보겠습니다. 한 임차인이 반려견을 키운다는 사실을 고지하지 않고 계약을 했습니다. 이 사실을 뒤늦게 집주인이 알았고, 결국 소송(서울중앙지법 민사 판결 2017 6390 계약금 반환 청구 해소)으로 이어졌습니다.

과정을 자세히 보면 이렇습니다. '계약금을 주고받고 계약서를 썼다 → 집주인이 반려동물 동거를 뒤늦게 알았다 → 집주인은 계약금을 돌려주고 무효로 하자며 공탁 → 세입자는 자기의 잘못이 없으니 계약을 이행하자고 주장 → 소송 진행'이었습니다.

법원의 판단은 어땠을까요? 법원은 임차인의 손을 들어주었습니다. 집주인이 임차인에게 "몇 명이서 살 것인가?"를 물었지만 이외에는 묻지 않았고, 계약서에 반려동물 사항 기록이 없었다는 점을 들어 판단한 결과였습니다.

▎반려동물 금지가 특약에 없었다면? 여기에서 주목해야 할 점은 임대인이 먼저 이야기하지 않았다는 것입니다. 반려동물을 금지하고 싶다면 계약 전에 미리 이야기하고, 특약 사항에 넣어두는 것이 좋습니다. 반대로 거짓말을 한 경우라면 어떻게 될까요? 반려동물 금지 계약을 했는데 몰래 키웠을 경우 말입니다. 이때는 임차인의 귀책사유로 계약 해지를 당할 우려가 있으니 반드시 유의해야 합니다.

▎그럼에도 반려동물과 살고 싶다면? 집주인 입장에서는 반려동물이 있다면 집이 상할 염려가 있으니 반대를 하는 건 당연합니다. 그러니 임차인은 이 부분을 적극적으로 설득하는 것이 어떨까요? 반려동물 때문에 발생한 피해는 보상한다는 조건으로 말이지요.

전월세 계약서에는 '원상복구' 조항이 들어갑니다. 세입자가 들어간 상태 그대로 해놓고 나온다는 뜻이지요. 이를 조금 더 넓게 풀면 반려동물 문제도 해결할 수 있습니다. 반려동물로 인한 파손, 훼손,

오염, 악취 등에 대해 원상복구하겠다는 조건이지요. 이 중에서 파손, 훼손, 오염은 눈에 보이는 부분이라서 잘잘못을 명확하게 나눌 수 있습니다. 다만 문제는 악취입니다. 악취는 개인에 따라 느끼는 바가 다르기 때문에, '업체를 통해 악취를 해결하겠다'라고 협의하는 것을 권장합니다.

> **▶ 특약 사항**
> • 반려동물 키우는 것을 금지한다.
> • 반려동물 키우는 것에 임대인은 동의한다.
> • 반려동물 등으로 인한 파손, 훼손, 오염, 악취 등은 임차인 퇴거 시 원상복구한다.
> • 임차인은 퇴거 시 입주청소를 하고 나간다.

중개대상물 확인설명서가 계약서만큼 중요한 이유는?

┃ 보이지 않는 것까지 기록된 확인설명서   계약을 하는 자리는 온 신경을 집중합니다. 짧은 시간인데도 지치게 마련이지요. 봐야 할 서류도 여러 장이고, 서명할 곳도 많습니다. 등기부등본 확인과 계약서 작성 때까지는 주의를 집중합니다. 그런데 많은 사람들이 다 끝나지도 않았는데 긴장을 푸는 순간이 있습니다. 바로 중개대상물 확인설명서를 체크할 때입니다.

  계약서에 기록된 금액, 기간, 특약 사항, 인적사항을 확인한 뒤에 확인설명서를 봅니다. 그래서 중요한 단계가 끝났다는 안도감 때문인지 긴장을 푸는 모습이 보입니다. 그러나 끝까지 긴장의 끈을 놓아서는 안 됩니다. 확인설명서는 계약서만큼 중요하니까요.

확인설명서(첫 페이지)

■ 공인중개사법 시행규칙[별지 제20호서식] <개정 2021. 12. 31.> (제1쪽)

중개대상물 확인·설명서[I] (주거용 건축물)

([ ] 단독주택　　[√] 공동주택　　[ ] 매매·교환　　[√] 임대)

확인·설명자료	확인·설명근거자료 등	[ ] 등기권리증　[√] 등기사항증명서　[√] 토지대장　[√] 건축물대장　[ ] 지적도 [ ] 임야도　　[√] 토지이용계획확인서　[√] 그 밖의 자료 (신분증)
	대상물건의 상태에 관한 자료요구	거래당사자는 매수'확인·설명근거자료 등'에 대한 사항을 발급/열람,검색을 통해 확인하였으며, 물건의 현장상태를 육안으로 확인, 인지한 후 개업공인중개사가 작성한 아래 9~12항에 대한 설명을 통해 각 항목 기재 사항을 확인하고 내용에 동의함.(등기권리증 미제출)

유 의 사 항	
개업공인중개사의 확인·설명 의무	개업공인중개사는 중개대상물에 관한 권리를 취득하려는 중개의뢰인에게 성실·정확하게 설명하고, 토지대장등본, 등기사항증명서 등 설명의 근거자료를 제시해야 합니다.
실제거래가격 신고	「부동산 거래신고 등에 관한 법률」 제3조 및 같은 법 시행령 별표 1 제1호마목에 따른 실제 거래가격은 매수인이 매수한 부동산을 양도하는 경우 「소득세법」 제97조제1항 및 제7항과 같은 법 시행령 제163조제11항 제2호에 따라 취득 당시의 실제 거래가격으로 보아 양도차익이 계산될 수 있음을 유의하시기 바랍니다.

I.개업공인중개사 기본 확인사항

① 대상물건의 표시	토지	소 재 지	인천광역시 서구 ▨▨▨			
		면 적(㎡)	83721.5㎡	지 목	공부상 지목	대
					실제 이용 상태	대
	건축물	전용면적(㎡)	84.9951㎡		대지지분(㎡)	83721.5분의49.4911
		준공년도 (증개축년도)	2018년	용 도	건축물대장상 용도	아파트
					실제 용도	아파트
		구 조	철근콘크리트구조		방 향	남동향 (기준: 거실　)
		내진설계 적용여부	적용		내진능력	VII - 0.204g
		건축물대장상 위반건축물 여부	[ ] 위반　[√] 적법	위반내용		

② 권리관계	등기부 기재사항		소유권에 관한 사항		소유권 외의 권리사항	
		토지	성명:서▨▨▨ 소:서▨▨▨ 등기(○○▨▨▨ 터)		토지	없음.
		건축물	성명:▨▨ 소:서▨▨▨ 등기(○○▨▨▨ 터)		건축물	없음.
	민간 임대 등록 여부	등록	[ ] 장기일반민간임대주택　[ ] 공공지원민간임대주택 [ ] 그 밖의 유형(○)			
			임대의무기간	0년	임대개시일	－ －
		미등록	[√] 해당 사항 없음			
	계약갱신 요구권 행사 여부		[ ] 확인(확인서류 첨부)　　[ ] 미확인　　[ ] 해당없음			
	다가구주택 확인서류 제출여부		[ ] 제출(확인서류 첨부)　　[ ] 미제출　　[ ] 해당없음			

③ 토지이용계획, 공법상이용제한 및 거래규제에 관한 사항(토지)	지역·지구	용도지역	제3종일반주거지역			건폐율 상한	용적률 상한
		용도지구	해당없음			50 %	300 %
		용도구역	지구단위계획구역				
	도시·군계획시설	기타공공시설(수변공원)(저축), 중로1류(폭20M~25M)(접합), 특수도로(보행자전용도로)(접합)	허가·신고 구역여부		[ ] 토지거래허가구역		
			투기지역 여부		[ ] 토지투기지역　[ ] 주택투기지역　[ ] 투기과열지구		
	지구단위계획구역, 그 밖의 도시·군관리계획	지구단위계획구역		그 밖의 이용제한 및 거래규제사항	공공주택지구, 상대보호구역, 과밀억제권역.		

210㎜ X 297㎜[백상지(80g/㎡) 또는 중질지(80g/㎡)]

| 확인설명서는 최후의 증거! 확인설명서는 미처 몰랐던 하자를 발견했을 때 매우 중요한 증거자료가 됩니다. 중개대상물 확인설명서는 집 내부와 외부 관련 사항이 기록된 문서입니다. 공인중개사 필수 발급 서류로, 중개사가 꼼꼼히 확인하고 성실하게 작성한 뒤 설명해야 할 의무가 있습니다.

확인설명서에는 보통 계약서 내용이 그대로 기록됩니다. 이때 주소, 소유자 인적사항 등은 작성 프로그램에 의해 자동으로 입력되지만 주변 환경, 내부 상태, 눈에 보이지 않는 권리 관계 등은 공인중개사가 직접 입력합니다. 특히 소유권 외 권리사항에 근저당권, 전세권, 임차권등기명령 등이 사실대로 잘 기록되었는지 확인해보세요. 임차인이 살고 있는 경우라면 계약갱신요구권 행사 여부도 체크해야 합니다.

특히 개업공인중개사 세부 확인사항을 유심히 살펴야 합니다. 다가구에서 다른 집들의 임차보증금액 내역이나 이 집을 다른 사람에게 또다시 세를 준 사실이 있는지 등을 확인합니다. 그리고 세금 체납이 있는지도 짚고 넘어가야 합니다. 이때 공인중개사는 '집주인에게 요구했으나 불응함' 정도로만 쓰면 대부분의 책임에서 벗어납니다. 따라서 관련 내용이 기록되어 있다면 확인하고 넘어가는 것이 좋습니다. 그리고 중대 하자가 있다면 확인설명서에 기록해야 합니다.

4장

부동산 매매 시에
체크해야 할 것들

4장은 '전략'입니다. 집 팔 때 몇 군데 부동산에 내놓아야 할까요? 부동산 전문가는 언제 집을 샀다 언제 팔까요? 그 결정의 이유는 무엇일까요? 집을 사고파는 것에는 전략이 필요합니다. 상당히 신중한 의사결정 과정이 필요한 고관여 상품입니다. 하지만 현실에서는 별 생각 없이 결정하는 경우가 많습니다. 집을 사고파는 것은 수억 원을 책임져야 하는 비즈니스라고 생각해야 합니다. 전 재산을 걸고 하는 '주택 비즈니스'로 접근해, 좋은 결과를 얻는 방법을 제시합니다.

집을 비싸게 잘 팔려면
어떤 전략을 짜야 하나?

┃집을 팔 때도 전략이 있다 집을 파는 일이든 사는 일이든 모두 어렵습니다. 규제도 많고, 대출도 까다로우니까요. 집값이 내려도 문제, 올라도 걱정입니다. 내 집은 비싸게 팔고 싶고, 남의 집은 싸게 사고 싶은 게 사람 마음이지요. 이제부터 공인중개사가 자기 집을 팔 때는 어떻게 하는지 자세히 알아보겠습니다.

집을 파는 것, 매도 역시 비즈니스입니다. 수천만 원부터 수억 원에 이르는 제법 규모가 큰 사업인 셈이지요. 그만큼 전략적으로 접근해야 원하는 결과를 얻을 수 있습니다. '부동산에 내놓으면 알아서 해주겠지'라고 생각하지 말고, '중개하기 쉽게 내가 판을 짜놔야겠다'라고 접근해야 좋습니다. 집을 파는 과정은 3단계로 요약할 수 있습니다. 바로 '시세 파악 → 매도 전략 수립 → 매도 실전'입니다.

- **매도 시세 파악** - 시세 파악은 매우 간단합니다. 포털 사이트에서 다른 집들은 최근 얼마에 내놓았는지를 찾아보는 겁니다. 이때 네이버가 가장 좋습니다. 공인중개사 대다수가 네이버에 매물을 등록하니까요. 그리고 주변의 매도 호가도 살펴봅니다. 최저가, 최고가, 그리고 보편적인 가격대를 파악해둡니다.

- **최근 실거래가 조사** - 그다음은 시세를 파악하기 위해 실거래가를 찾아봅니다. 부동산 실거래 사이트에서 쉽게 볼 수 있는데, 실거래가는 물론 거래량 파악도 가능합니다. 그러고 나서 적정 가격을 설정합니다.

- **적정 가격 찾기** - 적정 가격은 실거래가, 거래량, 매도 호가를 종합적으로 판단해서 정합니다. 부동산 상승기 때는 실거래가보다 매도 호가가 높고, 침체기 때는 실거래가보다 매도 호가가 낮습니다. 거래량이 늘어난다면 가격 상승을 기대할 수 있고, 거래량이 줄어든다면 가격 침체를 예상해야 합니다.

┃백견이 불여일문(問) 현재 내 집의 시세와 매도가를 알 수 있는 정확한 방법이 바로 집 근처 부동산에 물어보는 겁니다. 현재 매물 가격과 실제 분위기는 동네 부동산이 제일 잘 알고 있습니다. 이때 동네 부동산에 이 2가지만 물어보면 됩니다. "(우리 집이) 당장 팔릴 수 있는 가격은 얼마나 될까요?" "우리 집과 비슷한 집들은 얼마인가

요?" 같은 아파트 단지라고 하더라도 구조나 동, 전망에 따라 가격이 달라지니까요.

▎목마른 사람이 우물을 판다

부동산 분위기와 자신의 상황에 따라 전략은 달라집니다. 급한 사정이 있다면 싸게라도 빨리 팔아야 겠지요. 보통 양도세 비과세 등 세금 문제, 이사 갈 집을 계약했을 경우, 분양을 받은 집의 입주일이 다가올 경우, 급전이 필요한 경우 등일 겁니다. 이럴 때는 무조건 '파는 것'을 목표로 삼아야 합니다. 그러니 내가 팔고 싶은 가격이 아닌 팔릴 만한 가격에 집중해야 합니다.

▎같은 집이라도 가격이 다르다

같은 집이라도 세입자 유무에 따라 가격대가 달라집니다. 실거주를 할 수 있는 집과 전월세가 있는 집으로 나눠보면, 가격은 '실거주〉전세〉월세 낀 집' 순입니다.

▎협상 카드? 배수의 진?

집을 내놓을 실제 가격은 어떻게 설정하면 될까요? 내가 받고 싶은 가격보다 살짝 올려놓고 깎아주는 방법과, 처음부터 딱 잘라서 마지노선으로 올려놓는 방법이 있겠지요. 보통 매수인 입장에서는 "매도인이 얼마 깎아주면 바로 계약하겠다"라고 할 가능성도 있으니 이를 염두에 두는 것이 좋습니다.

▎비밀번호 공개

급하게 집을 팔아야 하는데 어떤 날은 집을 보여주는 게 되고 어떤 날은 보여주는 게 안 된다면 매도하기가 어렵습니다. 집 근처의 부동산 중에서 믿을 만한 곳이라고 생각되면 과감하게 집이 비어 있을 때도 볼 수 있게 해보세요. 그러면 매도 확률이 올라갈 것입니다.

▌가격이 깡패   집을 빨리 팔려면 옆집보다 싸게 내놓으면 됩니다. 결국 가격이 관건입니다. 아니면 부동산에 성공 보수를 제안하는 것도 한 방법입니다. "얼마 이상에 팔아주면 보수를 더 챙겨주겠다" 혹은 "언제까지 거래를 성공시키면 보수를 더 챙겨주겠다"라고 제안하는 것이지요.

▌잔금일은 유연하게   잔금일을 딱 정하기보다는 앞뒤로 여유를 두는 것이 좋습니다. 예를 들어 12월 말로 한다면, 전후 일주일 정도는 움직일 수 있게 말이지요. 그래야 이사 갈 집을 구하기가 쉬워집니다.

▌언제, 어디에 집을 내놓을까?   대개 최소 3개월 전에는 집을 내놓아야 합니다. 집을 내놓는 시점이 1~2개월은 너무 짧고, 6개월은 너무 깁니다. 집을 보러 오는 사람들은 보통 2~3개월 안에 이사를 가려는 사람들입니다. 부동산에 집을 내놓은 지 열흘이 지나도록 집 보러 오는 사람이 없다면 내놓은 가격이 비싸다는 뜻입니다. 반대로 집을 내놓은 지 하루도 안 돼서 연락이 오면 집을 싸게 내놓았다는 뜻이고요.

▎부동산 몇 군데에 내놓을까?

부동산 몇 군데에 집을 내놔야 할까요? 시기와 부동산 시장 상황에 따라 달라지므로 정해진 답은 없습니다. 상승기에 거래량이 많다면 한 군데만 내놔도 되겠지요. 그런데 침체기라면 좀 더 여유 있게 내놓는 것이 좋습니다. 최대 다섯 군데가 적당하고, 그 이상으로 내놓는 것은 좋지 않습니다. 말 그대로 보여주는 집, 즉 모델하우스가 될 가능성이 있으니까요.

해당되는 단지 내 상가에 두세 곳, 옆 단지 상가에 한두 곳을 추려서 내놓습니다. 자기 집과 비슷한 크기와 금액대인 단지의 부동산에도 알려줍니다. 가격 차이가 없다면 상대적으로 작은 평수 위주의 단지에 내놓는 게 효과적입니다. 50평을 생각하던 사람이 30평대 집을 보기는 힘든데, 25평을 보는 사람들에게 '30평과 비슷한 가격'이라며 설득하는 것은 가능하니까요.

매매는 타이밍이라는데,
매도와 매수의 순서는?

│사고팔까, 팔고 살까? 선택의 순간! 집을 사서 이사 가려고
할 때, 아마 이런 고민해봤을 거예요. '새집을 먼저 사고 우리 집을 팔
아야 하는지, 먼저 내 집을 팔고 새집을 사야 하는지'를 말이에요. 그
순서는 부동산 시장 상황에 따라 달라집니다.

집값이 상승하는 때는 먼저 매수를 한 후에 내 집을 팔아야 합니
다. 반면에 집값이 하락하는 때는 내 집을 먼저 매도한 후에 이사 갈
집을 사야 합니다. 상승인지, 하락인지, 침체인지, 정체인지, 보합인
지를 따져야 합니다. 전문 사이트나 통계 데이터를 들춰보지 않더라
도 알 수 있습니다. 지금이 어떤 분위기인지 알기 어렵다면 동네 부
동산에 물어보세요. 금방 알 수 있습니다.

▌상승기와 하락기의 사고파는 순서   부동산 분위기에 따라 집을 사고파는 순서가 정해진다는 것을 기억하세요. 거래가 없고 집값도 계속 떨어지는 추세라면 어떨까요? 오늘보다 내일이 더 떨어질 것 같은 분위기에, 집을 팔 사람은 많은데 살 사람이 없는 상황이지요. 집을 사려는 사람이 '갑'인 분위기, 즉 매수 우위 시장이라고 합니다. 팔기가 힘든 때이기에 내 집을 먼저 팔아야 합니다. 반대로 이사갈 집을 구하기는 좀 더 수월할 거고요.

• 부동산 하락기에는 팔고 산다! – 부동산 하락기에는 집이 잘 안 팔립니다. 살 사람이 별로 없으니 가격은 떨어지고 거래도 별로 없습니다. 이런 경우에는 내 집을 먼저 팔고 다른 집을 사야 합니다. 다른 집을 먼저 샀는데 자기 집을 사주는 사람이 없다면 큰일이지요. 그러면 결국 울며 겨자 먹기로 손해를 보고 팔아야 할 거예요.

• 부동산 상승기에는 사고판다! – 거래가 많고 집값도 계속 오르는 상황이라면 어떨까요? 어제의 고점이 오늘의 저점인 때이지요. 집을 사려는 사람이 많으니 내 집을 팔기가 아까운 상황입니다. 집주인이 '갑'인 분위기, 즉 매도 우위 시장이라고 합니다.

  이때는 '싸게 사고 비싸게 판다'는 매매의 기본에 집중하면 됩니다. 즉 오늘 다른 집을 (그나마) 싸게 사고, 내일 자기 집을 더 오른 가격에 팔면 됩니다. 이사 갈 집을 먼저 구하고 나서 나중에 내 집을 파는 것이지요.

쌀 때 사고 비쌀 때 파는 것이 말은 쉽지만 이게 현실에서는 어렵기도 합니다. 그러니 좀 더 구체적인 전략이 필요합니다.

▌좀 더 안전하게 거래하는 방법 몇 가지만 잘 명심하면 집을 사고팔기가 어려운 일은 아닙니다. 거래량의 추이와 가격들을 보면 됩니다.

거래가 줄고 있다면 고점에 가까워졌다고 생각하면 됩니다. 부동산에 한번 물어보세요. 거래나 매수 문의가 많다면 가격이 올라갈 여력이 있다는 뜻입니다.

매수 호가도 좋은 근거가 됩니다. 매수인들이 찾는 가격인 매수 호가는 실제 거래가 될 수 있는 가격을 의미합니다. 팔고 싶은 금액이 아닌 팔릴 만한 가격입니다. '내 집이 얼마에 팔릴까?'를 알 수 있는 좋은 지표가 되지요.

매수 호가를 알아야 하는 이유는 최악의 경우를 대비하기 위해서입니다. 집을 당장 팔아야 할 시기가 왔을 때 거래가 빨리 될 수 있는 가격입니다.

▌새집 사기 상황과 금액에 알맞은 집을 찾았다면 계약을 진행합니다. 부동산 상승기에는 괜히 깎으려고 하다가 집을 놓칠 수 있습니다. 반대로 하락기에는 더 깎아달라고 해보세요. 깎아주더라도 팔고 싶어 하는 사람들이 많으니까요.

｜잔금일도 전략이다 상승기에는 잔금일을 짧게 잡는 것이 좋습니다. 가격이 오르면 매도인의 마음도 변하기 때문입니다. 잔금일이 길어진다면 계약할 때 중도금을 정하면 되고요. 중도금을 넣으면 한쪽이 일방해지할 수 없습니다. 반대로 부동산 하락기에는 잔금일을 넉넉히 잡아도 괜찮습니다.

집값 협상의 기술,
실전에서 정말 가능할까?

┃깎아주는 것도 협상의 영역 전통 시장에서만 물건 값을 깎는 것이 아닙니다. 부동산 시장에서도 통용되지요. 집값을 깎는 일도 협상의 영역입니다. 시장의 분위기, 집주인 상황 등에 따라 판을 흔들 수 있지요. 집을 내놓을 때의 가격은 집주인 마음입니다. 진짜로 매도할 목적이라면 주변 시세나 호가를 참고하겠지요.

┃깎아주는 것도 전략이다 최후의 마지노선에 맞춰 제시하는 겁니다. 만약 5억 원을 받고 싶다면 5억 원으로 내놓는 방법이지요. 그런데 대부분의 매수인은 더 깎아달라고 합니다. 이를 감안해서 실제 마지노선보다 살짝 높여 부르는 경우도 있습니다. 예를 들어 5억 원을 받고 싶다면 5억 1천만 원으로 올려놓는 겁니다. 실제 매수인이

붙었을 때 5억 원까지는 깎아주겠다는 생각으로 말이지요. 이는 거래를 성사시키기에 좋은 협상 카드가 됩니다. 이렇게 내놓아서 임자가 나타났을 때 못 이기는 척 깎아주면서 "지금 당장 계약금을 넣는다면 그 가격에 팔겠다"라며 결정을 유도합니다.

집값을 깎아줄 때 조건을 걸 수도 있습니다. 매도인이 원하는 기한이나 상황 등에 맞춰주면 깎아주겠다고 하는 것이지요. 조건부 수락의 예를 보겠습니다. "올해 연말까지 잔금을 치르고 소유권을 가져간다면 깎아주겠다" "하자담보책임을 면하는 조건이라면 깎아주겠다" "에어컨을 두고 가는 조건이라면 계약하겠다" 등입니다. 깎아주면서도 명분을 만들고 실리를 챙기는 방법입니다.

다만 부동산 침체기인 매수 우위 시장이라면 통하지 않을 수 있습니다. 집을 사고파는 일은 경제 원리, 공급과 수요의 법칙을 따르니까요. 목마른 사람이 우물을 파고, 아쉬운 사람이 한 수 접어야 하는 법! 그러니 이럴 때 팔고 싶다면 괜히 튕기지 말고 계좌를 바로 알려주는 것이 좋습니다.

▌깎는 것은 능력이다

집값을 협상하기 전에는 만족할 만한 가격을 먼저 생각해야 합니다. 1천만 원을 깎으면 바로 계약금을 넣겠다는 다짐이지요. 이러한 선이 없다면 값을 깎아도 성에 안 차 불만족스러울 수 있습니다. 깎는다는 행위는 계약의 9부 능선을 넘는 일입니다. 공인중개사 또한 '이 사람이 이 가격까지 깎으면 계약할 사람'이라는 확신이 서야 제대로 깎아달라고 할 수 있습니다.

가격을 협상할 때는 여러 가지 방법이 있습니다. 그런데 집 상태에 꼬투리를 잡는 방법은 매도인의 기분을 상하게 할 수 있으니 추천하지 않습니다. 차라리 경제적인 상황을 이야기하는 게 훨씬 좋습니다. "이 정도의 예산으로 집을 알아보고 있으니 조금 맞춰달라"라는 식으로요. 그러고선 "1천만 원을 깎아주면 오늘 바로 계약금 일부를 보내겠다"라고 마무리를 짓습니다.

한 집에만 매달릴 필요도 없습니다. 가격 협상은 결국 '급한 사람'이 지게 되어 있습니다. 한 집에만 매달리면 매도인에게 끌려갈 수밖에 없습니다. 이럴 때 다른 대안이 있다면 협상에서 유리한 고지를 점령할 수 있습니다.

가격을 깎는 데 최고의 방법은 매도인이 원하는 조건을 들어주는 겁니다. 집을 팔면서 '언제 언제까지 잔금을 달라' '시설물을 인수하라'는 등의 조건이 붙는 경우가 있습니다. 이 조건을 적극 이용해보세요. "매도인이 원하는 조건을 맞춰줄 테니 얼마에 해달라"며 협상하는 겁니다.

부동산 한 곳에만 매달릴 필요도 없습니다. 공인중개사는 중개가 성사되어야 돈을 벌 수 있습니다. 그래서 진짜 집을 살 것 같은 손님이라면, 어떻게든 거래를 시키려 합니다. "조금 깎아주면 이 집으로 바로 결정하겠다. 그게 안 된다면 아까 다른 곳에서 본 집을 할 수밖에 없다"라고 슬쩍 내비치는 겁니다.

부동산에 성공 보수를 제안하는 것도 좋습니다. 성공 보수는 공인중개사의 적극적인 중개를 유발할 수 있으니까요. "1천만 원을 깎아주면 중개 보수를 좀 더 챙겨줄게요""깎는 돈의 절반을 수수료로 줄게요"라며 동기를 유발하는 것이지요.

▎일단 자리에 앉혀보자 여러 방법을 썼는데도 가격 협상이 안되는 집이 있습니다. 그러면 최후의 수단은 협상 테이블을 마련하는 겁니다. 지금 집값을 깎는 중간에는 부동산이 끼어 있습니다. 부동산을 통하는 것 말고 직접 대화를 하다 보면 실마리가 풀릴 수도 있습니다. 부동산 입장에서도 쉬운 일은 아니겠지만 "집주인과 직접 이야기를 나눠보고 싶다. 옆에서 도와달라"고 요청해보세요. 의외로 좋은 결과가 나올 수도 있습니다. 매도인이 협상 테이블에 온 시간과 노력이 아까워서라도 계약에 좀 더 관대해지기 때문입니다.

　이때 주의할 점은 계약하는 자리가 아닌 대화하고 협상하는 자리라는 점을 먼저 설명해야 한다는 것입니다. 99% 정도 매수를 생각하고 있는데 1% 정도를 서로 좁혀보자는 느낌인 겁니다. 이 상황 설명이 안 되면 매도인이 왔다가 기분만 상하고 그냥 갈 수 있으니까요.

계약 해지를 하고 싶다면
어떻게 진행해야 할까?

┃후회되는 계약, 되돌리고 싶다면? "1년 전에 계약했을 때보다 무려 2억 원이나 빠졌어요. 지금 그 돈이면 훨씬 좋은 집에 갈 수 있는데, 계약금을 이미 냈어요. 계약을 취소하고 되돌릴 방법이 없을까요?"

부동산 계약이 파기되는 경우가 있습니다. 대부분 돈 때문입니다. 집값이 갑자기 오르면 매도인은 계약을 해지하자고 하고, 집값이 많이 떨어지면 매수인의 마음은 바뀌지요. 하락기에는 계약 때보다 가격이 내려가 있으니 매수인의 마음이 바뀌는 것이지요. 반대로 상승장에서 매매 계약을 한 매도인은 '더 비싸게 팔 걸' 하며 후회하고요. 집을 팔았는데 돈을 더 준다는 사람이 나타나거나 더 좋은 집이 더 싸게 나왔을 경우, 한쪽에서는 계약 해지를 원합니다. 부동산 시장이 급격히 변할 때 종종 있는 일입니다. 이렇게 계약 해지를 하고 싶다면 어떻게 해야 할까요?

| 단순 변심도 가능하다 일반적으로 매도인의 경우 계약금의 배액상환을 하면, 그리고 매수인의 경우 계약금을 포기하면 일방해제가 가능합니다. 만약 계약금이 1천만 원이라면 매도인은 배액인 2천만 원을 내주면 됩니다. 매수인은 자신이 지급한 1천만 원을 포기하고 해지할 수 있습니다.

다만 다른 약정이 없어야 하고, 또한 '이행의 착수' 전이어야만 합니다. 여기서 이행의 착수는 보통 중도금을 의미합니다. 즉 중도금을 지급하기 전까지는 매도인이든 매수인이든 계약을 파기할 수 있습니다. 이때는 특별한 약정이 없을 때를 말합니다. 예를 들어 "어떠한 경우에도 계약을 파기할 수 없다"라는 특약이 있다면 그대로 따라야 합니다.

| 중도금을 보냈다면? 중도금 조건이 있는 계약이라면 이야기는 달라집니다. 중도금을 보낸 뒤에는 일방해지가 불가능합니다. 받은 돈의 배액을 돌려줘도 중도금까지 포기해서는 안 됩니다. 이때는 오직 상대방과 협의를 해야 계약 해지가 가능한 상황이 된 것이지요. 중도금을 넣은 뒤에는 단순 변심만으로 계약을 되돌릴 수 없습니다. 계약을 못하게 되는 중대한 사유 외에 단순히 가격이 급변한 것만으로는 해지 사유가 안 됩니다.

• **중도금을 약속 날짜보다 일찍 보내면?** - 가끔 이런 경우가 있습니다. 매도인의 마음이 계속 바뀌는 경우, 그러니까 계약금을 받았는데도 '판다, 안 판다' 하는 경우가 있습니다. 그러면 매수인은 불안할 수밖에 없지요. 이럴 때는 중도금 지급 기일보다 먼저 돈을 보내면 됩니다. "중도금은 약속한 날짜 이전에 보내지 않는다"라는 특약이 없는 한, 일찍 보내더라도 그 효력이 생기니까요. 다만 중도금을 송금하기 전에 매도인에게 돈 보낸다고 알리는 게 좋습니다.

• **집주인이 계좌를 막아놨다면?** - 상당히 골치 아파지는 경우인데, 매도인이 계좌를 없애거나 계좌 거래가 안 되도록 막는 경우가 그렇습니다. 중도금 받는 것을 막기 위해서 이렇게 합니다. 이럴 때는 법원의 '공탁 제도'를 활용합니다. '이런저런 사유로 당신이 받아야 할 돈을 법원에 맡겨놨으니 찾아가라'는 식이지요.

• **중도금 10%** - 계약일부터 잔금일까지의 기간이 길거나 부동산 시장이 급변할 경우에는 중도금 계약을 하는 게 안전합니다. 보통 계약금 10%, 중도금 10%이지만 정해진 비율은 없습니다. 서로 합의된 금액을 주고받으면 됩니다.

▌세금은 내야 한다

계약을 파기당하더라도 위약금이나 해약금으로 소득이 생긴 겁니다. 이렇게 얻은 돈에도 세금을 내야 합니다. 소득세법상 '기타소득'으로 소득 신고를 하고 세금을 내야 하지요.

매도인이 해제할 때(매수인이 위약금을 받음) 배액상환하는 경우를 볼게요. 위약금 중 22%를 제하고(원천징수) 매수인에게 줍니다. 그리고 22%를 다음 달 10일까지 세무서에 신고 납부합니다. 매수인은 영수증을 받아 소득세 신고 때 공제를 받고요. 즉 위약금이 1천만 원이라면 780만 원을 매수인에게 주고, 220만 원은 신고 납부합니다.

이번에는 매수인이 해제할 때(매도인이 위약금을 받음) 계약금을 포기하는 경우입니다. 이때는 원천징수 의무가 면제됩니다. 위약금 중 22%를 원천징수를 위해 돌려받기가 어렵기 때문이지요. 매도인은 돌려받은 금액을 소득세 신고 때 같이 신고하면 됩니다.

▎중개수수료는? 중개보수는 부동산 매매 계약이 성립되었다면 무조건 줘야 합니다. 계약 파기는 매도인과 매수인 간의 사정일 뿐, 중개 행위 자체가 사라지는 것은 아니니까요.

전세 낀 집을 실거주로
매수하려면 어떻게 하나?

│전세 끼고 매수, 세 안고 매매! 집을 살 때 다른 사람이 전세로 살고 있는 경우를 '세 안고 매매' 혹은 '세 끼고 매매'라고 합니다. 이때 매매 금액에서 전세 보증금을 빼고 값을 치릅니다. 만약 매매가가 5억 원인 집에 전세 3억 원으로 살고 있다면, 매도인에게 2억 원을 주고 소유권을 가져옵니다. 남은 3억 원은 매수인이 전세 만료 시점에 세입자에게 돌려주고요. 집을 살 때 당장 목돈이 필요 없다는 점에서 매력적인 구매 방법이기도 합니다.

그런데 세 끼고 매수한 뒤에 실거주를 할지라도 주의할 점이 있습니다. 경우에 따라 세입자가 더 산다고 할 수 있기 때문입니다. 집주인 마음대로 내쫓을 수도 없는 노릇이니 문제가 생깁니다. 그러니 주택임대차보호법도 알고 있어야 합니다.

| 세입자의 거주 권리 전월세 계약 기간에 세입자는 그 집에서 살 권리가 있습니다. 계약 기간 중에 집을 사고팔아서 집주인이 바뀌는 경우도 마찬가지입니다. 새 집주인이 나타나서 "내가 이 집을 샀으니 당장 나가달라"고 할 수 없지요. 어떤 때는 계약 기간이 끝났는데도 새 집주인이 못 들어갈 수도 있습니다.

| 세 끼고 사서 실거주를 하려면? 전세 낀 집을 사서 실거주를 하려면 어떻게 해야 할까요? 가장 편한 방법은 만기 6개월 전에 사고파는 겁니다. 임차인은 계약갱신요구권을 만기일 6개월 전부터 행사할 수 있습니다. 즉 임차인이 계약갱신요구권을 사용하기 전에 집주인으로서의 지위를 확보해야 합니다. 여기서 집주인이 바뀌는 것은 '소유권 이전등기'를 기준으로 합니다. 계약갱신요구권을 쓰기 전에 집을 산 뒤, 만기 때 세입자를 내보내고 나가면 됩니다.

이때 문제는 담보 대출을 받을 수 없다는 점입니다. 세입자가 있는 상태에서 후순위로 대출을 해주는 은행은 없으니까요. 만약 운 좋게 대출을 받았더라도 '×개월 내 전입 의무' 조건이 붙을 수 있습니다. 그 기간 내에 전입을 못하면 대출금이 회수되는 등 불이익이 있습니다. 일시적 2주택 취득세 중과 배제와 양도세 비과세 기간을 벗어날 수도 있다는 점도 알아두기 바랍니다.

| 세입자가 먼저 갱신요구를 했다면? 집을 살 때 세입자와의 전세 계약서도 확인해야 합니다. 만기 일자를 보고 계약갱신요구

계약갱신요구권

Q9. 임차인이 계약만료기간에 맞추어 나가기로 하였으나, 이를 번복하고 계약갱신요구권을 행사할 수 있는지?

 행사할 수 있습니다. 임차인이 계약만료기간에 맞추어 나가기로 사전에 합의하였더라도, 6개월 전부터 1개월 전까지 간에 임대인에게 계약갱신을 요구(5% 범위 이내 증액)할 수 있습니다.

출처: 국토교통부 『주택임대차보호법 해설집』

- **임차인**이 계약갱신요구권을 취득하여 **행사**할 수 있음에도 계약만료일에 **퇴거**하기로 **합의**함에 따라 임대인이 **제3자**와 **실거주**를 위한 **새로운 계약 관계**를 맺은 경우 등
- 임대차 종료와 관련한 당사자 간 논의 경과 및 제3자와의 새로운 계약체결 여부 등 제반사정을 고려해 볼 때, 계약갱신이 부당하다고 볼 수 있는 특별한 사정이 인정될 수 있는 경우에는 **임대인**에게 **정당한 갱신거절 사유**가 있는 것으로 판단될 수 있을 것입니다.

출처: 국토교통부 2020년 9월 11일 설명 자료

를 한 상태인지, 청구할 수 있는 기간인지를 따져봐야 합니다. 전 주인한테 계약갱신 청구 뒤에 집을 샀다면, 만기 때 집주인이 실거주를 이유로 나가라고 할 수 없습니다. 계약이 끝나고 2년 더 살 수 있게된 겁니다. 2022년 12월 대법원 판결은 결과가 좀 달랐습니다. 집주인끼리 매도-매수 계약 체결과 계약갱신 청구의 전후 관계를 따졌습

니다. 매도-매수 계약 체결 이후 계약갱신 청구를 했다면, 새 집주인의 실거주가 우선이라는 판결입니다.

▎세입자가 나가겠다고 한 뒤 번복할 경우?　세입자가 "만기 때 나가겠다"라고 했다면 증거를 남겨놓길 바랍니다. 특별한 양식은 없습니다. 통화 녹음, 문자메시지, 이메일, 우편 등 다 괜찮습니다. 대신 일방적인 통보가 아닌, 서로 합의된 사항임을 알 수 있게 답변까지 받아야 합니다.

때로는 세입자가 말을 번복할 수 있습니다. 계약갱신요구 기간이라면 번복이 가능하니까요. 하지만 국토교통부 자료에 따르면 "퇴거 합의에 따라 다른 계약을 맺을 경우, 세입자가 말을 바꾸더라도 나가야 한다"라는 취지의 설명이 있습니다.

집을 샀는데 하자가 있다면?
_ 하자담보책임

▌매도인의 하자담보책임 "집을 팔았는데 매수인한테 전화가 왔습니다. 아랫집에서 물이 샌다면서 수리비를 내라는데, 이게 제 책임인가요?" 집 팔면 끝일까요? 일단 팔면 끝이죠. 웬만해서는 무를 수 없습니다. 그런데 집을 팔아도 하자담보책임은 뒤따릅니다. 바로 위와 같은 상황이에요.

하자담보책임은 민법에 나와 있습니다. 하자가 심할 경우 매매 계약을 해제할 수 있고, 손해배상도 청구할 수 있습니다. 이제부터 하자, 즉 집에 이상이 있을 때는 언제인지 자세히 살펴보겠습니다.

▌하자담보책임이란 무엇인가? 매도인에게도 책임이 있는 것이 하자담보입니다. 하자 발생 시 매도인에게 책임을 물으려면 '집을

사기 전부터 있던 하자일 것, 매수인이 몰랐을 것, 담보책임을 면제해준다는 내용이 없을 것'이라는 조건이 충족되어야 합니다.

> • 제580조(매도인의 하자담보책임) ① 매매의 목적물에 하자가 있는 때에는 제575조 제1항의 규정을 준용한다. 그러나 매수인이 하자 있는 것을 알았거나 과실로 인하여 이를 알지 못한 때에는 그러하지 아니한다.
> • 제582조(전2조의 권리행사기간) 전2조에 의한 권리는 매수인이 그 사실을 안 날로부터 6월 내에 행사하여야 한다.

▎알게 된 날부터 6개월 대개 잔금일을 치르고 난 뒤의 연락은 무시하는 경우가 있습니다. 하자담보책임 기간을 잔금일로부터 6개월이라고 알고 있어서지요. 그런데 여기에서 말하는 '6개월'이란 '하자가 있음을 안 날로부터 6개월'을 의미합니다. 즉 잔금일과는 상관없이 하자를 인지한 날로부터 6개월 이내에 소식을 전하면 되지요.

한편 특약으로 하자담보책임 기간을 줄일 수도 있습니다. 예를 들어 '잔금일로부터 3개월 내 하자만 인정' 등의 특약 사항도 효력이 있습니다.

▎하자담보책임을 면할 수는 없는가? 양측 협의하에 하자담보책임을 면할 수 있습니다. 매수인이 원하는 조건을 들어주고 하자담보책임을 없애는 식으로요. 예를 들어 집값을 깎아달라는 요구에

"원하는 가격에 해줄 테니 하자담보책임을 묻지 않기로 할 것" "잔금 기일을 좀 길게 달라" "중도금은 없는 걸로 하자" "중도금을 조금만 걸겠다"라는 요구에 응하면서 협상 카드로 쓸 수 있지요. 이때는 하자에 대해 구체적으로 적어놓는 게 좋습니다.

▌현 시설 상태에서의 계약이다

흔히 계약서에는 하자와 관련된 특별한 내용을 적기보다는 '현 시설 상태에서의 계약임'이라고 명시하는 경우가 많습니다. 계약 당시에 하자 내용을 이 정도로 마무리합니다.

그런데 이 내용이 하자담보책임을 면한다고 보기는 어렵습니다. 말 그대로 현 시설의 상태를 확인했다는 수준에 불과하니까요. 그러니 완벽하게 하려면 내용을 구체적으로 적어야 합니다.

> ▶ **특약 사항**
> • 본 부동산 목적물은 오래된 건물로 균열·누수 등이 예상됨. 이에 대한 설명을 듣고 매수하는 것으로 매도인의 하자담보책임을 묻지 않는다. 매도인의 하자담보책임을 면하는 조건으로, 원래 제시 가격에서 ××원을 깎기로 양측 합의하고 계약한다.
> • 향후 매수인은 하자담보책임을 묻지 않는다(매도인의 하자담보책임을 면한다).
> • 매도인은 계약·잔금일 현재, 발생 또는 인지한 하자에 대해 성실하게 설명·고지한다. 계약과 잔금일 당시 서로 알지 못한 하자에 대해서는 책임지지 않는다.
> • 건물에 중대한 하자(누수·균열 등)가 없음을 매도인의 설명으로 확인함.

┃현실적으로는? 하자가 발견되었는데도 해결이 안 되면 소송으로 가기도 합니다. 보수 업체, 시공사, 관리실 등의 협조를 얻어서 증거를 확보한 다음, 내용증명을 보내고 소송 절차를 밟아야 합니다.

5장

잔금에서 이사까지!
아직 끝난 게 아니다

5장은 '안전운행'입니다. 집을 사고팔고, 이사하는 것. 단순히 돈을 주고받고 계약서에 도장을 찍는 것만으로 끝나지 않습니다. 그에 따른 현실적이고 부수적인 과정들이 상당히 많습니다. 이삿짐부터 전입신고, 돈을 실제로 주고받는 일을 모두 다뤄보겠습니다. 잔금일 이후 벌어지는 상황들을 알아두면 실제 생활에서 요긴하게 쓰일 겁니다.

법무사도 잘 모르는,
집 팔고 잔금 때 주의사항은?

▌집 팔고 난 뒤 신경 써야 할 것들 부동산 매매 잔금일의 주의 사항! 실제로 어떤 것을 준비해야 하는지, 어떤 일들이 벌어지는지 살펴보겠습니다. 실제로 겪어보지 않으면 모르는 일들입니다. 이사를 나가는 입장에서 계약서를 썼다고 끝이 아닙니다. 진짜 이사는 지금부터 시작입니다.

▌이사 업체 예약 및 전학 신청 이사 날짜가 정해졌으면 이사 업체를 알아보고 예약을 해야 합니다. 그리고 자녀가 있다면 전학 신청도 해야 하고요. 이삿날이 2주 정도 남았을 때는 가전 이전설치 요청을 해야 합니다. 전화, 인터넷, TV, 에어컨, 정수기 등을 옮겨야 하니 해당 업체에 연락해서 이전설치를 예약합니다. 도시가스는 별도

로 연락해야 합니다. 평일에만 근무하는 경우가 많으므로 미리 예약하는 게 좋습니다.

┃공과금·관리비 정산 예약 아파트에 살고 있다면 이사 가기 1주 전에 관리사무소에 관리비 정산을 요청합니다. 집을 팔았다면 선수관리비를, 전월세로 살다가 나간다면 장기수선충당금 내역을 받습니다. 관리비 자동이체를 해지하고 세탁소에 맡긴 세탁물도 찾습니다.

┃필요 서류 알아보기 잔금일 당일에 필요한 서류들이 있습니다. 당일에 준비하기 어려울 수도 있으니 미리 준비해두는 것이 좋습니다. 매도 시에는 신분증, 인감도장, 매도용 인감증명서, 등기권리증, 주민등록초본(전입 이력 포함)을 준비합니다. 이때 가장 중요한 서류가 매도용 인감증명서입니다. 본인이 직접 행정복지센터에서 발급받습니다. 매수인의 인적사항도 들어가야 하니 미리 관련 사항을 메모해 가는 것이 좋습니다.

┃하루 전에 챙겨야 할 것 이사 하루 전에는 계약서, 등기권리증 등을 챙겨둡니다. 그리고 매수자에게 넘겨줄 현관 열쇠, 카드키 등도 따로 빼놓습니다. 필히 챙겨야 하는 게 바로 인감도장입니다. 소유권을 이전할 때 인감도장과 매도용 인감증명서가 필요합니다. 가지고 있는 도장이 인감도장이 맞는지, 인감증명서와 도장이 일치하는지를 꼭 확인하길 바랍니다.

▌잔금을 받아서 대출을 갚는다 지금 사는 집에서 대출을 받았다면 은행에도 연락해야 합니다. "××일에 나가니, 그날 기준으로 미리 정산해달라"고 요청하면 됩니다. 이사 나가는 날에 매수인 또는 집주인한테 돈을 먼저 받고, 그 돈으로 대출금을 갚으면 되니 큰 걱정 안 해도 됩니다.

▌잔금은 계좌이체가 편리하다 집을 사는 사람이 매매 잔금을 계좌로 이체할 것인지, 현금이나 수표로 할 것인지를 미리 확인해보세요. 가급적이면 계좌이체가 좋습니다. 현금이나 수표로 받으면 은행을 들러야 하니까요.

▌이사 당일 이제 이삿날이 되었습니다. 이삿날은 정신없는 하루를 보내게 될 겁니다. 이삿짐을 싸고, 지금 집에서 최종 정리(집을 팔았다면 매수인과 정산하고, 전세를 살았다면 집주인과 정산)를 합니다. 새집으로 옮겨가서 잔금을 치르고 이삿짐을 풉니다.

보통 아침부터 짐을 싸서 거의 마무리가 될 때쯤에 매수인(또는 집주인)과 만납니다. 관리실에서 관리비, 공과금 등 영수증을 챙깁니다.

• **담보 대출 상환** - 잔금을 받아서 대출을 갚습니다. 미리 은행에 연락을 했기 때문에 '얼마를 갚아야 하는지' 내역이 나와 있을 겁니다. 대출 원금, 이자, 중도상환수수료를 포함한 금액입니다. 매수인에게 돈을 받아서 대출금을 갚으면 됩니다. 요즘은 은행에 직접 가지 않고

계좌이체로 처리합니다. 이때 다 갚았다는 증거인 상환영수증 등을 받습니다.

• **등기 이전 서류 제공 및 집 상태 확인하기** - 돈을 받고 나면 집의 권리를 넘겨줍니다. 여기서 등기권리증, 매도용 인감을 주면 되는데, 보통 법무사 직원이 나와 있습니다. 소유권 이전등기를 처리할 법무사 직원으로, 매수인 쪽에서 섭외한 분입니다. 필요 서류, 카드키, 열쇠 등을 전달하고 집 비밀번호를 알려주면 과정은 끝납니다. 하자는 짐을 뺀 뒤에 집 상태를 함께 확인하는 게 제일 좋습니다.

• **새집으로 전입신고하기** - 이렇게 잔금 처리를 할 동안 이삿짐 업체는 짐을 다 싸고 새집으로 넘어갑니다. 이제 '헌 집'에서의 할 일은 다 마쳤습니다. 새집으로 넘어가서 일처리를 하면 됩니다. 이때 가장 중요한 것이 남았습니다. 바로 전입신고를 해야 하지요. 그리고 주소지 변경도 잊지 마세요.

법무사도 잘 모르는,
집 사고 잔금 때 주의사항은?

▮대출 신청하기 매매 계약서를 쓴 뒤에 대출을 신청합니다. 보통 잔금일 1~2개월 전부터 가능한데, 최대한 빨리 신청하는 게 좋습니다. 대출 규제나 금리 상황을 봐야 합니다.

▮소유권 이전등기 준비하기 대출 신청과 함께 소유권을 가져올 준비(이전등기)도 하는데, 법무사를 섭외하거나 직접 합니다.

- 부동산에 요청하기
- 대출 은행에 요청하기
- 인터넷 검색을 하거나 직접 찾아보기
- 셀프 등기

잔금에서 이사까지! 아직 끝난 게 아니다

▮시간 확정 및 은행 대출 확인하기　잔금 일주일 전에는 부동산과 연락해서 시간을 확정합니다. 대출받은 은행에 전화해서 금액, 시간 등을 다시 한 번 확인합니다.

▮필요 서류 알아보기　이사가 3일 정도 남았다면 필요 서류를 준비합니다. 매수 시 필요 서류는 신분증, 도장, 주민등록등본입니다. 행정복지센터에 방문하거나 인터넷으로 발급 가능합니다.

▮큰돈 보낼 준비하기　계좌이체 한도를 확인합니다. 매매 금액이 이체 한도를 초과한다면 계좌를 2개 이상 이용하거나 은행에 가서 한도를 증액합니다. 잔금일 3일 전에는 계좌이체를 어떻게 할 것인지, 문제는 없는지 등을 미리 체크합니다.

▮이사 하루 전　잔금일 하루 전에는 계약서 파일철도 따로 빼둡니다.

▮이사하는 날　이삿짐을 다 싸고 새집으로 들어가기 전에 잔금을 치릅니다. 먼저 새집 상태를 확인합니다. 약속했던 것을 제대로 두고 갔는지, 하자가 있는지 등을 확인 후 이상이 없으면 돈을 보냅니다.

• 소유권 이전등기 - 부동산에 법무사 직원이 와 있을 겁니다. 대출 은행 쪽 법무사, 소유권 이전등기를 처리하기 위한 직원이 참석합니

다. 이제 남은 일은 공인중개사와 법무사 쪽에서 처리해줄 겁니다. 우리는 대출금이 잘 나오는지, 매도인한테 잘 들어갔는지 금액만 확인하면 됩니다. 법무사 직원은 매도인에게 받은 서류를 갖고 등기소에 가서 이전등기를 접수합니다.

• **잔금은 늦어도 2시 전에!** – 잔금은 웬만하면 2시 전에 치르는 것이 좋습니다. 철저히 대비를 한다고 해도 예기치 못한 상황이 벌어질 수 있기 때문입니다. 계좌이체 한도가 부족하거나 수표로 받는 일이 생길 수 있기 때문에 은행 영업 시간에 잔금을 치르는 것이 좋습니다. 영업 시간이 끝난 뒤라면 일처리를 못할 수도 있으니까요.

그리고 매도용 인감증명서는 떼왔는데 인감도장을 안 챙겨오는 경우도 간혹 있습니다. 그러면 일처리가 불가능하기 때문에 행정복지센터에 방문해야 합니다. '인감도장 변경 신청'을 해야 할 수도 있으니 오전 시간이 좋습니다.

게다가 등기소에 갈 시간도 필요합니다. 소유권 이전등기 접수를 해야 하니까요. 법무사가 등기소까지 가서 접수할 시간이 필요합니다. 잔금 시간이 너무 늦어지면 당일에 등기 접수를 못할 수도 있으니, 가급적이면 오전에 잔금을 치르는 것이 좋습니다.

• **반드시 전입신고하기** – 전입신고는 이삿날에 해야 합니다. 행정복지센터에 방문하거나 인터넷으로도 전입신고가 가능합니다.

이사 업체도 잘 모르는, 이사 준비의 노하우는?

┃이사, 차근차근 준비하기 이삿날을 정할 때 대부분은 '손 없는 날'을 신경 쓸 겁니다. 액운을 막고 새로운 곳에서의 번성을 위해 손 없는 날을 택하는데, 이보다 더 중요한 게 있습니다. 바로 휴일이 아닌 평일로 잡아야 하지요.

┃이삿날은 평일로! 휴일에는 은행, 행정복지센터, 등기소가 쉽니다. 그래서 일처리에 문제가 생길 때 해결하기가 어렵지요. 계좌이체 한도가 낮아서 이체가 안 되면 은행에서 처리해야 하는데, 휴일이면 일처리가 안 되겠지요. 인감증명서가 필요한데 빠뜨렸다면 어떨까요? 행정복지센터에서 발급받아야 하는데 쉬는 날이면 일처리를 못하겠지요.

만약 계약 만기일이 휴일이라면 어떻게 해야 할까요? 집주인과 미리 이야기해서 이사 날짜를 조정하는 것이 좋습니다. 만기일인 휴일 말고 평일에 이사를 나가겠다고요. 아마 며칠 차이가 안 난다면 집주인은 대부분 오케이 할 겁니다.

| 이사 업체 알아보기 소중한 이삿짐을 안전하게 옮기고 싶다면 여러 곳을 비교하는 것이 좋습니다. 관련 사이트나 애플리케이션을 활용해도 좋고, '허가이사종합정보(www.허가이사.com)' 사이트도 좋습니다. 이 사이트는 국토교통부 정식 허가 업체를 알려주는 곳으로, 피해가 발생했을 때의 보상 방법이나 사례들도 안내해주고 있어서 유용합니다. 이사 갈 곳의 부동산에 문의하는 것도 한 방법입니다.

| 이사 업체 미팅과 계약 이사 업체와 통화를 한 뒤에 직원이 집으로 와서 견적을 냅니다. 이때 견적서를 꼼꼼히 확인해야 합니다. 몇 명이 투입되는지, 소요 시간은 얼마나 걸리는지, 별도 식사비를 내야 하는지 등을 체크해보세요. 특히 버리려는 가전제품이나 가구를 1층까지 내려줄 수 있는지도 확인하는 것이 좋습니다. 이전설치도 해주는 이사 업체가 있으므로 문의해보세요.

| 폐가전 무상 방문 수거 폐가전을 처리하는 데도 돈이 듭니다. 이때 '폐가전무상배출예약시스템(www.15990903.or.kr)'을 이용하면 좋습니다. 따로 돈을 내지 않아도 되고, 집으로 직접 와서 수거해갑니다.

▌우편 주소 바꾸기 이사를 했는데도 예전 주소로 우편물이 가서 당황스러운 적 있지 않나요? 주소를 일일이 바꾸는 일도 여간 번거로운 게 아닙니다. 주소를 한꺼번에 바꿔주는 '우편물주거이전 서비스(www.ktmoving.com)'를 활용해보세요.

▌이전설치 요청 잔금 2주가 남으면 본격적으로 정리를 합니다. 전화, 인터넷, TV, 에어컨, 정수기, 각종 렌털 업체에 연락합니다. "이사를 가니 옮겨달라"고 말이지요. 도시가스는 별도로 연락합니다. 평일에만 근무하는 경우가 많으니 시간 약속을 미리 해야 합니다.

▌공과금·관리비 정산 예약 이사 가기 1주 전에는 공과금과 관리비 정산을 준비합니다. 아파트라면 관리실에 연락하면 간단히 해결됩니다. 이삿날을 미리 알려주면 공과금이나 관리비를 정산해줍니다. 자동이체 신청한 게 있다면 변경을 합니다. 세탁소에도 들러 맡긴 옷가지 등도 찾습니다.

▌이사 하루 전 계약서 파일철, 신분증, 인감증명서와 인감도장, 등기부등본을 잘 챙깁니다. 계좌이체 한도 및 OTP를 확인해야 하며, 건네줘야 할 물품들을 따로 빼놓습니다.

▌이삿날 이날은 단순합니다. 짐 빼고, 집 상태 확인하고, 돈 받고, 줄 것 주고 받을 것 받고, 새집으로 이사 가면 됩니다.

바쁜 이삿날 당일에
잊지 말고 꼭 해야 할 것들은?

▍**이사하는 날, 꼭 챙겨야 할 것** 이삿날은 바쁩니다. 별것 아닌 일로 집주인과 마찰이 생길 수도 있고, 깜빡 두고 가는 물건도 있습니다. 이사하는 당일에 반드시 해야 할 것들에 대해 자세히 살펴보겠습니다.

▍**짐을 빼려면 이곳부터!** 이사를 나가면서 집주인과 마찰이 생기는 경우는 대부분 곰팡이 때문입니다. 이 문제 때문에 집주인이 원상 복구나 배상을 요구한다면, 다음 일정은 계속 밀리겠지요. 그러니 가능하면 세탁실 쪽의 짐을 먼저 빼달라고 해보세요. 곰팡이의 대부분은 세탁실이나 발코니 쪽에 생기니까요.

만약 곰팡이가 있다면 제거제나 락스 물로 간단히 해결할 수 있습니다. 집주인과 원치 않는 트러블을 피하고 싶다면 10분만 투자하세요. 이사 전날 집안 곳곳을 여유 있게 살펴보면 더 좋습니다.

▌열에 아홉은 놓고 가는 것 이삿짐을 챙기면서 많은 사람들이 놓치는 것이 있습니다. 바로 인터넷 TV 통신장비입니다. 단말기(셋톱박스)는 잘 챙겨서 가지만, 통신단자함(통신기기함)을 놓치기 일쑤입니다. 배전판 안쪽에 숨겨져 있어서 잘 보이지 않거든요. 그러니 깜빡 두고 가는 일이 없게 미리 챙겨두세요.

이사 나갈 때 챙겨둘 것들

▌전입신고는 반드시 해야 한다 새로운 집으로 이사를 가면 반드시 전입신고를 해야 합니다. 다음 집으로 전입을 하면 이전에 살던 집에서 자동으로 전출이 됩니다. 왜 이삿날에 전입신고를 해야 할까요?

첫 번째 이유는 '전출' 때문입니다. 전출이 되지 않으면 자신이 살던 집에 들어오는 사람이 대출을 받았을 경우 문제가 생길 수 있습니다. 전입세대열람원을 떼서 아무도 없다는 사실을 증명해야 하는데, 전출이 안 되어 있다면 문제가 되겠지요.

두 번째 이유는 '전입'입니다. 새집으로 이사 가면서 대항력을 확보하기 위해서입니다. 대항력은 전입신고와 주택의 인도(점유·이사)를 마친 다음 날부터 효력이 생깁니다. 이는 보증금을 지키기 위해 반드시 해야 할 일입니다.

전입신고는 행정복지센터를 방문하거나 홈페이지 정부24(www.gov.kr)에서도 가능합니다. 전입신고와 동시에 요금 감면 대상자라면 전기료, TV 수신료, 지역난방, 도시가스 등 감면을 한 번에 신청할 수 있는 서비스가 있으니 확인해보는 것이 좋습니다.

전입신고를 하루 먼저 하면
정말 대항력이 생기나?

▌전입신고를 미리 한다면?　최근 전세 사기가 횡행하고 있습니다. 그래서 이를 막고자 여러 팁들이 인터넷에서 공유되고 있지요. 그중에는 "전입신고를 하루 전에 미리 하라"는 내용이 있습니다. 전입신고를 미리 하면 무엇이 좋을까요? 어떤 득과 실이 있는지 알아보겠습니다.

▌대항력은 이사 다음 날 0시부터!　전입신고를 하는 이유는 대항력을 확보하기 위해서입니다. 세입자가 권리를 지킬 수 있는 최소한의 요건이지요. 대항력은 전입신고와 주택의 인도(점유·이사)를 시작해야 생깁니다. 그런데 문제는 다음 날 0시부터 효력이 발생한다는 것이지요. 다시 말해 오늘 전입신고를 하더라도 대항력은 내일부

터 생긴다는 뜻입니다. 집주인이 오늘 은행 대출을 받는다면 어떨까요? 은행 대출도 오늘, 세입자 전입신고도 오늘이지만 은행이 선순위 대상이 됩니다.

그러니 이런 이야기가 나오게 된 겁니다. '집주인이 잔금일에 대출을 받으면 세입자보다 은행이 먼저가 되니, 하루 전에 전입신고를 해서 대항력을 이삿날 확보할 수 있게 하라'는 것이지요. 이와 관련해 법 개정 논의가 이루어지고 있지만 아직은 말뿐입니다. 그렇게 한다고 해도 세입자에게 유리하지는 않습니다. 많은 사람들이 잘못 알고 있는 겁니다. 하루 전에 전입신고를 하더라도 대항력이 먼저 생기지는 않습니다. 전입신고만으로는 대항력을 확보할 수 없습니다. 왜냐하면 전입신고와 더불어 점유까지 마쳐야 대항력이 생기니까요. 결국 이사 다음 날부터 효력이 발생되는 것은 동일합니다.

▌**문제점 알아보기** 전입신고를 먼저 할 때 생길 수 있는 문제가 있습니다. 남의 집에서 살다가 이사 갈 때 더 주의해야 합니다. 새집으로 전입을 한다는 것은 원래 살던 집에서 전출을 한다는 뜻입니다. 그렇다면 원래 살던 집에서 '전입 요건'이 빠지게 되고, 대항력을 상실하게 됩니다. 새집 대항력도 못 얻고(점유가 안 되어서), 살던 집 대항력도 잃게 되면 그야말로 최악의 상황이 되는 겁니다.

만약 피치 못할 사정으로 먼저 이사를 가야 한다면, 원래의 집 계약자 세대원만 주소를 옮기면 됩니다. 세대원만 먼저 주소를 옮기면 살던 집에서 대항력을 유지할 수 있습니다.

전입을 하루 전에 하면 집주인이 몰래 대출을 받는 일은 막을 수도 있습니다. 은행 대출 프로세스 때문인데, 은행에서 대출을 해주는 날에 요구하는 서류가 있습니다. 바로 전입세대열람원입니다. 이때 전입세대가 없어야 합니다. 그러면 집주인이 몰래 대출을 받는 문제를 막는 효과가 있습니다.

▌하루 전 전입신고, 이럴 때 좋다

전입을 하루 전에 한다는 것은 사실 좋은 방법은 아닙니다. 살던 집의 대항력을 상실할뿐더러 이사 갈 집의 대항력도 얻지 못하니까요. 다만 최소한의 안전장치가 필요하다면 다음의 특약 사항을 활용해보세요.

> ▶ **특약 사항**
> • 임대인은 임차인의 선순위 권리를 해치는 요소를 만들지 않는다.
> • 임차인의 대항력이 확보될 때까지, 임대인은 근저당권 등을 설정하지 않는다.
> • 잔금일 다음 날까지 근저당 등을 설정하지 않는다.

전세 보증금을 미리 빼달라는 세입자 요구에 응해도 되나?

▌보증금 일부를 미리 달라고 한다면? 계약 만료 전에 전세 보증금 일부를 먼저 돌려달라고 할 수 있을까요? 세입자가 보증금을 미리 빼달라고 하면 어떻게 해야 할까요? 보증금을 미리 빼줄 때 주의할 점이 있습니다. 함부로 돌려줬다가는 손해를 볼 수 있습니다.

남의 집에서 사는 게 쉬운 일이 아닙니다. 언젠가는 계약 기간이 끝나겠지요. 나가면서 결국 다른 집을 또 구해야 합니다. 전세나 월세로 갈 수도 있고, 내 집 마련에 성공할 수도 있을 겁니다. 이사 갈집을 계약하려면 계약금이 필요합니다. 적은 돈이 아니지요. 통장에 잔고가 넉넉하다면 문제없겠지만, 현재 살고 있는 집 보증금으로 현금이 묶여 있다면 어떨까요? 아니면 다른 곳에서 구할 방법이 없다면 어떨까요? 계약금 치르는 일조차 쉽지 않을 겁니다.

이럴 때 선택지는 많지 않습니다. 대출을 받거나, 가족에게 부탁을 하거나, 남한테 아쉬운 소리를 해야 할 수도 있지요. 그때 번뜩이는 아이디어가 떠오릅니다. '지금 사는 집의 전세 보증금을 미리 좀 빼달라고 해볼까?'라고 말이지요. 이때는 세입자나 집주인이나 난감한 상황이기는 합니다. 한번 알아보겠습니다.

▌ 줘도 되고, 안 줘도 된다
보증금 중 일부를 미리 빼달라는 요구를 집주인이 들어줄 필요는 없습니다. 전세는 집을 매개로 한 쌍방 계약이에요. 목적물의 반환과 보증금의 반환은 동시이행 관계입니다. 쉽게 말해서 짐 빼고 집에서 나갈 때 보증금을 돌려주고 받으면 됩니다. 먼저 빼줄 이유도 없고, 근거도 없습니다.

그러나 세입자가 이렇게 요구한다면, 어느 정도는 돌려주는 것을 권장합니다. 갑작스런 요구에 당황스러울 수 있겠지만 집주인이라면 긍정적으로 검토해보세요. 거기에는 현실적인 이유가 있습니다.

▌ 전략적인 선택은 무엇인가?
집주인이 집에 들어가는 게 아니라 다른 사람을 구해야 할 때를 생각해보면 답이 나옵니다. 지금 세입자가 나가면 다음 세입자를 구해야 합니다. 그러려면 부동산에 집을 내놓고, 집을 보여주는 과정이 생기지요. 그런데 현재 집에 누가 살고 있나요? 집을 보여주는 사람은 누구일까요? 현재 살고 있는 사람, 즉 세입자입니다.

내 집이라고 해서 집주인 마음대로 집을 보여줄 수 있는 게 아닙니다. 계약 기간에는 세입자에게 권리가 있습니다. 그러니 집을 보여주느냐 마느냐는 세입자 마음에 달려 있습니다. 집을 보여줘야 하는데 세입자가 집 보여주기를 거부한다면 어떻게 될까요? 결국 아쉬운 사람은 집주인입니다.

세입자가 계약 만료일에 정확히 나갈 것이라고 해도 집주인은 곤란해질 수 있습니다. 날짜가 하루로 정해지면, 그 날짜에 맞춰서 세입자를 구하는 일이 쉽지 않으니까요. 그러니 세입자와 관계를 원만하게 유지하는 것이 좋습니다. 보증금의 일부를 미리 내주는 조건을 협상 카드로 활용해보세요. "다음 사람과 계약을 하면, 그 계약금을 받아서 미리 줄게요. 대신 집 보러오는 일에 협조를 해주세요"라고 말이지요.

▌못 돌려주는 상황이라면? 만약 보증금 일부를 미리 내줄 상황이 안 된다면 정중하게 이야기하면 됩니다. "저도 맞춰드리려고 노력해봤는데, 사정상 들어주지 못해서 미안하게 됐습니다"라는 말 한마디면 상대방도 진심을 느낄 겁니다.

▌세입자가 전세 대출을 받았다면? 만약 보증금 일부를 돌려주는 상황이라면 주의해야 할 점이 있습니다. 먼저 집주인은 세입자가 전세자금대출을 받았는지를 확인합니다. 보증금에서 대출금을 뺀 나머지 혹은 그보다 적게 돌려줘야 합니다. 세입자가 전세 대출을 받으면 은행에서 집주인 통장으로 돈이 바로 들어옵니다. 나중에 나갈

때도 그 대출금(상환금)만큼은 집주인이 세입자 통장으로 보내는 게 아니라 은행에서 지정해주는 계좌로 보내야 합니다.

예를 들어 전세가가 3억 원인 집에 전세 대출 2억 7천만 원을 받고, 자기 돈 3천만 원을 보냈습니다. 이때 5천만 원을 먼저 돌려주는 경우에 문제가 생길 수 있습니다. 집주인 입장에서는 5천만 원을 먼저 줬으니 2억 5천만 원만 더 돌려주면 된다고 생각합니다. 그런데 은행에서는 미리 내준 돈을 고려하지 않습니다. 은행은 집주인한테 대출금 2억 7천만 원을 은행 계좌로 달라고 합니다. 세입자가 2천만 원을 보태면 해결되겠지만, 그렇지 않을 경우에 문제가 될 수 있습니다. 따라서 대출금을 꼭 따져보고 내줘야 합니다. 혹시 세입자가 보증금 일부를 먼저 달라고 하면, 세입자가 대출을 받은 은행에 먼저 확인하길 바랍니다.

이불 한 채라도 두고 나오면
정말 대항력이 유지되나?

만기 전에 이사를 나와야 할 때 전월세를 살면서 계약 기간에 딱 맞게 살고 나오는 것이 가장 이상적인 상황입니다. 하지만 언제나 예기치 못한 상황이 생길 수 있지요.

계약 기간이 끝나기 전에 나와야 할 때, 더구나 보증금을 받지 못하고 나왔다면 어떻게 할까요? 이런 말 들은 적 있나요? "이불 한 채 남겨 놓고 나오면 돼"라는 말이요. 정말 이렇게 해서 보증금을 지킬 수 있을까요?

보증금을 지키려면 대항력을 유지해야 합니다. 전입신고와 점유로 대항력을 얻을 수 있습니다. 그런데 이사를 나가면 점유가 아니므로 대항력을 잃습니다.

- 주택임대차보호법 제3조(대항력 등) ① 임대차는 그 등기(登記)가 없는 경우에도 임차인(賃借人)이 주택의 인도(引渡)와 주민등록을 마친 때에는 그 다음 날부터 제삼자에 대하여 효력이 생긴다. 이 경우 전입신고를 한 때에 주민등록이 된 것으로 본다.
- 상가건물임대차보호법 제3조(대항력 등) ① 임대차는 그 등기가 없는 경우에도 임차인이 건물의 인도와 「부가가치세법」 제8조, 「소득세법」 제168조 또는 「법인세법」 제111조에 따른 사업자등록을 신청하면 그 다음 날부터 제3자에 대하여 효력이 생긴다(개정 2013. 6. 7.).

▌묵시적 갱신, 계약갱신 이후

임대차보호법에는 세입자의 권리를 보장하기 위한 조항이 있습니다. 묵시적 갱신과 계약갱신 청구 이후에는 만기 전이라도 당당하게 나올 수 있다는 내용입니다.

앞서 본 2가지 상황에서 임차인은 계약 기간과 상관없이 집주인한 테 "나가겠다"라고 하면 됩니다. 통지한 뒤에 3개월이 지나면 임대차 계약을 해지할 수 있습니다. 즉 3개월이 지나면 보증금을 즉시 돌려받고 나올 수 있는 겁니다.

▌이불 한 채라도 놓고 나와야 하는 이유

그런데 묵시적 갱신, 계약갱신요구가 아니라면 상황은 달라집니다. 계약 내용과 기간을 지켜야 하는 입장입니다. 세입자가 먼저 나가겠다고 하더라도 집주인이 "계약 기간이 끝나면 보증금을 돌려주겠다"라고 하면 다른 방법이 없습니다.

피치 못할 사정으로 먼저 나오게 되면 이불 한 채라도 놓고 나오라는 말이 있습니다. 임대차보호법상 대항력을 유지하기 위해서입니다. 점유를 유지하기 위해 약간의 짐을 놓고 나오라고 하는 것이지요. 누가 오더라도 '세입자인 내가 점유하고 있다'라는 사실을 증명하기 위해서입니다. 아예 안 하는 것보다는 낫습니다. 이때 짐을 다 빼지 않았다는 것을 사진으로 남겨 놓는 것이 좋습니다.

▎다음 타자 구하기와 중개수수료 내기 가장 좋은 방법은 무엇일까요? 다음 세입자를 구해놓고 나오는 방법이 가장 보편적입니다. 집주인이 보증금을 바로 안 돌려줄 때 다음 세입자를 구하고, 그 세입자에게 받은 돈으로 돌려받는 방법이지요. 이 경우에는 새로운 세입자와 집주인 간에 새로운 계약이 됩니다. 자신의 임대차계약 내용을 승계해주는 임차권 양도와는 다릅니다. 이 경우에 집주인은 보통 "이번 중개수수료를 부담하라"는 조건을 내겁니다. 원칙상 새로운 세입자와 집주인이 중개보수를 내야 합니다만, 꼭 나가야 할 상황이라면 집주인의 중개보수를 내주는 조건을 수락하기도 합니다.

▎임대차등기란? 민법상 임대차등기가 있습니다. 임대차보호법상 만기 이후에 할 수 있는 임차권등기명령과는 별개입니다. 집주인이 동의하면 임대차등기를 할 수 있습니다. 이사를 나가더라도 대항력을 유지할 수 있지요. 이외에 전세권 설정, 보증금만큼의 근저당 설정도 고려해볼 수 있습니다.

열흘만 더 살겠다는 세입자 요구, 들어줘도 될까?

│ 계약 기간을 지키지 못할 때 부동산에 대한 현실적인 꿀팁! 전월세는 보통 1년, 2년 단위로 계약합니다. 그런데 사람 일이라는 게 정해진 기간을 못 지킬 상황이 생길 수도 있습니다. 계약서에 적힌 계약 기간 만료일을 반드시 지켜야 할까요?

이러한 경우가 있습니다. 신축 아파트를 분양받고 두 달 뒤에 입주를 앞두고 있는 상황. 전세 기간은 한 달 뒤에 끝납니다. 이때 한 달이라는 기간이 붕 뜨는 거죠. 지금 사는 집 만료일과 새로 얻은 집 간에 이사 날짜가 안 맞을 때도 있습니다. 문제는 '계약 기간을 꼭 맞춰서 나가야 하는가?'입니다. 의외로 계약 기간을 못 지키는 경우가 상당히 있습니다. 짧게는 하루나 이틀이 될 수도 있고, 길게는 몇 주에서 몇 개월이 될 수도 있습니다.

▎원칙은 만기일에 나가는 것이다
계약상의 원칙은 '계약 기간을 꼭 지켜서 만료일에 나간다. 짐을 빼고 보증금을 돌려받는다'입니다. 하지만 이는 어디까지나 원칙일 뿐이지요. 전월세 계약과 이사는 결국 사람의 일이니까요. 집주인과 세입자 간에 협의가 되었다면 계약 기간을 조금 덜 채우거나 조금 늦게 나가는 것도 가능합니다. 여기서 가장 중요한 것은 양측의 합의가 우선이라는 점입니다. 서로 합의만 된다면 만기일은 얼마든지 조정할 수 있습니다.

▎호의가 계속되면 권리?
여기서 제가 꼭 강조하고 싶은 점은 바로 '합의'라는 겁니다. 일방적인 통보나 억지를 부리라는 것이 아닙니다. 서로 '양해'를 구하는 과정이 '의견 일치'라는 결과로 나타나야 합니다. 가끔씩 호의가 계속되면 권리인 줄 아는 사람이 있지요. "제가 이사 갈 집이 정해졌으니 ××일에 나가려고요""직접 들어가서 살 테니 ××일까지 집을 비워주세요"라고요.

그런데 일방적인 통보는 좋지 않습니다. 새로 이사 갈 집을 알아보는 상황이라면 먼저 양해를 구하는 게 순서입니다. "제가 집을 구하고 있는데, 날짜를 정확히 못 맞출 수도 있으니 기간에 여유를 줄 수 있는지 궁금해요"라며 정중하게 의사를 전달해야 합니다.

한쪽에서 일방적으로 통보하면 상대방 입장에서는 기분이 상해서 협의를 안 해주기도 하니까요. 그래서 서로 좋은 말로 양해를 구해야 합니다.

▎날짜 변경 시에는 대출 및 보증보험 확인이 필수! 나가는 날짜를 조율하는 과정에서 필수로 확인해야 할 것이 있습니다. 전세 보증금 대출을 받았거나 반환보증보험을 받은 경우, 해당 은행 또는 보증보험 회사에 먼저 물어봐야 합니다. '계약 만료일보다 먼저(또는 늦게) 나가게 되었는데, 어떻게 하면 되는지'를 체크해야 합니다.

본래 계약 기간보다 일찍 나갈 때는 문제없는 편입니다. 다만 계약 기간보다 늦게 나가는 경우가 문제입니다. 이럴 때는 보통 대출을 연장하거나 갚아야 하는 경우가 있으니까요. 보증보험도 보증 기간이 끝날 경우 돌발 상황이 생길 수도 있습니다. 따라서 대출을 받은 은행과 보증보험 회사에 확인해서 집주인과 세입자 간에 문제가 없도록 진행해야 합니다.

▎묵시적 갱신·계약갱신 이후라면? 묵시적 갱신 혹은 계약갱신요구권을 사용한 이후라면 상황은 달라집니다. 이때는 나가겠다고 한 뒤 3개월이 지나면 계약을 바로 해지할 수 있습니다. 계약 해지 상황으로 나가면서 다른 조건 없이 보증금을 돌려받을 권리가 생기는 것이지요. 2023년 4월 법원에선 정반대 판례가 나왔습니다. 갱신해지 3개월을 인정하지 않은 겁니다. 다만, 이 경우는 임차인이 계약갱신청구권을 쓸 수 있는 정당한 기간을 벗어났기 때문에 인정하지 않았습니다. (서울북부지방법원 2023. 4. 13. 선고 2022가합21044)

전월세 살면서 생긴 하자,
원상복구 책임은 어디까지인가?

| 원상복구 의무와 책임　전월세를 살다가 나올 때는 원상회복, 그러니까 들어갈 때의 상태 그대로 만들어놓고 나와야 합니다. 계약서에도 명시되어 있고 대다수가 알고 있는 내용입니다.

'원상회복' 문제로 집주인과 싸우는 경우가 꽤 있습니다. 특히 이사 나가는 날 확인하는 과정에서 이 문제로 신경전을 벌이는 경우가 많습니다. 짐 싸고 돈 받아서 새집으로 가야 하는데 이것 때문에 꼬이면 참 난감합니다. 어떤 집주인은 원상회복을 이유로 보증금을 안 돌려주는 경우도 있습니다. 결국 약자는 집 없는 사람이라는 것인데, 전월세를 살면서 생긴 하자와 그 책임은 어떻게 될까요?

월세는 집주인이, 전세는 세입자가? "월세는 도배나 장판 등을 집주인이 해주고 전세는 세입자가 한다"라는 말이 널리 퍼져 있습니다. 그런데 이는 전혀 근거 없는 이야기입니다. 전월세 모두 임대차계약이기 때문에 누구에게 더 책임이 있는지는 따질 수 없습니다. 즉 차이가 없다는 뜻이지요. 다만 월세를 들일 때 도배나 장판 등을 해주는 경우가 많은 것은 사실이나 '집주인이 꼭 해줘야 하는 것'은 아닙니다.

돈 넣기 전에 확인할 것! 하자 또는 보수 관련 내용은 계약 전부터 꼼꼼히 살펴봐야 합니다. 이사 갈 집을 구하려고 집을 둘러볼 때부터 시작입니다. 집 안을 살펴보다가 눈에 띄거나 마음에 걸리는 부분이 있다면 반드시 계약 전에 확인해야 합니다. 싱크대가 낡았거나 창틀, 문짝 등이 고장 났을 경우는 없는지도 먼저 물어봐야 합니다. 교체나 수리가 가능한지를 말이지요. 앞서 이야기한 도배나 장판도 전월세 여부를 따지지 않고 확인해야 합니다. 중요한 점은 돈 넣기 전에 확인해야 한다는 것입니다. 입금 전에 이야기가 안 되었다면 수리를 안 해줄 가능성이 큽니다. 그러니 계약서에 관련 내용을 적는 것이 좋습니다.

이사 들어갈 때부터! 원상회복의 기본은 '이사 들어가는 날 확인하기'입니다. 집을 구하는 과정에서 둘러보긴 했더라도 다른 사람이 살고 있었다면 꼼꼼하게 확인하기가 어렵지요. 특히 가구가 있던 곳은 그곳이 비워져야만 보이니까요. 이삿날에 짐을 넣기 전, 집주인과 함께 집을 확인하세요. 특이사항이 있다면 그 자리에서 짚고 넘어가야 합니다. 사진까지 찍어두면 베스트! 나중에 계약이 끝나고 나올때 그 사진이 증거가 됩니다.

▌조금은 애매한 경우도 있다 하자란 말이 애매한 경우가 있습니다. 중대한 하자라면 당연히 집주인에게 책임이 있습니다. 살기 어려울 정도로 불편한 정도라면 집주인이 해줘야 합니다. 난방 시설, 상하수도 등 주요 설비 또는 주택 노후 등으로 인한 수리 교체는 집주인이 책임져야 합니다. 결로나 누수도 집주인이 처리해야 합니다. 웬만한 것들은 집주인이 해준다고 생각하면 편합니다.

간단한 수선이나 소모품 교체 등은 세입자가 해결합니다. 세입자 때문에 생긴 파손, 훼손, 오염 역시 세입자가 부담해야 하고요. 다만 시간이 경과해서 생긴 노후화나 변색 등은 서로 양해하고 넘어가는 수준이어야 합니다.

• **곰팡이 문제** - 실생활에서는 곰팡이가 가장 애매한 문제입니다. 건축상의 문제인지 관리상의 문제인지, 곰팡이가 생긴 원인을 찾기가 힘들기 때문이지요. 이사 들어갈 때부터 곰팡이 흔적이 있는지 서로 철저히 확인해야 합니다.

혹시 살다가 곰팡이가 생긴다면 세입자는 즉시 조치를 취해야 합니다. 그리고 관련 내용을 집주인에게 즉시 이야기하는 게 좋습니다.

"환기를 매일 2회 이상 하고 있는데도 곰팡이가 생겼습니다. 건강상 해가 될 것 같으니 해결 혹은 참고해주세요"라는 식의 문자메시지를 보내두면 추후 다툼의 여지를 피하는 데 도움이 됩니다.

┃특약에 쓰면? 아예 계약서에 못 박는 경우도 있습니다. 집주인의 수선의무면제 특약입니다. 이 경우에는 '어느 정도'까지는 유효합니다. 그런데 애매하게 기술하지 말고, 집주인의 면제 범위를 정확하게 기술해두어야 합니다. 예를 들어 도배와 장판은 집주인 책임, 싱크대 수선은 세입자 책임 등으로 명확히 적어야 합니다. 이렇게 명시해도 큰 공사를 해야 하는 대수선 등은 집주인이 해줘야 할 가능성이 높습니다.

┃급하면 영수증 처리로! 하자가 발생하면 현재 살고 있는 세입자가 불편해지는 일입니다. 도저히 살 수 없을 상태라면 관련 내용을 근거로 계약 해지까지도 가능합니다. 아니면 세입자가 자기 돈으로 처리하고 집주인에게 영수증 처리를 받을 수도 있지요. 만약 집주인이 수리비를 안 준다면 수리비만큼 월세를 덜 내는 방법도 있습니다.

┃보증금 못 준다는 집주인에게 대처하기 집주인이 원상회복을 핑계로 보증금을 돌려주지 않을 때도 있습니다. 그렇다고 세입자가 가만히 당하고만 있으면 안 되겠지요. 상가 관련 대법원 판례가 있습니다. 전기 시설 원상복구 비용 30만 원 때문에 보증금 1억 원을

안 돌려주던 집주인이었습니다. 대법원의 판결은 임차인의 손을 들어주었습니다. 즉 얼마 안 되는 수리비 때문에 보증금 전부를 저당 잡는 것은 과하다는 판결이었습니다. 이 경우에는 수리비만큼을 제하고 나머지는 즉시 돌려줘야 합니다. 이삿날에 만약 이런 일로 보증금을 전부 안 돌려준다면 지연이자 또는 손해배상 청구도 할 수 있습니다.

▌세입자라면 이렇게 하기　세입자는 이사 들어가는 날에 사진을 찍어서 증거를 확보하고 집주인에게 통보해야 합니다. 만약 사는 동안 문제가 생긴다면 '즉시' 집주인에게 알려야 하고, 자신은 관리를 소홀히 하지 않았다는 점을 어필하는 것이 좋습니다.

6장

꼼꼼히 따져보면
유용한 대출

6장은 '지름길'입니다. 좋은 동네, 좋은 집에 살고 싶어도 문제는 돈입니다. 그런데 자신이 가진 돈이 적어도 집을 살 수 있습니다. 은행 대출이 있기 때문이죠. 집을 살 때는 주택담보 대출로, 임대차계약으로는 보증금 대출을 받을 수 있습니다. 이번 장에서는 대출의 종류와 상황별 선택 요령을 알려드립니다. 소득 대비 과도한 대출은 인생의 독이지만, 적절히 활용한다면 내 집 마련의 지름길이 됩니다.

전세 들어갈 집을 구할 때
대출부터 알아봐야 하는 이유는?

▎대출이 되나요? 집을 구하면서 의외로 간과하기 쉬운 것이 대출입니다. 으레 '되겠거니' 하고 생각했다가 대출에서 막히는 경우가 생각보다 많습니다. 집을 구하기 전에 대출 먼저 알아봐야 하는 이유이기도 합니다.

집을 구할 때는 먼저 대출을 받을 것인지를 결정해야 합니다. 대출받는 자기 상황에 문제는 없는지, 구하려는 집에 문제는 없는지 등을 확인해야 하고요.

이 경우에는 부동산에 미리 대출 유무와 원하는 종류를 정확히 알려주는 것이 좋습니다. 대출 종류나 집에 따라 대출이 안 되는 경우가 있으니까요. 집주인이 당일에 바뀐다거나 바뀐 지 몇 개월 안 되면 원하는 대출을 못 받을 수도 있습니다. 그래서 부동산에 내용을 정확히 전달해야 합니다.

집을 구할 때 받을 수 있는 대출의 종류는 무척 다양합니다. 보금자리, 디딤돌, 안심전세대출, 중기청(중소기업취업청년)대출, 일반전세자금대출, 신혼부부대출 등이 그렇지요. 대출 상품마다 조건과 진행 방식이 다릅니다.

예를 들어 중기청대출은 다른 대출과는 진행 방식이 조금 다릅니다. 먼저 중기청 승인이 나야 하고, 중기청에서 계약서를 쓰기 때문에 과정이 복잡합니다. 집 상태에 따라 중기청대출이 아예 안 되는 경우도 있으니 반드시 확인을 해야 합니다.

이때 가장 간단한 방법은 부동산에 먼저 물어보는 겁니다. "중기청대출이 가능한 집으로 소개해달라"고 말이지요. 중기청대출을 한 번도 해본 적 없는 부동산도 있습니다. 그만큼 관련 절차를 잘 모를 수도 있으니, 사전에 경험한 적이 있는 부동산과 거래를 하는 것이 좋습니다.

| 대출을 받으면 보험을 못 든다? 보증보험은 집주인을 대신해 보험 회사에서 보증금을 돌려주는 제도입니다. 웬만하면 보증보험에 가입하는 것이 좋습니다. 은행에서 대출을 받을 때 대출보증과 어긋나면 반환보험을 들 수 없는 경우도 있습니다. 이때는 은행에 미리 "반환보험도 할 것이니, 그에 맞는 대출 상품으로 알려달라"고 하면 됩니다.

시중은행에는 대출과 반환보험이 결합된 대출도 있는데, 이를 안심전세대출이라고 합니다. 대출을 받으면서 반환보증까지 동시에 가입되는 상품이지요.

집주인 또는 집의 조건과 상태에 따라 보증보험, 안심전세대출이 안 될 수도 있습니다. 주택담보 대출이 너무 많거나 전세가가 비싸거나 집주인이 바뀌거나 신축인 경우에 그렇습니다. 때에 따라서 달라지므로 먼저 확인하는 것이 좋습니다.

▌집값이 떨어져서 보험이 안 된다면? 집값 하락기에는 각별히 주의해야 할 사항이 있습니다. 계약 시에는 반환보험이 가능했는데, 보험 가입 시점에 집값이 하락해서 가입을 못하는 경우를 주의해야 합니다.

예를 들어 계약할 때 집의 시세가 6억 원이었는데 보험 가입 시점에서 집의 시세가 5억 원이 되는 경우입니다. 이럴 때는 집주인이 보증보험이 될 만한 조건으로 만드는 것이 가장 현실적인 해결 방법입니다. 담보 대출을 어느 정도 갚고 등기부등본에 근저당도 바꾸는 것이지요(감액등기·말소등기).

그렇지 않으면 보증금을 돌려받고 이사 나오는 게 가장 깔끔한 방법입니다. 쌍방과실을 따지다가는 일이 한없이 복잡해질 수 있으니까요. "이자를 달라, 이사비를 달라, 위약금을 달라"고 하면 과실을 따져 소송으로 이어질 수도 있습니다.

집주인이 깔끔하게 돈을 돌려준다면 가장 좋겠지요. 계약서 특약사항에 다음과 같이 적어보세요.

▶ **특약 사항**

• 대출 또는 반환보험 불가 시 보증금을 즉시 돌려주고 계약은 없던 일로 한다.

• 집주인 또는 본 부동산 목적물의 사정으로 안 될 경우(임차인 사정이 아닌 이유로) 보증금을 즉시 돌려주고 계약을 해지한다.

• 임차인은 계약일로부터 ××일 이내로 대출 가능 여부를 알려준다. 이날 이 지나면 계약은 자동 진행하기로 한다.

| 대출을 알아보는 방법! 은행에서의 대출은 가장 전통적이고 우리에게 익숙한 방법입니다. 실시간으로 소통이 가능하다는 장점이 있습니다. 직접 가서 물어보면 모든 답을 실시간으로 들을 수 있지요. 다만 영업 시간에 맞춰서 가야 합니다. 점심시간에는 사람이 많아서 붐비고, 주말과 휴일에는 문을 닫지요.

온라인 대출은 대출받기가 쉽고 간편합니다. 시간적·공간적 제약도 없지요. 그러나 직접 만나서 거래하는 것이 아니기 때문에 궁금한 점이 있을 때 해결하기가 쉽지 않습니다.

대출업체 비교 플랫폼도 늘어나는 추세입니다. 여러 대출 상품을 한눈에 비교해서 보여주므로 시간을 아낄 수 있고, 노력도 덜 듭니다. 다만 공식적으로 인증된 상품인지, 안전한 상품인지를 확인해야 하는 단점이 있습니다.

대출상담사(대출모집인)를 통한 대출 방법도 있습니다. 은행과 위탁 계약을 맺은 프리랜서 직업군으로, 대출을 알선해주지요. 프라이빗

한 뱅킹처럼 편한 시간에 원하는 장소에서 일대일 상담이 가능합니다. 주의할 점은 신원이 확실한 대출모집인과 진행을 해야 한다는 것입니다. 대개 대출모집인은 부동산에서 소개를 받습니다.

▌반드시 주거래 은행이어야 할까?

대출을 받을 때 반드시 주거래 은행일 필요는 없습니다. 많은 금액을 통장에 넣어놓지 않는 이상, 급여이체 통장이나 청약통장만으로 은행 VIP 대접을 받기란 현실적으로 어려우니까요. 그래서 주택담보 대출이나 전세자금대출을 받을 때 기존에 거래하던 은행일 필요는 없습니다.

은행마다 금리와 조건은 제각각 다릅니다. 지금까지 이용하던 은행보다 타 은행의 금리가 더 저렴한 경우도 많습니다. 그러니 여러 은행의 금리를 비교해보길 바랍니다. 돈을 잘 빌려주고 이자를 싸게 해주는 은행을 주거래 은행이라고 여기는 것이 좋습니다.

대출을 받을 때 우대금리를 활용하는 것도 좋은 방법입니다. 여기에서 우대금리란 '~을 하면 이자를 더 싸게 해주겠다'라는 조건으로 생각하면 됩니다. 보통 급여이체, 청약통장 가입, 신용카드 가입 등의 조건이 붙습니다. 부담스러울 정도만 아니라면 우대금리 조건을 충족해서 이자를 싸게 부담하는 것이 좋겠지요.

이때 주의할 점이 있습니다. 부수거래 우대금리에 현혹되어서 기존에 있던 청약통장을 없애는 경우입니다. 청약통장을 새로 만들면 지금까지 쌓아둔 점수가 초기화되므로 청약 시에 불리해질 수 있습니다. 그러니 신중히 선택해야 합니다.

내 상황에 적합한 대출 상품을 찾아야 하는 이유는?

┃똑똑하게 대출을 선택하는 방법 "우리 집에서 안방만 내 집이고, 나머지는 다 은행 거야!"라는 우스갯소리가 있지요. 주택담보 대출을 받고 집을 매수했을 때를 빗대는 말이기도 합니다. 대출을 하나도 안 받고 집을 사는 사람은 거의 없을 겁니다. 그런데 대출을 받는 사람조차 자기에게 적합한 대출이 무엇인지 잘 모르는 경우가 많습니다.

정부와 은행에서는 다양한 대출 지원 제도를 마련해두고 있습니다. 가족 구성원에 따라, 소득에 따라 받을 수 있는 대출이 달라집니다. 특히 신혼부부·무주택·생애최초 주택 구입의 경우 담보 대출 한도가 늘거나 우대금리가 적용됩니다. 그러니 자기 상황에 적합한 대출 상품을 잘 고르는 것이 중요합니다.

다음은 대출 상품 정보를 제공하는 사이트입니다.

• **금융감독원** – 금융감독원 '금융상품한눈에(www.finlife.fss.or.kr)'에서 주택담보 대출을 한 번에 볼 수 있습니다. 은행에 직접 찾아가서 일일이 물어보지 않고도 대출 상품, 이자, 상환방식 등을 비교해볼 수 있습니다.

홈페이지 '금융상품한눈에'

• 한국주택금융공사 – 한국주택금융공사(www.hf.go.kr)에서는 보금자리론, 디딤돌대출 등을 취급합니다. 소득, 주택 수, 주택가격 등에 제한이 있습니다.

한국주택금융공사 대출 상품(2023년 8월 기준)

구분	특례보금자리론	적격대출	디딤돌대출
연소득	제한 없음	제한 없음	일반 6천만 원, 생애최초·신혼·2자녀 이상 7천만 원
주택 수	무주택자, 1주택자	무주택자, 1주택자	무주택자
처분 조건 1주택자	3년	최대 2년 (투기지역 불가)	불가능
주택가격	9억 원	9억 원	5억 원 (신혼·2자녀 6억 원)
주택 규모	제한 없음	제한 없음	$85m^2$ (지방 읍·면 $100m^2$)
만기	10, 15, 20, 30, 40, 50년	10, 15, 20, 30, 40, 50년	10, 15, 20, 30년
상환 구조	분할상환 (거치 기간 없음)	분할상환 (1년 거치 가능)	분할상환 (1년 거치 가능)
대출 한도	5억 원	5억 원	2.5억 원(생애최초 3억 원, 신혼·2자녀 4억 원)
한도 제한	DTI 60%, LTV 70%	최대 DTI 60%, 최대 LTV 70%	최대 DTI 60%, 최대 LTV 70%

• **주택도시기금** – 주택도시기금(www.nhuf.molit.go.kr)에서는 소득과 주택가격, 주택규모, 신용등급 등 일정한 조건만 충족하면 좀 더 싸게 대출을 받을 수 있습니다.

주택도시기금 주택구입 대출 상품(2023년 8월 기준)

	신혼부부 전용구입 자금	신혼희망타운전용 주택담보장기대출	내집마련 디딤돌대출
대상 및 조건	부부 합산 연 7천만 원 이하 혼인 7년 이내/ 3개월 이내 결혼 예정 세대원 전원 최초 주택 순자산가액 5.06억 원 이하 1개월 내 전입, 1년 이상 실거주	LH 전용 60m² 이하 신혼희망타운 주택 입주자	부부 합산 연 6천만 원 이하(생애최초, 2자녀, 신혼은 연소득 7천만 원), 순자산가액 5.06억 원 이하 무주택 세대주 1개월 내 전입, 1년 이상 실거주
주택 가격	6억 원 이하	신혼희망타운 전용 의 무형일 경우 대출 필수	5억 원 이하 (신혼·2자녀 6억 원)
주택 규모	전용 85m² 이하(수도권을 제외한 도시지역이 아닌 읍 또는 면 지역 100m²)	LH 전용 60m² 이하 신혼희망타운	전용 85m² 이하(수도권을 제외한 도시지역이 아닌 읍 또는 면 지역 100m²)
만기	10, 15, 20, 30년	20, 30년 원리금균등분할	10, 15, 20, 30년
대출 한도	4억 원	4억 원	2.5억 원(생애최초 3억 원, 신혼·2자녀 4억 원)
	LTV 80%, DTI 60%	주택가액 최대 70%	LTV 70%, DTI 60% 이내
금리	연 1.85~2.7%	연 1.3% 고정	연 2.15~3.00%

	수익공유형모기지	손익공유형모기지	오피스텔 구입자금
대상 및 조건	부부 합산 연 6천만 원 이하(생애최초 7천만 원 이하), 순자산가액 5.06억 원 이하, 생애최초 주택 또는 5년 이상 무주택 세대주	부부 합산 연 6천만 원 이하(생애최초 7천만 원 이하), 순자산가액 5.06억 원 이하, 생애최초 주택 또는 5년 이상 무주택 세대주	부부 합산 연 6천만 원 이하, 순자산가액 5.06억 원 이하, 무주택 세대주
주택 가격	6억 원 이하 아파트	6억 원 이하 아파트	1억 5천만 원 이하 오피스텔
주택 규모	전용 85m² 이하, 수도권(서울·경기·인천) 및 지방 5대 광역시(부산·대구·광주·대전·울산), 인구 50만 이상 도시(김해·전주·창원·천안·청주·포항) 및 세종특별자치시에 한정	전용 85m² 이하, 수도권(서울·경기·인천) 및 지방 5대 광역시(부산·대구·광주·대전·울산), 인구 50만 이상 도시(김해·전주·창원·천안·청주·포항) 및 세종특별자치시에 한정	전용 60m² 이하 준공된 주거용 오피스텔
만기	20년 원리금균등분할	20년 만기 일시상환	2년(9회 연장, 최장 20년) 만기 일시상환
대출 한도	2억 원(주택가격 70%), 부부 합산 연소득 4.5배 이내	2억 원(주택가격 40%), 부부 합산 연소득 4.5배 이내, LTV 70%	7천만 원 (다자녀 7,500만 원)
금리	연 1.5%(고정)	최초 5년간 연 1%, 이후 연 2%(고정)	연 2.3~2.8%

*2023년 전세사기 피해자 전용 디딤돌대출과 버팀목전세자금대출도 새로 나왔습니다.

LTV, DTI, DSR이
도대체 뭘까?

│대출받을 수 있는 한도　내 집 마련하기가 참 어렵습니다. 언제나 돈이 걸림돌이지요. 다행인 것은 내 집을 살 때 은행에서(정부에서) 돈을 빌려준다는 것입니다. 그런데 무한대로 빌릴 수는 없습니다. 돈을 갚을 능력이 되는지, 빌려줄 만한 가치가 있는 집인지 등을 따집니다. 이와 관련된 용어가 LTV, DTI, DSR입니다.

│LTV　"집값이 얼마야? 그것보다 많이는 못 빌려줘." LTV(Loan to Value, 주택담보 대출 비율/담보인정비율)는 집을 담보로 돈을 빌릴 때 인정되는 주택 가치의 비율입니다. 흔히 LTV 40%, 70% 식으로 표현합니다. 1억 원의 가치를 지닌 집이라고 가정해볼게요. 주택담보 대출 LTV가 40%라면 4천만 원까지, LTV가 70%라면 7천만 원까

지 빌릴 수 있습니다.

　그런데 1억 원이라는 가치가 실제 자신이 구매한 금액이 아닐 수도 있습니다. 보통 KB시세라는 보편화된 기준으로 집값을 매깁니다. KB시세는 실제 금액의 '평균'인 셈이기 때문에, 자기가 매수한 금액과 차이 날 수 있습니다.

▮DTI "얼마 벌어서 얼마나 갚고 있어?" DTI(Debt to Income, 총부채상환비율)는 소득 대비 대출상환 비율을 말합니다. 즉 1년에 얼마나 버는지를 보고, 갚아야 하는 원금과 이자의 비중을 따집니다. DTI보다 DSR이 더 엄격합니다. 주택담보 대출의 원금과 이자 외에 DTI는 다른 대출의 이자를, DSR은 다른 대출의 원리금 상환액을 책정해서 매깁니다.

▮DSR "감당할 수 있어? 진짜?" DSR(Debt Service Ratio, 총부채원리금상환비율)은 DTI보다 한층 더 강화된 대출 규제입니다. 주택담보 대출과 다른 대출의 원리금 상환액을 전부 따집니다. 갚아야 하는 금액이 자신의 소득에서 일정 비율 이상을 넘지 못하게 제한하고 있습니다. DTI가 다른 대출의 이자 상환액을 따졌다면, DSR은 더 강력하게 다른 대출의 원리금 상환액까지 봅니다. 그리고 정부 차원에서 단계적으로 계속 DSR을 강화하고 있습니다.

　연소득 1억 원, DSR 50%라고 가정해보겠습니다. DSR 50%라면 1년에 갚아야 하는 원리금 총합이 5천만 원을 넘길 수 없습니다.

한 달에 약 400만 원 정도이지요. 다른 대출의 원리금을 매달 250만 원씩 갚고 있다면, 집 담보 대출의 원리금 상환을 150만 원까지만 할 수 있다는 뜻입니다.

｜대출, 쉽지만은 않다 주택담보 대출은 LTV, DTI, DSR 3가지를 한꺼번에 적용합니다. 각각 대입해서 가장 적은 돈을 빌릴 수 있습니다. 예를 들어 LTV로는 2억 원, DTI로는 1억 5천만 원, DSR로는 1억 원의 대출 한도가 나왔다면, 1억 원만 빌릴 수 있지요.

다주택자라면 추가적인 주택담보 대출이 안 나옵니다. 비규제지역인지 아닌지 등에 따라서도 대출 가능 금액이 달라집니다. KB시세나 매매가가 15억 원을 넘는다면 LTV는 0%가 되고요. 주택담보 대출을 받는다면 그 집으로 수개월 내에 이사를 해야 하는 조건도 있습니다.

가장 좋은 방법은 은행에 먼저 물어보는 겁니다. 집을 계약하기 전에 말이지요. 은행에 먼저 주택담보 대출 신청 시에 필요한 서류를 문의하고 창구에서 확인해보는 겁니다.

DSR 계산기 등 애플리케이션이나 사이트도 있으니 활용해보세요. 자신의 대출 상황을 먼저 파악하고 DSR 계산기를 이용하면 추가로 빌릴 수 있는 금액을 알 수 있습니다. 다른 집이 더 있는지, 지금 사려는 주택이 얼마인지, 기존 대출의 원금과 이자를 얼마나 갚고 있는지, 연간 소득이 얼마인지, 매수하려는 집의 해당 지역이 규제지역인지, 신용 상태가 어떤지, 지금 대출 규제는 어떤지 등 시기와 상황에 따라 달라지므로 면밀하게 알아봐야 합니다.

▎생애 첫 집이라면? 2023년 8월 기준 생애최초 주택 구입 시에 LTV 상한이 80%로 늘어났습니다. 규제 지역인지 비규제 지역인지 관계없고, 주택가격의 제한도 없습니다. 최대 6억 원까지 빌릴 수 있습니다.

안심전환대출을 이용하면
정말 이자가 줄어드나?

▌안심전환대출이란 무엇인가?　'영끌족'의 출현, 고금리의 압박, 끝 모르는 부동산 시장 하락 분위기. 삼중고에 시달리는 1주택 실수요자를 위해 정부가 '이자 줄여주기'에 나섰습니다. 2022년 9월 시행된 안심전환대출이 그렇지요. 변동금리 주택담보 대출을 최저 연 4%의 장기·고정금리로 바꿔주는 대출입니다. 즉 시중은행에서 받은 주택담보 대출을 갈아타는 겁니다. 1·2금융권에서 받은 변동·혼합형 금리 대출을 주택금융공사의 4%대 장기·고정금리 정책모기지 대출로 바꿔주는 제도이지요. 안심전환대출은 2023년에 한시적으로 특례보금자리론(상환용도)으로 대체됩니다.

　금리는 상환 기간이 길수록 올라갑니다. 연 4.0~4.25%로 u-보금자리론보다 0.45% 내려갑니다. 저소득 청년층(만 39세 이하, 소득 6천만 원 이하)은 금리가 0.1%p 더 낮아집니다.

부부 합산 소득 1억 원 이하, 주택가격 9억 원 이하인 1주택자라면 신청할 수 있습니다. 기존 대출 잔액 범위 내에서 최대 3억 6천만 원까지 대출받을 수 있습니다. 정부의 예산이 소진될 때까지 가능합니다.

|안심전환대출 대상 2022년 8월 16일까지 실행된 변동금리와 준고정금리 주택담보 대출을 갈아탈 수 있습니다. 2022년 8월 17일 이후 대출받은 경우에는 신청이 불가능합니다. 만기(5년 이상) 동안 고정금리 외에는 모두 신청할 수 있습니다. 변동금리 대출, 준고정금리 대출, 만기 5년 미만인 고정금리 대출이 가능합니다. 만기 5년 이상 고정금리 대출이나 보금자리론, 적격대출, 디딤돌대출은 신청할 수 없습니다.

|6억 원까지만? 신청일 기준으로 해당 주택의 시세가 기준입니다. 아파트는 KB시세, 한국부동산원 시세 순으로 적용하되, 아파트가 아닌 경우(연립주택, 다세대주택, 단독주택)에는 주택공시가격(현실화율 등을 고려해 보정), 감정평가금액 순으로 계산됩니다. 이후 주택가격이 오르더라도 상환해야 할 의무는 없습니다.

|소득 1억 원? 구입 용도 특례보금자리론은 소득 제한이 없는 반면, 안심전환대출(상환용도 특례보금자리론)은 소득 제한이 있습니다. 부

부 합산 연소득 1억 원 이하만 신청 가능합니다. 1개년 증빙소득으로 산정합니다.

▎부부 합산 1주택자만?

주택법상 부부가 소유한 1주택까지만 가능합니다. 분양권·조합원 입주권도 주택 수에 포함됩니다. 즉 1주택 1분양권은 신청이 불가능합니다. 대출 이후에도 주기적으로 주택 수를 확인해 1주택 초과 시에는 주택을 처분하거나 대출을 갚아야 합니다.

▎DSR·LTV 적용

다행히 DSR은 상관없습니다. 다만 LTV(70%)와 DTI(60%)는 적용됩니다. LTV와 DTI는 조정·투기지역 여부 등과 상관없이 일괄 적용됩니다. 최대 3억 6천만 원까지 대출이 가능한데, 기존에 받았던 금액보다 많이 빌릴 수는 없습니다.

▎제2금융권도 갈아탈 수 있나?

보험사, 상호금융, 저축은행 등에서 받았던 주택담보 대출도 안심전환대출을 이용할 수 있습니다. 그리고 한 집을 담보로 여러 은행에서 돈을 빌렸더라도 요건만 충족시킨다면 갈아탈 수 있습니다.

▎전세 준 집도 가능하다

세입자가 살고 있어도 신청할 수 있습니다. 다만 선순위 전세권 등이 설정된 경우에는 그 금액만큼 대출 한도가 줄어들 수 있습니다.

고정금리와 변동금리,
도대체 뭘 선택해야 하나?

▌무섭게 오르는 대출 금리 2.7%! 2022년 8월에 필자가 받아든 성적표입니다. 안도의 한숨이 나오는 결과였지요. 바로 주택담보 대출 금리였습니다. 5년 전에 현재 살고 있는 집에 이사를 오면서 대출을 받았습니다. 당시 3.5%였던 것으로 기억합니다. 대출 원금이 2억 원이었으니 이자가 연 700만 원으로, 한 달에 내는 이자가 약 60만 원이었지요.

2020년 금리는 훨씬 낮았습니다. 갈아타는 이자가 2% 초반으로, 15개월만 지나면 손익분기점을 넘기는 상황이었습니다. 대출을 갈아타는 게 이득이었지요. 그러다가 2021년 말부터 급격하게 금리가 올라가기 시작했고, 2022년 8월부터는 주택담보 대출 금리가 7~8%에 이를 것이라는 이야기도 들렸습니다.

당시에 저는 속이 탔습니다. 변동금리였던 터라 이자율 변환 시점이었거든요. 오래갈 것만 같았던 저금리 기조가 불과 1년 만에 역전되었습니다. 다행히도 2.7%라는 성적표에 안도했고, 한동안은 버틸 수 있었습니다. 그러다가 2023년 8월 대출 금리가 4.51%로 좀 더 올라갑니다.

│ 대출 금리 선택하기 　대출 이자는 냉정하고, 변동금리는 잔혹합니다. 전세 대신 월세를 선택하는 것도, 전세금을 올려달라는 집주인의 요구를 밤잠 깊은 시름으로 대신하는 상황도, 바로 대출 이자 때문일 겁니다. 금리가 연일 오르는 시기에는 고정금리가 나을지, 변동금리가 나을지, 아니면 아예 대출을 갈아타야 할지 고민하는 사람들이 많을 겁니다.

금리에는 3가지 종류가 있습니다. 바로 고정금리, 변동금리, 혼합금리이지요. 고정금리는 금리가 바뀌지 않고, 변동금리는 6개월~1년 단위로 기준금리 변동에 따라서 대출 금리가 바뀝니다. 혼합금리는 일정 기간에는 고정금리로 내다가 기간이 지나면 변동금리가 적용됩니다.

금리 인상기에는 대개 고정금리를 선호합니다. 변동금리라면 기준금리에 따라서 대출 이자 부담도 늘어나지요. 반대로 금리 하락이 예상된다면 변동금리를 선택하는 것이 더 좋습니다.

대출 금리는 '기준금리+가산금리-(개인)우대금리'로 계산됩니다. 기준금리는 6개월 또는 12개월마다 바뀌고, 가산금리는 대출 만기까지 그대로 유지되지요. 우대금리는 개인의 신용도 등에 따라 달라지는 것이므로 경제 상황과는 상관이 없습니다.

▎대출 한도부터!

원래 대출의 가산금리와 갈아타려는 가산금리를 비교해보는 것도 좋은 방법입니다. 대출을 갈아탈 때는 '얼마까지 대출받을 수 있을 것인지'를 따져봐야 합니다. 몇 년 전에 대출을 신청할 때와 다르게 DSR 등이 강화되었기 때문입니다. 다른 대출이 많다면 주택담보 대출 한도가 줄어들 가능성이 큽니다.

집값의 변화도 눈여겨봐야 합니다. 주택담보 대출은 집의 시세에 비례해서 대출 금액이 산정됩니다. 집 시세가 올랐다면 대출을 더 많이 받을 수 있지요. 비규제지역인지 투기과열지구인지에 따라 주택담보 대출 비율에 제한이 걸리기도 하고요. 개인의 소득 또는 신용에 따라 달라지기도 합니다. 자신의 소득을 증빙할 만한 서류와 대출 이자 부담 내역을 지참해서 은행에 방문하는 것이 좋습니다.

▎중도상환수수료

중도상환수수료는 쉽게 말해 중도 해약금 혹은 해지 위약금 개념입니다. 대출 만기보다 대출을 빨리 갚을 경우에 내야 하는 수수료이지요.

보통 주택담보 대출을 받은 지 3년이 지나면 중도상환수수료가 사라집니다. 그리고 1년에 일정 금액까지는 중도상환수수료가 면제되기도 합니다. 갈아타기를 고민하고 있다면 중도상환수수료 비용도 따져봐야 합니다.

▌3년에 한 번 갈아타기　대부분의 은행은 고정금리를 변동금리보다 높게 책정합니다. 금리가 오를지 내릴지 모르기 때문에 리스크를 반영하는 것이지요. 즉 손해는 안 보겠다는 뜻입니다. 2023년 8월 기준으로 주택담보 대출의 변동금리는 5%에 육박했고, 고정금리는 7%를 넘는 은행도 있었습니다. 대출은 현시점에서 가장 유리한 상황을 선택하는 것이 좋습니다. 중도상환수수료가 없어지는 3년 뒤에 다시 한 번 이율이 가장 낮은 상품으로 갈아타는 게 현명합니다.

7장

똑똑하고 지혜로운 임차인이 되는 법

7장은 '지식의 힘'입니다. 전세 사기 피해가 상당히 심각합니다. 임대차라는 특수한 관계에서 임차인이 불리할 수밖에 없습니다. 사기꾼들의 수법은 날이 갈수록 진화하고 교묘해지며 악랄해집니다. 임차인 스스로 지켜내야 합니다. 가장 기본이 되는 임대차보호법부터 차근차근 알고 나면, 스스로를 지킬 지식의 힘이 생길 겁니다.

부동산 전세 계약 시
무엇을 주의해야 하나?

┃돈이 왜 안 보내지는 걸까?　전세 계약하는 날에 주의해야 할 사항입니다. 계약하기 전날에는 반드시 계좌이체 한도를 확인해야 합니다. 신분증, 도장도 미리 챙겨놓아야 합니다.

대개 일상에서 큰돈을 이체할 경우가 많지는 않습니다. 그리고 부동산 계약은 짧아야 2년 주기이기 때문에 이체 한도를 신경 쓰지 않는 사람들이 있습니다. 계약금의 10%에 이르는 큰돈을 이체해야 하는 일인 만큼, 이체 한도를 확인해둬야 합니다. 특히 계약하는 날이 평일이라면 계좌이체 한도를 간편하게 높일 수 있지만, 주말 또는 저녁이라면 곤란한 상황이 생길 수 있습니다.

| 계약하는 날 주의해야 할 사항 이제 드디어 계약하는 날이 되었습니다. 계약금 일부를 보내면서 웬만한 내용들은 문자메시지로 주고받았을 겁니다. 이상이 없다면 계약금 일부를 보내면서 주요 내용은 합의가 되었을 거고요. 본계약서 작성은 계약 내용을 확인하는 차원이자 서로 간에 인사를 나누는 자리라고 보면 됩니다. 계약 내용이 맞는지, 앞에 있는 사람이 집주인이 맞는지 등을 이때 잘 확인하면 됩니다.

| 등기부등본과 건축물대장 제일 중요하게 확인해야 할 것이 등기부등본입니다. 보통 부동산에서 계약서를 작성하기 전에 새로 발급받아서 확인시킵니다. 발급일자와 시간을 확인하고, 계약금을 일부 보냈을 때와 달라진 점이 있는지 확인합니다. 그리고 등기부상 소유자 및 을구에 적힌 근저당권 등을 체크합니다. 등기부등본은 돈 보내기 전에 꼭 확인해야 합니다. 가계약금, 계약금, 중도금, 잔금을 지급하기 전에 새로 발급받아서 확인합니다.

　건축물대장도 봐야 할 서류입니다. 아파트라 크게 문제될 건 없는데 다가구나 상가, 다른 건물일 때는 불법 건축물인지 아닌지를 확인하고, 자신이 알고 있는 용도가 맞는지도 체크해야 합니다.

| 집주인이 맞는지 확인하기 현재 계약하러 온 사람이 집주인이 맞는지도 확인하길 바랍니다. 확인 방법은 간단합니다. 등기부등본과 신분증으로 확인할 수 있지요. 등기부등본에는 현재 소유자가

누구인지가 나옵니다. 이름, 생년월일까지 나오니, 앞에 있는 사람의 신분증을 대조해봅니다. 신분증 위조 여부도 즉석에서 확인할 수 있습니다.

▌집주인과 데면데면하지 않게 대면하기 언제가 되었든 집주인과 한 번은 대면하는 것이 좋습니다. 계약서 쓸 때나 잔금 치를 때가 괜찮습니다. 집주인이 멀리 있다거나 시간이 안 돼서 대리 계약을 하는 경우가 있는데, 웬만하면 한 번쯤 만나보는 게 좋습니다.

특히 전세 대출을 받아야 한다면 집주인이 참석하는 게 필수입니다. 은행에서 '집주인이 직접 참석해서 도장을 찍은 계약서'를 요구하니까요. 전세 대출을 받을 것이라면 미리 부동산에 집주인 참석을 요청해야 합니다.

▌특약 사항 확인하기 앞선 과정을 끝냈다면 본격적으로 계약서를 확인하고 서명, 날인을 합니다. 일반적으로 계약서에는 계약의 종류, 집 주소(동 호수), 계약 기간, 금액, 인적사항 등을 기록합니다. 별도의 내용은 특약 사항으로 적고요. 만약 집주인과 세입자 간에 합의된 내용이 있다면, 특히 가계약 때 서로 요청하고 합의한 부분이 있다면 잘 기록되었는지를 확인합니다.

세입자 입장에서는 전세 대출과 반환보증보험을 짚고 넘어가야 합니다. 대출이 안 될 경우 어떻게 된다는 내용도 적으면 좋습니다. '전세 대출이 안 나올 경우 돈은 그대로 돌려받고 이 계약은 없는 것

계약서

아파트전세계약서

임대인과 임차인 쌍방은 아래 표시 아파트에 관하여 다음 내용과 같이 임대차계약을 체결한다.

1. 부동산의 표시

소 재 지	인천███ 서구 ███████ (가정동, ████████████) ██동███호				
토 지	지 목	대	대지권의 비율	44019.6분의 51.2234	대지권의 목적인 토지 44019.6㎡
건 물	구 조	철근콘크리트	용 도	공동주택(아파트)	전용면적 84.2814㎡
임대할 부분	████ ███ 전부				

2. 계약내용

제 1 조 (목적) 위 부동산의 임대차에 한하여 임차인은 임대보증금을 아래와 같이 지불하기로 한다.

보 증 금	金 삼억삼천만원정	(₩330,000,000)		
계 약 금	金 삼천만원정	(₩30,000,000) 은 계약시에 지불하고 영수함.	영수자	印
잔 금	金 삼억원정	(₩300,000,000) 은 20██년 █월 █일 에 지불한다.		

제 2 조 (존속기간) 임대인은 위 부동산을 임대차 목적대로 사용 수익할 수 있는 상태로 하여 20██년 ██월 ██일 까지 임차인에게 인도하며, 임대차기간은 인도일로부터 24 개월간 20██년 █월 █일 까지로 한다.
제 3 조 (용도변경 및 전대 등) 임차인은 임대인의 동의 없이 위 부동산의 용도나 구조를 변경하거나 전대 임차권 양도 또는 담보제공을 하지 못하며 임대차 목적 이외의 용도로 사용할 수 없다.
제 4 조 (계약의 해지) 임차인이 제3조를 위반하였을 때 임대인은 즉시 본 계약을 해지할수 있다.
제 5 조 (계약의 종료) 임대차계약이 종료된 경우에 임차인은 위 부동산을 원상으로 회복하여 임대인에게 반환한다. 이러한 경우 임대인 은 보증금을 임차인에게 반환하고, 연체 임대료 또는 손해배상금이 있을 때는 이들을 제하고 그 잔액을 반환한다.
제 6 조 (계약의 해제) 임차인이 임대인에게 중도금(중도금이 없을 때는 잔금)을 지불하기 전까지, 임대인은 계약금의 배액을 상환하고, 임차인 은 계약금을 포기하고 계약을 해제할 수 있다.
제 7 조 (채무불이행과 손해배상) 임대인 또는 임차인이 본 계약상의 내용에 대하여 불이행이 있을 경우 그 상대방은 불이행한 자에 대하여 서 면으로 최고하고 계약을 해제 할 수 있다. 그리고 계약 당사자는 계약해제에 따른 손해배상을 각각 상대방에 대하여 청구할 수 있으며, 손해배상에 대하여 별도의 약정이 없는 한 계약금을 손해배상의 기준으로 본다.
제 8 조 (중개보수) 부동산개업공인중개사는 임대인과 임차인이 본 계약을 불이행 함으로 인한 책임을 지지 않는다. 또한 중개보수는 본 계약 체결과 동시에 계약 당사자 쌍방이 각각 지불하며, 개업공인중개사의 고의나 과실없이 본 계약이 무효, 취소 또는 해약되어도 중개보 수는 지급한다. 공동 중개인 경우에 임대인과 임차인은 자신이 중개 의뢰한 개업공인중개사에게 각각 중개보수를 지급한다.
제 9 조 (중개대상물확인·설명서 교부등) 개업공인중개사는 중개대상물 확인·설명서를 작성하고 업무보증관계증서(공제증서 등) 사본을 첨부 하여 20██년 █월 █일 거래당사자 쌍방에게 교부한다.

[특약사항]

-.임차인이 부동산관계자와 함께 현 시설 상태를 방문, 확인한 전세 계약이며, 양측은 개인정보 수집 및 이용에 동의한다.
-.공인중개사는, 임대-임차인 확인설명 의무를 충실히 하고 기재함. 공제증서 교부함. 임대-임차 모두 확인함.
-.임차인의 과실 및 사용상부주의로 인한 기존 시설물 파손시 원상복구하여 반환한다.(단:생활소모적인 것은 제외함)
-.임대인은 현재 융자없는 상태이며 현상태 그대로 무융자로 임대한다.
-.본 계약상 잔금일을 기점으로 아파트 관리비 등 제반 비용을 정산한다.
-.장기수선충당금은 임차인이 거주기간동안 내다가, 퇴거시 전액 정산하여 임대인이 임차인에게 준다.
-.임차인은 반려동물을 키우지 않는다.
-.임차인은 하자보수에 적극 협조하고, 하자 발견시 해당부서에 보수 요청 등 필요한 조치를 취한다.
-.하자보수에 불성실하게 해 본 부동산의 재산상 손해가 예상, 발생할 경우 이는 손해배상의 근거가 된다.
-.기타 사항은 임대차 보호법 및 관련 법규, 부동산 일반 관례에 따른다.

-. **임대인 계좌** (██████████████████████)

-이하 여백-

본 계약을 증명하기 위하여 계약당사자가 이의없음을 확인하고 각각 서명 또는 날인한다.   20██년 0█ ██

임대인	주 소	인천██████████████████		성명	
	주민번호	██████████	전화		휴대전화 010-██████
공동명의인	주 소	서울██████████████████		성명	
임차인	주 소			성명	
	주민번호	██████████	전화		휴대전화 010-██████
개업공인중개사	상 호	███공인중개사사무소	상 호		
	소 재 지	인천████████████████	소 재 지		
	등록번호	28███████	대표	등록번호	대표 印
	전 화	032-█████	소속공인중개사	전 화	소속공인중개사 印

으로 하겠다'라는 식의 특약을 적는 것이 제일 좋겠지요. 집주인 입장에서는 '못 박기 금지' '반려동물 금지' '실내 흡연 금지' 등의 요청 사항을 꼼꼼히 적어두는 게 좋습니다. 특별한 사항이 없다면 굳이 적지 않아도 되고요.

집에 걸린 담보 대출 관련 내용도 필수로 계약서에 적어야 합니다. 전세금을 받아서 대출을 갚을 것인지, 아니면 앞으로 대출을 더 받을 것인지 등을 적어둡니다. 임차인의 선순위 권리 보호를 위한 내용도 적습니다.

계약서 아래에는 임대인과 임차인의 인적사항, 그러니까 이름, 주소, 주민등록번호, 연락처 등을 기재합니다. 만약 대리인이 왔다면 대리인의 인적사항도 기재해야 하고요. 가장 아래에는 중개를 맡은 부동산의 상호, 등록번호, 주소, 전화번호를 적습니다. 참고로 계약 당사자는 서명 또는 날인을 해야 하며, 공인중개사는 서명을 하고 도장도 찍어야 합니다.

| 확인설명서 중개대상물 확인설명서는 앞서 살펴보았듯이 해당 부동산의 내부와 외부, 보이지 않는 상태들을 기록한 서류입니다. 부동산 중개 시에 필수로 발급해야 하는 서류이지요. 공인중개사가 공적장부, 직접 방문, 육안을 통해 확인한 내용을 적습니다. 집주인에게 직접 물어봐야 하는 경우도 있는데, 대표적으로 '그 집에 살고 있는 다른 임차인 보증금' '집주인의 세금 체납' 등이지요. 2022년 9월부터 임대차계약을 맺은 임차인은 임대차계약서를 지참하면 집주인 세

금 체납 여부를 직접 확인할 수 있습니다. 2023년 하반기부터 임대인은 임차인에게 주택의 선순위 보증금과 납세증명서를 제시해야 합니다. 또는 위 정보 열람에 동의해야 하는 것으로 법이 바뀌었습니다.

확인설명서 체크를 마쳤다면 이름을 쓰고 도장을 찍습니다. 그리고 계약금을 보내면 됩니다.

▌집주인의 통장으로! 모든 내용들을 확인했다면 집주인에게 계약금을 보냅니다. 제일 중요한 것! 계약금은 꼭 소유자 명의의 통장으로 넣어야 합니다. 어떤 경우에라도 소유자가 아닌 다른 사람 명의의 통장으로 넣으면 안 됩니다. 등기부상 소유자와 계약서상의 소유자, 그리고 통장 계좌의 명의가 다 같아야 합니다.

간혹 소유자가 다른 사람의 통장으로 돈을 보내라는 경우도 있습니다. 느닷없이 요구하는 경우에 어쩔 수 없다면 그렇게 해도 되지만, 이때 계약서 특약 사항 등에 그 내용을 적어야 합니다. 그게 안 된다면 영수증에라도 그 내용을 써놓고 소유자의 도장을 찍어서 보관해야 합니다.

보증금 지키는 3종 방어막은?
_ 전입신고·이사·확정일자

▌임차인을 위한 보호 장치!   현재 전월세를 살고 있거나 구하고 있다면 다음 내용은 꼭 알아야 합니다. 우리나라는 임차인을 보호하기 위한 여러 장치가 있습니다. 이때 '누구에게나' 해당되는 것은 아니고, 보호받기 위한 '최소한의 행동'을 한 사람만을 대상으로 합니다. 여기에서 말하는 최소한의 행동이란 전입신고, 이사, 확정일자입니다. 지금부터 보증금을 지키는 3종 방어막에 대해 살펴보겠습니다.

▌대항력이란?   임차인이 보호받을 수 있는 방어막을 대항력이라고 부릅니다. 제삼자에 대항할 수 있는 권리라는 뜻이지요. 계약이란 집을 매개로 집주인과 세입자 간의 약속입니다. 이 약속에 강한 힘을 부여하는 게 대항력이고요. 지금 집의 계약 내용을 집주인이 아닌 다

른 사람에게도 주장할 수 있는 권리입니다. 즉 집을 사고팔거나 경매로 집이 넘어가도 계약 내용은 그대로 남아 있다는 뜻입니다.

대항력이 없다면 집이 팔리고 새 집주인이 "나가라"고 했을 때 꼼짝없이 그 말에 따라야겠지요. 그런데 집을 경매에 넘기고 낙찰을 받은 사람이 나가라고 해도 대항력이 있기 때문에 보증금을 돌려받기 전까지는 계속 살 수 있습니다. 전세 기간이 남았다면 그 기간을 채워도 됩니다. 이처럼 세입자 형편에서 취할 수 있는 강력한 조치가 바로 대항력입니다.

임대차보호법의 일부로, 관련 법령이 없었을 때는 집주인이 나가라고 하면 나가야 했습니다. 말 그대로 쫓겨나야 했지요. 게다가 월세도 마음대로 올릴 수 있었고, 6개월만 살고 나가라고 해도 그 말에 따라야 했습니다. 그런데 방어막 3종 세트가 완성되면서 계약 기간만큼 살 권리가 보장되었습니다. 여기에 보증금을 돌려받을 권리 또한 인정해주었고요. 앞서 말한 대항력, 즉 '제삼자에 대항할 권리'가 생겼기 때문입니다.

▌전입신고와 이사 전입신고는 행정복지센터나 인터넷으로 '이사를 왔으니 주소를 바꿔달라'고 신고하는 일입니다. 주택의 인도는 흔히 말하는 점유, 즉 이사를 뜻합니다. 전입신고와 이사는 대항력을 확보하기 위한 대항 요건입니다. 그러나 이사하고 전입신고를 하더라도 곧바로 대항력을 얻는 것은 아닙니다. 대항력은 전입신고와 주택의 인도를 마친 다음 날 0시부터 효력이 생기니까요. 이 점이 문제

점으로 부각되기도 합니다. 왜 그럴까요?

같은 날 집주인이 집을 담보로 대출을 받아 근저당권이 설정되었습니다. 세입자 역시 같은 날에 이사를 들어오면서 전입신고를 했습니다. 이후 집이 경매에 넘어가면 세입자보다 대출해준 은행이 우선순위가 되어서 돈을 먼저 받아갑니다. 세입자는 은행과 같은 요건을 갖추었더라도 대항력이 다음 날부터 생깁니다. 실제로 이 점을 악용해서 세입자를 곤경에 빠뜨리는 집주인도 있습니다. 이러한 문제 때문에 법 개정 움직임도 있지만 가시적인 결실을 얻지는 못하고 있습니다.

▎가족만 먼저 이사를 해도 되는가? 본인에 의한 직접 점유와 가족에 의한 간접 점유 역시 효력이 있습니다. 이때 가족은 점유보조자로서 대항력을 얻을 수 있습니다. 다만 '함께 사는 가족'이어야만 대항력을 얻습니다. 서울로 대학 가는 자녀의 집을 부모 이름으로 계약했을 때, 자녀만 이사를 하고 전입신고를 해도 주택임대차보호법상 대항력을 얻게 됩니다. 대항력을 갖춘 임차인이 소액 보증금에 해당할 때 '최우선변제금'이란 제도도 있습니다.

▎확정일자 살펴보기 확정일자는 우선순위에 관한 겁니다. 흔히 우선변제라고 합니다. 집이 경매에 넘어가서 낙찰되었을 때, 낙찰금을 받아가는(변제) 순서와 관련 있지요. 돈을 빌려준 은행은 등기부상 근저당권을 설정해 순위를 기록합니다. 세입자는 확정일자를 받으면

서 순서에 포함되지요. 이 날짜들의 우선순위에 따라 변제 순서가 결정됩니다. 대개는 선순위가 후순위보다 앞서지요. 이때 경매에서 돈을 받을 수 있는 사람은 '대항력을 갖춘 임차인'이어야 합니다. 확정일자와 대항력이 모두 생겼을 때를 기준으로 우선변제의 순위가 결정됩니다.

▌경매 넘어가는데 계약서를 잃어버렸다면? 대항력과 확정일자로 우선변제권을 얻은 상태라면, 계약서를 잃어버렸더라도 우선변제권 자체는 살아 있습니다. 하지만 계약 사실 또는 계약금의 액수에 대한 입증 문제가 생길 수 있습니다.

확정일자는 행정복지센터에서 확정일자 발급 관련 서류를 떼고, 부동산 사무실에서 임대차계약서 사본을 얻으면 됩니다.

보증금 지키는 절대 반지는?
_전세금 반환보증보험과 안심전세대출

▎전세금 반환보증보험은 필수다! 집주인이 보증금을 못 준다면서 버티면 세입자가 입는 타격은 상당합니다. 전세 보증금을 제때 돌려받지 못하는 경우, 살던 집이 경매에 넘어가거나 계약이 끝났는데도 돈이 없다는 집주인들. 게다가 깡통전세(전세금보다 매매가격이 낮아져 임차인이 전세금을 돌려받지 못하게 되거나 그런 위험성이 높은 주택)도 세입자의 보증금을 위협하는 요소입니다.

그렇다면 세입자는 맥없이 당해야만 할까요? 다행히도 전세금 반환보증보험과 안심전세대출 제도를 활용하면 됩니다. 이 보험을 들면 만기 때 돈을 받지 못해도 걱정을 덜 수 있습니다. 전세금 반환보증보험이란 보험 회사가 세입자에게 전세 보증금을 돌려주고, 회사가 집주인한테 청구하는 것을 말하는데, 세입자의 귀중한 재산을 지

반환보험

	HUG전세 보증금반환보증	HF전세 보증금반환보증 (전세지킴보증)	SGI전세금보장신용보험
기한	계약 기간 1/2 지나기 전	계약 기간 1/2 지나기 전	계약 기간 1/2 지나기 전
보증 대상 주택	단독·다가구, 다중, 연립·다세대주택, 노인복지주택, 주거용 오피스텔, 아파트	아파트(도시형생활주택 포함), 연립, 다세대, 단독, 다가구와 준주택인 주거용 오피스텔, 노인 복지주택	아파트, 오피스텔, 연립, 다세대, 도시형 생활주택, 단독, 다가구
보증 한도	주택가격×담보인정비율(90%)-선순위채권-선순위 전세 보증금 등	지역별·유형별 금액 중 적은 액수	가입 금액
보증 조건	· 전체 보증금과 선순위채권을 더한 금액이 주택가격×담보인정비율(90%) 이내 · 선순위채권이 주택가격의 60% 이내 · 다가구 등은 선순위채권과 선순위 보증금 합이 주택가액 80% 이내	· 주택가격 12억 원 이하 · 아파트, 다세대 등은 선순위채권 등이 70% 이내 · 단독·다가구 선순위채권 등은 주택가격의 90% 이내, 선순위근저당 70% 이내 동시충족	· 회수해야 할 임차보증금 중 미회수금액(임대인이 임차보증금과 공제 또는 상계할 수 있는 채권은 차감)
보증금	수도권 7억 원 이하, 그 외 지역 5억 원 이하	수도권 7억 원 이하, 지방 5억 원 이하	아파트 무제한, 그 외는 10억 원 이내

켜주는 아주 좋은 제도이지요. 경매로 넘겨서 보증금을 받거나 소송을 하지 않아도 된다는 장점이 있습니다.

보증보험은 주택도시보증공사(HUG), 한국주택금융공사(HF), 서울보증(SGI), 이렇게 3곳에서 가입할 수 있습니다. 가입 절차나 필요 서류가 복잡하지 않고, 가입 가능 기간도 꽤 넉넉합니다. 전세금 반환보증보험이 필수는 아니지만 그래도 가입하는 게 더 좋습니다. 몇십만 원만 들이면 큰돈을 지켜주기 때문입니다.

이때 이름이 비슷한 대출보증과 헷갈리면 안 됩니다. 대출보증은 말 그대로 대출을 할 수 있게 보증을 해주는 제도로, 반환보증보험과는 성격이 완전히 다릅니다. 보험 회사마다 이름이 다르므로 '보증금을 돌려받을 수 있는 반환보험'이라고 이야기하는 것이 정확합니다.

▌안심전세대출이란 무엇인가? 시중은행에는 대출과 반환보험이 결합된 대출도 있습니다. 흔히 안심전세대출이라고 부르지요. 대출을 받으면서 반환보증까지 함께 가입되는 것으로, 일반 전세대출보다 돈을 더 빌릴 수 있습니다. 전세 보증금의 80%까지 대출 가능합니다.

그러나 집주인 또는 집의 조건과 상태에 따라 안심전세대출을 못 받을 수도 있습니다. 집주인이 막 바뀐 경우(소유권 이전), 신축 아파트인데 집주인이 중간에 분양권을 산 경우 등이지요. 이 경우에는 세입자가 '4대보험이 되는 직장에 1년 이상 재직 중' 등 조건이 붙기도 합니다. 부동산에 안심전세대출이 가능한지를 물어보면 됩니다.

▌집에 대출이 많으면 가입 불가 집주인에게 집 담보 대출이 너무 많으면 세입자가 전세금 반환보증보험, 안심전세대출을 들 수 없습니다. 계산하기 복잡하다면 먼저 부동산에 물어보세요.

▌부동산에서 한 계약만 인정 공인중개사를 통해 거래한 집만 가능합니다. 계약서에 공인중개사 서명 날인이 있어야 하니 부동산을 끼고 거래를 해야 합니다. 즉 직거래는 해당이 안 됩니다.

▌집주인이 바뀌었다면? 만약 집주인이 바뀌었다면 약관에 기록된 대로 하면 됩니다. 대부분은 임대인 변경 신고를 해야 합니다. 새 집주인과 새로운 계약서가 필요한지는 보험 회사에 직접 물어봐야 하고요.

▌집주인 동의 없이 가능 그렇다면 집주인 동의 없이 가능할까요? 가능하지만 그래도 미리 이야기는 해두는 것이 좋습니다. 집주인에게 채권양도와 관련한 연락이 갈 텐데, 집주인이 시치미를 뗄 경우에는 가입이 안 될 수도 있으니까요.

> **▶ 특약 사항**
> • 임차인의 선순위 권리를 보장하며 대출 및 반환보증보험에 동의하고 적극 협조한다.
> • 부동산 목적물 또는 임대인 사정으로 가입 불가 시 본계약은 해지하고 보증금은 그대로 돌려받는다. (임차인이 원한다면) 즉시 보험 가능한 상태(근저당 감액 등)로 만든다.
> • 임차인은 보험 가입 가능한 시점이 되면 즉시 가입한다.

힘없는 세입자라 쫓겨났다면?
_ 임대차보호법

▌전세 계약, 일방적인 관계? 2022년 기준으로 자가 비율이 43% 정도입니다. 열에 여섯은 남의 집에서 살고 있는 셈이지요. 남의 집에서 살면 눈치가 보이는 게 사실입니다. 그렇다고 집주인한테 주눅 들 필요는 없습니다.

전월세 임대차계약을 '쌍무계약'이라고 합니다. 계약 당사자가 서로 대가적 의미를 가지는 상황, 즉 일방적인 관계가 아니라는 의미입니다. 집주인은 집을 빌려주면서 돈을 받고, 세입자는 집을 쓰는 대가로 돈을 주는 것이지요. 일정 기간이 지나면 집과 돈을 주고받고 계약 관계가 끝이 납니다. 집주인과 세입자는 일종의 비즈니스 관계로 대등한 사업 파트너인 셈입니다.

▌집주인과 세입자, 갑과 을 이론적으로만 생각하면 서로 대등한 위치가 되어야 하는데, 현실에서는 대등한 위치가 아닙니다. 마치 '기울어진 운동장'처럼 집주인이 힘을 갖고 있는 경우가 많지요. 세입자가 좀 더 당당해도 될 것 같은데, 그렇지 못한 경우가 많습니다. 사실 집주인 입김이 더 센 게 사실입니다.

　서로 좋은 게 좋은 거라는 말, 맞습니다. 괜히 집주인의 심기를 건드리거나 세입자와 사이가 나빠져서 득 볼 일이 전혀 없습니다. 꼬투리를 잡힐 수도 있고, 억울하게 쫓겨날 수도 있습니다. 자기에게 큰 피해를 주지 않는다면 집주인과 원만한 관계를 유지할 수 있습니다.

▌계약서가 전부가 아니다 집을 구하면서 관련 내용을 계약서에 적습니다. '금액, 기간, 특별한 약속'을 적고 도장을 찍어 서로 보관하지요. 그런데 현실에서는 계약서에는 기록되지 않은 다양한 일들이 벌어집니다. 예를 들어볼까요? 계약 만료로 세입자가 나간다고 가정해보겠습니다. 대부분의 집주인은 다음 사람의 전세금을 받아서 보증금을 돌려주려고 할 겁니다. "다음 세입자를 구해야 되니 누가 집을 보러 오면 협조 좀 해달라"는 이야기를 하겠지요. 계약서에 없는 내용이라면 세입자는 어떻게 해야 할까요?

　원칙대로는 지금 자신이 살고 있는 집을 남에게 보여줄 이유도 없고 의무도 없습니다. 집주인은 돈을 알아서 구해야 하고, 자기는 만기일에 돈을 돌려받으면 그만입니다. 그런데 집 보여주는 일을 협조하는 게 현실적으로 현명합니다. 자신이 어느 정도 용납이 가능한 선에서 말이지요. 왜냐하면 첫 번째는 집주인과 사이를 원만히 유지하기 위해, 두 번째는 자기가 오히려 아쉬운 소리를 해야 될 수도 있기 때문입니다.

이사 날짜가 맞지 않을 경우, 며칠 먼저 나가거나 더 살아야 할 경우, 이사 갈 집 계약을 위해 보증금을 일부만 미리 달라고 할 경우 등 변수는 많습니다. 그러니 집주인을 적으로 돌리면 상당히 피곤해질 수 있겠지요? 다만 어느 정도 선을 넘었다거나 피해가 예상된다면 단호하게 대처해야 합니다. 특히 보증금과 관련된 일이라면 물러서지 말아야 합니다. 보증금을 무사히 돌려받는 과정에 해를 끼치는 요구는 전혀 들어줄 필요가 없습니다. 단호하게, 그리고 정중하게 임하세요.

▌임차인한테 불리한 약정은 무효
다행히도 우리나라는 세입자를 보호하기 위한 법이 제법 잘 갖춰져 있습니다. 임대차보호법이 그렇습니다. 통상적으로 사회적 약자로 지칭되는 세입자를 보호하기 위한 제도입니다. 계약 기간에 쫓겨나지 않을 권리를 보장해주고, 보증금을 억울하게 떼이지 않게 하는 조항도 있습니다. 특히 '임차인한테 불리한 약정은 무효'라는 세입자에게 매우 유리한 내용도 포함되어 있습니다.

집주인의 무리한 요구에 고통을 받고 있다면 법대로 하면 됩니다. 보증금을 못 받거나 억울하게 쫓겨날 상황이라면, 단호하게 대처하고요. '계약 기간이 끝나는 날 원상복구를 하고, 보증금을 돌려받고 나가겠다'라는 원칙을 기본으로 하면 됩니다.

계약 종료 후 2년 더 살려면?
_ 계약갱신요구권·전월세상한제

┃한층 강화된 임대차보호법 주택임대차보호법에 더 강력한 조항이 등장했습니다. 소위 '임대차 3법'이라 불리는 것으로 계약갱신요구권·전월세상한제·임대차신고제입니다.

┃계약갱신요구권 임대차보호법은 임차인을 위한 슈퍼 조항입니다. 세입자는 계약이 끝났을 때 "나가라"는 말을 들으면 꼼짝없이 나가야 했지만 계약갱신요구권이 도입되면서 사정이 달라졌습니다.

　계약갱신요구권은 세입자가 원할 때 계약갱신을 1회 청구할 수 있는 권리입니다. 임대차 기간이 끝나기 6~2개월 전까지 요구할 수 있습니다. 이때 갱신되는 계약은 2년이고, 임대인은 정당한 사유 없이 세입자의 요구를 거절할 수 없습니다.

• 만기 6개월보다 빨리 해도 효력이 있나? - 만기 6개월 전에 요구한 경우라면 인정되지 않습니다(2020년 12월 10일 이후 최초 체결 또는 갱신 계약부터 적용). 6개월이 되는 시점 이후에 갱신을 요구해야 하지요. 만기 2개월까지 계약갱신요구권을 쓰지 않으면 묵시적 갱신으로 더 살거나 혹은 나가야 합니다.

• 임대인한테 '도달'해야! - 이때 중요한 점은 임대인에게 갱신요구가 도달해야 한다는 것입니다. 만약 기한이 10월 30일인데, 10월 30일에 우편을 발송한다면 어떻게 될까요? 기간 안에 도달하지 못한 걸로 됩니다. 다만 임대인이 받아야(수취해야) 하는 것은 아닙니다. 내용증명 등기로 보내고 반송되지 않았을 때, 임대인 가족 등이 받고 전해주지 않았을 때도 도달된 것으로 봅니다.

• 계약서, 새로 다시 써야 하나? - 집주인에게 갱신을 요구할 때 따로 정해진 방법은 없습니다. 문자메시지, 구두, 이메일, 서면 모두 가능합니다. 다만 반드시 증거를 꼭 남겨놓길 바랍니다. 문자메시지로 요구한 뒤에는 집주인의 답변을 듣는 것이 필요하고, 내용증명을 보낼 때는 봉투에 임대인 이름과 제목, '계약갱신요구'라고 써서 보내길 바랍니다.

• 첫 전세 계약서에 '갱신요구 불가'라고 썼다면? - 이와 상관없이 갱신요구가 가능합니다. 계약갱신요구권을 행사하지 않기로 한 사전

약정은 주택임대차보호법상 효력이 없으니까요. 법령에 "임차인에게 불리한 것은 그 효력이 없다"라고 규정하고 있습니다.

• 계약갱신 후에 2년을 반드시 살아야 하는가? – 계약갱신 이후 임대차계약 기간은 2년으로 봅니다. 그러나 임차인은 언제든지 임대인에게 계약 해지를 통보할 수 있고, 해지 효력은 그로부터 3개월 뒤에 발생합니다.

• 집주인이 자기가 살겠다고 나가라고 한다면? – 계약 기간이 끝나면 나가야 합니다. 집주인과 직계가족이 실거주를 이유로 갱신요구를 거부할 수 있습니다.

　그런데 임대인이 실거주를 하겠다고 말하고는 다른 세입자를 받았다면, 이때 손해배상 청구가 가능합니다. 손해배상 금액 산정 방법은 다음과 같습니다.

• (1) 임대인과 임차인 간 손해배상 예정액
• (2) '(1)'이 없는 경우 법정 손해배상 예정액 중 가장 큰 금액
　① 갱신 거절 당시 월 단위 임대료(전세금은 전액 월세로 전환, 법정 전환율 4% 적용) 3개월분에 해당하는 금액
　②『임대인이 새로운 임차인에게 임대하여 얻은 월 단위 임대료-갱신 거절 당시 월 단위 임대료』의 2년분에 해당하는 금액
　③ 갱신 거절로 인해 임차인이 입은 손해액

▌전월세상한제 전월세상한제는 계약갱신요구권과 세트입니다. 계약갱신 시에 임대료 증액 상한선을 5%까지로 제한한 것이지요. 협의하에 올릴 수 있다고 되어 있어서 애매한 부분이 있습니다. 임대인이 5%까지 요구할 수 있는데, 임차인이 반드시 수용하란 법은 없으니까요. 이때 의견 차이가 좁혀지지 않으면 분쟁조정절차, 더 나아가 소송까지 가기도 합니다.

5%보다 더 올리고 싶다면, 협의하에 가능합니다. 다만 계약갱신이 아닌 새로운 계약의 시작으로 봅니다. 임차인이 계약갱신요구권을 쓰지 않은 상태로 나중에 요구할 수 있습니다.

집주인이 보증금을 안 돌려주면
어떻게 대응해야 하나?

▌현실적인 대응 방법 5단계   전세가 잘 안 나가면 집주인뿐만 아니라 지금 살고 있는 세입자에게도 문제가 생깁니다. 계약 만료일에 보증금을 돌려받기가 어려울 수도 있다는 뜻이니까요. 전세를 살다가 나갈 때는 자신이 나가는 날짜에 돈을 바로 돌려받는 게 원칙입니다.

그럼에도 받지 못하는 경우가 있습니다. 만약 집주인이 돈이 없어서 전세 보증금으로 돌려막기 하는 경우라면 어떨까요? 자신의 돈으로 보증금을 돌려줄 상황이 안 된다면 어떨까요? "다음 세입자를 구하면 그 돈으로 돌려주겠다"라고 말하는 임대인이 많을 겁니다. 이럴 때 어떻게 해야 할까요?

자신이 '잠깐 맡겨 놓은 돈'을 돌려받겠다는데, 이게 남의 눈치를 봐야 할 일인가요? 언제일지 모를 다음 세입자가 들어오기만을 마냥 기다려야 할까요? 소송으로 가라는 이야기도 있지만, 사실 쉬운 길은 아닙니다. 그래서 현실적인 대응 방법을 살펴보겠습니다.

• 1단계. 주의 – 임대차계약은 말 그대로 계약입니다. 계약 기간만큼 살다가 계약 만료일에 짐을 빼고 돈만 돌려받으면 됩니다. 이를 '동시이행'이라고 하지요. 퇴거와 보증금 반환은 동시이행 관계입니다. 그런데도 집주인이 "다음 세입자를 구해야 돈을 내줄 수 있다"라고 한다면 어떨까요? 생각보다 자주 볼 수 있는 모습입니다.

　이런 일이 생기기 전에 미리 '약을 쳐야' 합니다. "계약 내용 그대로 이행하겠다. 만기일에 정확히 나갈 예정이니 그날 보증금을 돌려받겠다"라고 말이지요. 집주인이 돈이 없다는 이야기를 하더라도 원칙을 고수하세요. "그건 당신 사정이고, 나는 당신이 돈을 어떻게 구하든지 그건 내가 신경 쓸 부분이 아니다. 그러니 그런 이야기는 나한테 할 필요가 없고, 만기일에 나가면서 돈을 돌려받겠다"라고 주장하세요. 이게 원칙입니다.

• 2단계. 압박 – 한 번 더 강력하게 나갈 필요도 있습니다. "계약대로 이행할 준비가 되어 있다. 계약 만료일에 나갈 것이니, 보증금을 안 돌려준다면 상응한 조치를 취하겠다"라고 말이지요. 집주인에게 '이대로 어영부영 넘어가려고 하다가는 정말 큰일 나겠네. 어떻게든 돈을 마련해야겠다'라는 생각이 들게 말이죠. 말로는 돈이 없다고 하지

만, 진짜로 궁지에 몰리면 집주인이 돈을 마련해올 것입니다. 이때는 전화나 문자메시지는 물론이고, 내용증명까지 보내는 것이 좋습니다.

• 3단계. 경고 – "계약 만료일에 보증금을 돌려주지 않을 경우, 임차권등기명령을 신청해서 등기부등본에 '빨간 줄'이 생길 수도 있다. 그러면 다음 세입자를 구하기 힘들 것이다"라는 식으로 앞으로의 상황을 이야기해보세요. 이때 정중하고 공손하게 이야기하세요. 대부분 이 단계에서 집주인이 백기를 듭니다.

대다수의 세입자들이 현재 사는 집에서 보증금을 돌려받지 못하면 이사 갈 집의 잔금을 치르기가 어려울 겁니다. 자산의 대부분이 보증금으로 묶여 있을 테니까요. 그러니 이 점을 강조하면 좋습니다.

"보증금을 못 돌려받으면 이사 갈 집의 계약금도 날릴 판이다. 나도 그런 결과는 원치 않는데, 혹시라도 그렇게 되면 그 손해는 어떻게 보상받겠느냐. 원인을 따져보면 지금 보증금을 못 받아서 날리는 돈이 아니겠냐. 서로에게 가장 최악의 결과가 생기는 거다"라며 자기 상황을 설명하되, 압박을 하면서 물러서지 않겠다고 강조해보세요.

• 4단계. 공감 – 집주인을 완전히 적으로 상대하는 태도는 상당히 위험합니다. 일정 수준을 넘어가면 아예 '나도 모르겠다' 하는 집주인이 생겨서 서로 피해를 보니까요. 그러니 집주인을 압박하면서도 '우리는 결국 같은 배를 탄 동지'라는 생각을 심어주세요. "나 역시 당신의 입장을 충분히 이해한다. 만약 안 될 경우를 대비해서 다른 방법

으로 돈을 마련해달라. 대신 집을 보여줘야 할 일이 있다면 적극 협조하겠다. 지금까지 깨끗하게 살았고 깔끔한 모습으로 맞이할 테니 신경 써서 내놓으시라" 하며 협조하는 방법입니다.

• 5단계. 회유 - 전세 보증금을 낮추게 하는 것도 한 방법입니다. 누구나 보증금을 더 받고 싶겠지요. 그러나 전세가 안 나간다면 더 싸게 내놓아야 합니다. 집 근처 부동산에 시세와 분위기를 물어보세요. "앞으로 한 달 안에 나갈 전세가가 얼마인지, 얼마면 지금 계약할 사람이 있겠는가"라는 질문이 효과적입니다. 그런 다음 집주인한테는 가장 낮은 가격으로 내놓게 해야 합니다.

또한 세입자가 직접 부동산 중개사와 만나는 것도 좋습니다. 집주인은 대개 멀리 있어서 상황을 잘 모릅니다. 보통 집주인은 거래하던 곳에만 연락하려고 합니다. 하지만 세입자도 아쉬운 상황인 만큼 집주인에게 현재 안 나가는 상황을 이야기하고, 다른 부동산에도 직접 내놓는 것이 좋습니다.

┃보증금 일부만 받고 나가면 위험! "보증금의 일부를 먼저 줄 테니 먼저 나가라"고 하는 집주인도 있습니다. 그런데 이때 주민등록상 주소 이전은 절대 하면 안 됩니다. 대항력 때문이지요. 혹은 임차권 등기 명령을 하면 됩니다. 그래도 웬만하면 계약 만료일에 보증금을 전부 돌려받는 게 가장 안전하고 뒤탈이 없습니다.

집주인이 블랙리스트라면
반환보증보험 가입이 안 되나?

┃반환보증보험, 선택이 아닌 필수 전세금 반환보증보험 가입이 선택이 아니라 반드시 필수인 시대가 되었습니다. 집주인이 계약 만료 시에 보증금을 돌려주지 않는다면 보증 회사가 먼저 보증금을 돌려줍니다. 최근 들어 전세 사기가 횡행하면서 반환보증보험에 가입하는 세입자도 늘고 있습니다.

┃집주인이 채무자 혹은 블랙리스트? 반환보증보험은 주택담보 대출이 적거나 없고, 매매가 대비 전세가가 적당하다면 가입이 가능합니다. 그러나 집주인이 보증 회사에 채무자 또는 블랙리스트로 올라 있다면 전세금 반환보증보험에 가입하지 못할 수도 있습니다. 보통 현재 사는 집에 이전 세입자가 보증보험을 청구한 이력이 있는

경우입니다. 즉 보증사고가 있을 경우에 문제가 됩니다. 어떤 집주인이 전세를 줬는데, 세입자에게 전세금을 제때 내주지 않아 세입자가 보증 회사로부터 돈을 받았을 때이지요. 이때 집주인은 보증 회사에 의해 채무자 혹은 블랙리스트에 올라갑니다. 그러면 이후에 다른 세입자가 들어온다고 해도 전세금 반환보증보험에 가입을 못할 가능성이 아주 높습니다.

┃보증사고 이력 확인은 이렇게! 보증사고 이력을 확인하는 방법은 3가지입니다. '집주인에게 직접 물어보기, 보증 회사에 문의하기, 등기부등본 확인하기'입니다.

먼저 집주인한테 확인합니다. 반환보증보험이 되는 집인지, 보증사고 이력이 있는지를 물어봅니다. 보증 회사에도 문의가 가능하지만 개인정보 등의 이유로 이력을 알기 어려울 수가 있습니다. 가장 간단한 방법은 등기부등본을 확인하는 것입니다. 등기부등본 을구에 ○○보증보험, HUG, HF 등에서 가압류가 걸려 있다면 보증사고를 냈다는 것입니다.

이때 등기부등본은 현재 유효사항이 아닌 '말소사항 포함'으로 뽑아봐야 합니다. 이전에 기록되었다가 없어진 내용까지 나오니까요. 보증사고를 낸 적이 있다면 다시 가입이 안 될 수도 있습니다. 부동산 사무실에 '말소사항 포함'으로 뽑아달라고 요청하면 됩니다. 이력이 있는 집이라면 재차 보증보험이 가능한 집인지를 확인하길 바랍니다.

각 보증 회사별로 보증사고 이력이 연계되어 있지 않으므로, 미리 확인해보는 것이 좋습니다. 서울보증보험에서 보증사고가 있었더라도 주택도시보증공사에는 가입할 수 있으니까요. 이르면 2023년 9월 말부터 보증금을 상습적으로 떼먹은 악성 임대인이 공개됩니다. 주택도시보증공사(HUG) 기준 3년 이내 2건 이상, 2억 원 이상 보증사고를 일으킨 임대인의 이름과 나이, 주소, 미반환 금액 등을 알 수 있습니다. 국토교통부와 HUG 홈페이지, 안심전세앱 등에 나타납니다.

> ▶ **특약 사항**
> • 임차인은 전세금 반환보증보험을 들 예정으로 임대인은 이에 동의하고 협조한다. 다만 임대인 또는 본부동산 목적물의 사정으로 (또는 임차인 귀책이 아닌 사유로) 보증보험 불가 시, 받은 돈은 즉시 돌려주고 계약은 없던 일로 한다.

세금 줄이는 월세 세액공제,
어떻게 신청해야 하나?

▌월세 세액공제 전세는 전 세계에서 우리나라에만 있는 독특한 주거 형태입니다. 우리나라의 전월세 비율을 보면, 전세가 월등히 높습니다.

월세는 전세보다 돈이 더 많이 들어가니까 사람들이 기피하는 경향이 있습니다. 하지만 최근 고금리 기조가 맞물리면서 월세가 늘고 있습니다.

게다가 월세는 세액공제가 가능하다는 장점도 있습니다. 월세 세액공제란 무주택 세대주인 근로소득자가 월세를 낸 금액의 비율만큼 세액공제를 해주는 제도입니다. 세액공제를 받으면 세금을 덜 내는 효과가 있습니다.

소득 조건과 공제율

월세 세액공제를 받기 위한 소득 조건은 해당 과세 기간(1월 1일~12월 31일) 동안 총 급여액 7천만 원 이하일 경우 12%(종합소득금액이 6천만 원 초과 시 제외), 5,500만 원 이하일 경우 15%(종합소득금액 6천만 원 초과 시 제외)입니다.

주택 조건

국민주택 규모(전용 85m²) 이하 또는 기준시가 3억 원 이하인 주택(오피스텔·고시원 포함)으로, 임대차계약서 주소지와 주민등록상 주소지가 같아야 합니다.

750만 원까지 공제 가능

월세를 무한정 공제받을 수 있는 것은 아닙니다. 월세액의 12%(15%)를 세액에서 공제합니다. 연간 월세 지급액 중에서 750만 원까지 종합소득세 산출 세액에서 공제할 수 있습니다. 한 달에 100만 원씩 1년에 1,200만 원을 냈을 경우에 그중 750만 원까지만 가능합니다. 여기에 12% 또는 15%를 계산한 것이 최종 금액입니다.

신청 방법 및 제출 서류

세액공제 신청은 세무서에 직접 방문하거나 우편, 국세청 홈페이지(www.hometax.go.kr)에서도 가능합니다. 제출해야 할 서류는 임대차계약서 사본, 주민등록등본 또는 초본(주소 이력 표기), 월세 거래 증빙 서류(입금증, 이체 내역, 임대인 영수증 등)입니다.

┃중도에 회사를 관뒀을 경우　연말정산을 못했다면 종합소득세 신고 기간에 하면 됩니다.

┃집주인의 허락이 필요한가?　월세 세액공제는 집주인의 허락이 필요 없습니다. 집주인의 허락 여부와 상관없이 세입자가 신청하면 됩니다.

┃계약서에 '세액공제 금지' 조항을 넣었다면?　간혹 임대차계약 때 '세액공제를 신청하지 않는다' '전입신고를 하지 않는다'라는 조건이 붙었다면 좀 더 확인이 필요합니다. 임대차보호법상 임차인한테 불리한 특약은 무효이므로, 세액공제를 신청해도 상관없을 가능성이 큽니다. 다만 실제 소송으로까지 이어졌을 때는 상황과 내용에 따라 달라지므로 100%라는 보장은 없습니다.

　세액공제나 전입을 하지 말라는 경우라면 임대인의 세금이나 주택 수와 관련된 문제가 엮일 수 있습니다. 세입자와 직접적인 상관은 없지만 송사에 휘말리면 곤란해질 수 있습니다. 그러니 이런 집은 아예 피하거나 집주인과 먼저 협의하는 게 좋습니다.

┃깜빡 잊고 신청을 못 했다면?　월세 세액공제는 해당 연도 연말정산 때 미처 못 했더라도 5년 이내에만 청구하면 공제받을 수 있습니다.

▌고시원·오피스텔·기숙사도 가능한가? 조건에만 부합하면 고시원과 오피스텔도 세액공제가 가능합니다. 다만 기숙사는 세액공제를 받을 수 없습니다.

▌보증금 대출 상환액 소득공제란? 월세 세액공제와는 별도로 전세금·월세보증금 대출 상환액에 대한 소득공제도 있습니다. 원리금 상환액에 대해 연 400만 원 한도로, 40% 소득공제가 가능합니다. 같은 세대에서 월세 세액공제와 주택자금 관련 소득공제를 동시에 받을 수는 없습니다.

신축 전세를 구할 때
무엇을 주의해야 하나?

▌신축 아파트 전세를 구할 때 주의사항! 생각만 해도 설레는 이사! 특히 이사 갈 집이 '신상'이라면 그 기분은 이루 말할 수 없겠지요. 새집의 대표가 바로 신축 아파트입니다.

그런데 미등기 분양권 상태에서 전세 계약을 하는 일이 생소할 겁니다. 미등기는 등기부등본에 기재되지 않은 집을 뜻합니다. 아파트가 다 지어지기 전에 전세 계약을 치르기 때문에 낯설고 두려운 부분도 있을 겁니다. 지금부터는 신축 전세를 구할 때 알아두어야 할 내용을 살펴보겠습니다.

신축 아파트의 집주인이라면 잔금을 어떻게 치르는지 알아야 합니다. 분양을 받아서 계약금을 내고 중도금 대출을 받은 뒤, 전세 보증금을 받아서 잔금을 내려고 할 겁니다. 계약을 하고서 전세 잔금일에 보증금을 주면 집주인이 그 돈으로 입주 잔금을 치르는 것이지요. 이에 따른 몇 가지 절차들은 다음과 같습니다.

• 전세 계약 → 대출 신청 → 입주 지정 기간 → 보증금을 집주인에게 송금 → 집주인은 중도금 대출 상환, 분양 잔금, 옵션 잔금, 선수관리비 납부 → 집 열쇠 불출 → 집 열쇠 인수인계 → (소유권 이전등기 신청 접수)

▎전세 계약 전세 계약을 미리 하는 사람들이 많을 겁니다. 입주 기간 전에는 집 내부를 직접 볼 수 없습니다. 아파트 단지 출입이 가능한 시기는 건설사에서 지정하는 '입주 지정 기간'입니다. 보통은 입주 기간 1~2개월을 앞두고 정확한 날짜가 정해집니다.

만약 신축 전세를 얻을 때 ○○년 ××월로 예고되어 있다면, 월말로 예상하고 이사를 준비하길 바랍니다. 기간이 언제로 정해질지 정확히 모르므로 안전한 날짜로 계획하는 것이 좋습니다.

▎이사 예약 신축 아파트는 입주 지정 기간이 되어야 이사가 가능합니다. 대개는 입주 2~3개월 전에 이사 예약 방식이 정해집니다. 이사하는 날이 몰리는 것을 방지하기 위해서입니다.

▎미등기 집주인 확인 입주 잔금을 치르기 전에는 등기부가 없는 상태이므로 계약 당시의 분양계약서, 신분증을 확인해야 합니다. 이때 건설사에 전화로 소유주 인적사항을 확인하면 좀 더 안전합니다.

▋중도금 대출을 받았는데 무용자? 신축 전세를 계약할 때 '무융자'라는 표현을 들어본 적이 있을 겁니다. 이는 집주인이 주택담보 대출을 받지 않는다는 뜻이지만, 분양 당시에 신청한 중도금 대출과는 상관없습니다. 중도금 대출은 입주 잔금 때 무조건 갚아야 하는 돈입니다. 그러니 무융자라는 것은 중도금 대출과 상관없이 잔금 대출을 받지 않겠다는 뜻으로 해석하면 됩니다.

▋전세 대출이 누구나 가능한 것은 아니다 전세자금 대출을 받는 경우가 많아졌습니다. 간혹 집주인 사정이나 신축 아파트라는 특성상 전세 대출에 제한이 있는 경우가 있지요. 정부 지원 대출, 신혼부부 버팀목 대출 등이 안 될 수 있습니다. 이는 소유권 미등기 상태인 집이라서 그렇습니다.

그러니 먼저 은행이나 기관에 이렇게 확인해보세요. "신축 아파트라 내 전세금을 받아서 소유주가 입주 잔금을 치르고 소유권 이전등기를 한다고 해요. 이런 상황에서 어떤 대출을 받을 수 있는지, ○○ 전세대출이 가능한가요?"라고 말이지요.

▋안심전세대출은 미리 확인하기 앞서 살펴본 안심전세대출을 보겠습니다. 은행에서 대출해주면서 전세금 반환보증보험까지 함께 들어주는 것입니다. 그런데 신축 아파트는 해당이 안 될 수도 있습니다. 집을 구하기 전에 안심전세대출을 받을 것이라고 미리 이야기를 해두세요. 집주인의 대출과 전세 보증금을 합친 값이 집값보다 많

으면 대출이 안 나옵니다. 경우에 따라서는 집주인이 최초 분양자일 것, 세입자가 같은 직장에서 1년 이상 재직하고 있을 것 등의 조건을 요구하기도 합니다.

▌전세보증보험　신축 아파트의 경우에는 처음에 입주하면서 전세보증보험을 바로 가입하지 못할 수도 있습니다. 등기부상의 소유주가 기록되기까지 시간이 걸리기 때문이지요. 때에 따라서는 전세 잔금을 치르고 몇 개월 더 기다려야 할 수도 있습니다.

▌잔금일　잔금일에는 바쁩니다. 보증금만 낸다고 해서 곧바로 집에 들어갈 수 있는 게 아닙니다. 집 열쇠를 집주인이 아닌 건설사에서 보관하고 있기 때문이지요. 집주인 역시 집 열쇠를 받으려면 여러 절차를 거쳐야 합니다. '보증금 전부 보내기 → 중도금 대출 갚기, 아파트 잔금 치르기, 선수관리비 내기 → 상환영수증 등 받기 → 완납증명서 받기 → 집 상태 확인하기 → 키 등 불출물 받기'의 과정을 거칩니다. 보증금 전부를 보내는 일은 세입자가 해야 할 일이고, 나머지는 집주인이 해야 할 일입니다.

▌등기는 그날 안 된다!　신축 아파트는 미등기 상태의 주택입니다. 입주 전에는 등기부에 소유주가 나오지 않지요. 집주인이 소유권 이전등기를 하기 전인데, 입주 잔금을 다 낸 뒤에 등기를 신청·접수할 수 있습니다. 등기부에 집주인의 이름이 나오기까지 적게는

1~2주에서 많게는 몇 달 이상 걸리기도 합니다.

소유권보존은 소유주 이름이 아닌 건설사 이름으로 보존등기가 먼저 되었다가 소유주가 잔금을 다 내고 소유권 이전등기를 완료한 상태입니다.

소유권보존

[집합건물] 인천광역시 ▒▒▒▒▒▒▒▒▒▒▒▒▒▒▒▒▒▒▒▒▒▒▒▒▒▒▒▒▒▒

【 표 제 부 】 (전유부분의 건물의 표시)				
표시번호	접 수	건 물 번 호	건 물 내 역	등기원인 및 기타사항
1	2021년9월1일	제17층 제1703호	철근콘크리트구조 84.9257㎡	

【 갑 구 】 (소유권에 관한 사항)				
순위번호	등 기 목 적	접 수	등 기 원 인	권리자 및 기타사항
1	소유권보존	2021년9월1일 제361852호		소유자 주식회사▒▒종합건설 ▒▒▒▒▒▒▒▒▒▒▒▒
1-1	금지사항등기		2021년8월27일	이 주택은 부동산등기법에 따라 소유권보존등기를 마친 주택으로서 입주예정자의 동의 없이는 양도하거나 제한물권을 설정하거나 압류, 가압류, 가처분 등 소유권에 제한을 가하는 일체의 행위를 할 수 없음 2021년9월1일 부기
2	소유권이전	2021년10월20일 제▒▒▒▒호	2018년11월28일 매매	소유자 ▒▒▒ ▒▒▒▒▒▒ 이전 ▒▒▒▒▒▒▒▒▒▒▒▒ ▒▒▒▒▒▒▒▒▒▒▒▒
3	1-1번금지사항등기 말소			소유권이전등기로 인하여 2021년10월20일 등기

【 을 구 】 (소유권 이외의 권리에 관한 사항)				
순위번호	등 기 목 적	접 수	등 기 원 인	권리자 및 기타사항
1	근저당권설정	2021년10월20일 제▒▒▒호	2021년10월20일 설정계약	채권최고액 ▒▒▒▒▒▒▒▒ ▒▒▒ ▒▒▒▒ ▒▒▒▒▒▒▒▒▒▒▒▒ ▒▒▒▒▒▒▒▒▒▒▒▒

┃하자 접수 및 신청 사전점검 때 보통 집 상태를 확인합니다. 그런데 살면서 발견되는 하자가 있습니다. 이때는 주저하지 말고 아파트 AS센터에 하자 접수를 하세요. 시간이 걸리더라도 하자를 접수하면 AS팀에서 하자를 확인하러 옵니다.

▶ **특약 사항**

• 잔금일은 입주 지정 기간이 발표되면 양측 협의하에 정한다. 다만 임차인은 늦어도 입주 지정 기간 종료일까지는 잔금을 치르기로 한다.

• 집주인은 보증금 잔금을 받는 즉시 입주 잔금 등을 치르고 임차인 입주에 차질 없도록 진행한다.

• 집주인은 주택담보 대출을 받지 않는다. 다른 권리 침해 요소도 만들지 않는다.

• 임차인은 하자 발생 시에 관련 부서에 적극 요청함으로써 본부동산 목적물에 피해 및 손해가 가지 않게 한다.

8장

똑똑한
임대인이 되는 법

8장은 '집주인의 고민'입니다. '건물주=갓물주'로 불리며 많은 이들의 꿈이 되고 있습니다. 고단한 현실을 위로해줄 건물주의 삶. 하지만 그 과정은 생각보다 험난합니다. 임차인과의 원만한 관계 유지는 필수입니다. 법을 제대로 알고 적용해야 어려움을 피할 수 있습니다. '임대인=건물주'로서 겪는 고민을 해결해드리겠습니다.

신축 아파트 전세 놓기,
어떻게 진행해야 하나?

▎신축 아파트 전세 놓는 방법, 집주인 편　청약에 당첨되거나 분양권을 매수해서 신축 아파트를 얻었는데, 당장 입주할 상황이 안 된다면 전세를 놓는 방법이 있습니다. 이때 가장 중요한 것이 '전세금을 얼마나 받을 수 있을 것인가'입니다. 전세 보증금은 2가지 측면에서 생각해야 하는데, '필요한 돈이 얼마인가?'와 '실제로 얼마를 받을 수 있을까?'입니다.

▎필요한 돈이 얼마인가?　여기에서 말하는 '필요한 돈'이란 받고 싶은 금액을 말합니다. 보증금을 많이 받으면 좋겠지만 진짜 필요한 돈은 정해져 있습니다. 보통 전세를 내놓으면서 "전세금으로 입주 잔금을 치르고 싶다" 정도의 계산 말이지요.

이미 분양 계약금 10%는 다 낸 상황일 겁니다. 입주를 위해 남은 돈은 분양가의 90%이고요. 분양가가 4억 원이라면 4천만 원은 이미 낸 상태이므로 남은 3억 6천만 원이 전세금의 기준이 됩니다.

그리고 '실제로 얼마를 받을 수 있는지'는 '실제로 3억 6천만 원을 받을 수 있는가?'라는 문제입니다. 이는 주변의 시세, 전세를 구하려는 수요와 전세 매물을 봐야 알 수 있습니다. 더 나아가 부동산 분위기, 정부 정책과 대출 규제 등도 함께 따져봐야 합니다.

만약 주변 집들이 낡고 오래되었다면 신축이 좀 더 돋보이겠지요. 반대로 주변 아파트가 신축보다 입지나 환경, 세대수 면에서 앞선다면 그 가격 이상으로 받기는 어려울 것이고요. 신축 세대수가 많거나 물량이 많아서 전세 공급도 많다면 전세가는 내려갑니다.

▎전세를 언제부터 내놓을까?

보통 신축 아파트라면 입주 3개월 전부터 전세 세입자를 찾기 시작합니다. 이때는 계약이 많이 이루어지는 시기는 아닙니다. 입주를 앞두고 사전점검을 할 때부터 전세 수요가 늘어나지요. 대부분의 계약은 입주 후부터 시작됩니다. 많은 세입자들이 실제로 집을 보고 선택하려고 하니까요.

전세 거래의 약 70% 정도가 입주 지정 기간에 이루어지고, 대부분은 입주를 시작하고 2개월 안에 마무리됩니다. 분위기를 보려면 입주 6개월 전부터, 아니면 입주 2개월 전부터 내놓으면 됩니다. 늦더라도 사전점검 때는 부동산에 매물을 내놔야 원하는 기간을 맞출 수 있습니다.

┃분양계약서와 신분증 사진 전세를 놓기 전에 분양계약서와 신분증을 찍어서 저장해두면 좋습니다. 부동산에서 전세 매물 광고를 올릴 때 분양계약서 사진이 있으면 '집주인 인증'으로 올릴 수 있으니까요. 집주인 인증은 다른 인증 방식보다 상단에 노출되므로 광고 효과가 있습니다.

집주인 인증 매물

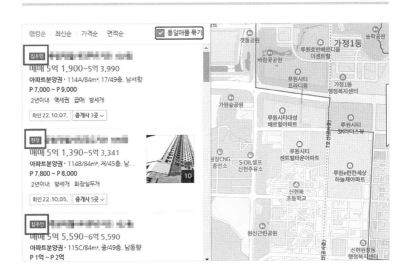

입주 무렵에는 신분증 사진이 필요한 경우도 있습니다. 입주가 시작되면 부동산에서 각 집에 방문하고 집을 보여줍니다. 잔금을 치르기 전에는 열쇠를 입주지원센터에서 보관합니다. 집주인 혹은 대리 권한을 위임받은 사람(보통 부동산)만 열쇠를 받을 수 있습니다. 부동산에서 집 보여달라고 할 때마다 집주인이 일일이 쫓아가서 문을 열어줄 수는 없으니, 키를 받는 과정을 부동산에 위임합니다. 이때 입주지원센터에서는 위임장과 집주인 신분증 사본 등으로 확인합니다. 그러니 신분증 사진을 부동산에 전송해주는 경우가 많습니다.

때에 따라서는 집주인이 입주지원센터를 먼저 방문해서 이야기해둘 수도 있습니다. "전세를 놓을 테니 ○○부동산에서 오면 열쇠를 내어달라"고 말이지요. 아파트마다 방식이 다르므로 입주지원센터에 확인한 다음 절차를 따르면 됩니다.

▎옵션은 다다익선! 신축 아파트마다 옵션이 다양합니다. '옵션 장사'라고 할 만큼 옵션에 힘을 쏟은 건설사도 많지요. 그만큼 소비자의 취향에 따라 선택이 가능합니다.

신축 전세에서 가장 기본이 되는 유상 옵션은 바로 시스템 에어컨입니다. 요즘에는 시스템 에어컨을 안 하면 마이너스 요소가 될 정도로 세입자들이 많이 찾는 옵션입니다. 만약 분양 계약 시에 시스템 에어컨을 선택하지 않았다면, 집주인이 입주 무렵에 설치해주는 것도 괜찮은 방법입니다.

이외에도 중문, 줄눈, 탄성, 식기세척기 설치, 블라인드 설치 등 옵션들이 많으면 많을수록 좋습니다. 특히 유상 옵션 중에 공간 선택형이 있습니다. 주방 강화형, 알파룸·팬트리 선택형 등이 있는데, 구조는 웬만하면 대세를 따르는 것을 권장합니다. 예를 들어 우리 아파트 단지에서 알파룸이 팬트리보다 많다면 알파룸을 선택하는 것이 좋습니다.

| 첫 도시가스는 집주인이! 신축 집의 도시가스는 임대인이 연결해줍니다. 주방에 도시가스 연결하는 비용을 임대인이 내는 것이지요. 집주인은 사람이 살 수 있는 집의 상태로 만들어서 세를 줘야 할 의무가 있으니까요. 도시가스는 필수 시설로 보기 때문에 임대인이 해결합니다. 보통은 세입자가 설치하면서 돈을 내고, 집주인에게 청구하는 방식입니다.

| 보증금 받아서 아파트 잔금 치르기 전세만 잘 맞췄다면 잔금 치를 걱정은 덜어도 됩니다. 전세 보증금으로 아파트 잔금을 치르면 되니까요.

전세 잔금일에는 바쁩니다. 전세 보증금을 받아서 중도금 대출을 갚고 아파트 입주 잔금을 치릅니다. 선수관리비를 내고 시설물 체크를 한 뒤 입주센터에서 열쇠를 받아 세입자에게 건네줍니다. 이날에는 취등록세 등기 비용도 내야 하니 돈을 준비해둡니다. 하루 만에 수많은 일들이 동시에 이뤄집니다. 제일 첫 순서는 전세 잔금을 받는 일이기에 가급적이면 시간대를 오전으로 잡는 것이 좋습니다.

<잔금 치르는 과정>
- 전세 보증금 받기 → 중도금 대출 갚기(은행 내방 또는 팩스) → 건설사 잔금 납입(영수증) → 중도금 대출 상환 증빙(영수증) → 선수관리비 납부(영수증) → 주택 내부 확인 → 시설물 인수 → 세입자에 시설물(불출물) 인계 → 소유권 이전등기 신청 → 취득세 등 납입

┃소유권 등기 신축 아파트는 등기부에 소유주가 표시되지 않은 상태에서 입주를 하게 됩니다. 잔금을 치르기 전에는 회사 이름으로 소유권 보존등기만 된 상태이고, 집주인이 잔금을 치르고 나야만 자신의 명의가 등기부에 기록됩니다. 이것을 소유권 이전등기라고 합니다.

등기를 하는 방법은 집단등기·개별등기·셀프등기로 나뉩니다. 쉽게 말해 집단등기는 지하철에, 개별등기는 택시에, 셀프등기는 자가용에 비유할 수 있습니다.

가장 많이 선택하는 방식이 집단등기입니다. 입주 예정자들이 법무사 사무실을 선정하고 일괄적으로 등기 처리를 하는 방식이지요. 지하철처럼 여러 사람이 한꺼번에 이용합니다. 입주 예정자 개개인이 일일이 알아볼 필요도 없고, 딱히 신경 쓸 것도 없습니다. 대신 단체로 이용하다 보니 개인의 편의는 덜 고려되는 편입니다.

개별등기를 택시에 빗댄 이유는 스스로 섭외하고 혼자 이용해서 그렇습니다. 그런 만큼 집단등기보다 조금 더 비쌉니다. 가끔 신축 전세에서 개별등기를 해야 하는 경우가 있습니다. 전세로 들어오는 임차인이 특정한 전세 대출을 받는다면, 그때는 집단등기가 아니라 개별등기를 해야 할 수도 있습니다. 그리고 주택담보 대출을 먼저 받고 전세를 줄 때에도 개별등기를 해야 할 수 있습니다.

셀프등기는 자가용을 직접 몰고 가는 것에 빗댈 수 있습니다. 혼자 모든 일을 해야 하지요. 비용을 아끼기 위해 셀프로 하는 사람들이 더러 있는데, 신축 아파트는 개인이 직접 하기에는 어려운 면이 있습니다. 신탁등기가 되어 있고 건설사에서 필요한 서류를 받아야 하기 때문에 번거롭기도 합니다.

┃특약 신축 아파트 특성에 따른 특약이 있습니다. 특히 새집에 입주한 후 2년간은 AS 기간이 계속됩니다. 집주인의 입장이라면 하자 관리에 신경 써야 합니다. 그런데 집주인이 직접 관리를 못하기에 세입자에게 전적으로 맡길 수밖에 없지요. 그러니 하자 관리 내용을 특약에 쓰는 것을 추천합니다.

> **▶ 특약 사항**
> • 세입자는 선량한 관리 의무를 지며, 하자 관리에 적극적으로 임한다.
> • 하자 발견 시 관련 부서에 즉시 보수를 요청하며 점검 및 수리에 적극 협조한다.
> • 하자 관리 및 접수 등을 불성실하게 해서 목적물에 피해를 입혔을 경우, 손해배상 등으로 책임진다.

신축 전세 1년 6개월이
집주인에게 좋은 이유는?

▌집주인을 위한 계약 기간 깨알 팁! 전세 계약 기간은 2년이 일반적입니다. 전세를 1년 6개월이나 3년으로 약정하는 경우는 특이한 경우입니다. 그래서 집주인들도 2년이 아닌 계약은 꺼려하는 편입니다. 1년 6개월만 계약하자고 하면 거절하는 경우도 있고요.

▌신축은 1년 6개월·3년이 유리 그런데 1년 6개월이나 3년 전세 계약이 더 좋을 때가 있습니다. 특히 신축 아파트에 입주할 때 이런 세입자가 있다면 환영해야 합니다. 신축 아파트 전세 줄 때 2년을 고집할 필요가 없는 이유를 살펴보겠습니다.

신축 아파트라면 전세 빼기가 쉽지 않습니다. 물량이 한꺼번에 쏟아지기 때문이지요. 시간이 지날수록 처음 예상했던 가격보다 내려

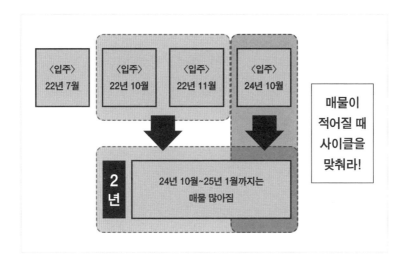

가는 경우가 많습니다. 물량이 많아서 계약이 어려울 때라면 세입자에게 이것저것 해줘야 하는 상황도 많지요. 시스템 에어컨은 물론이고 여러 유상 옵션들을 설치해야 하는 경우도 생깁니다.

입주 2년 뒤인 계약 만기 시즌이 돌아올 때의 전세 물량은 어떻게 될까요? 그때도 마찬가지로 전세 물량이 많을 겁니다. 처음 입주할 때보다는 적겠지만, 그래도 공급이 몰리는 시기는 입주 2년 뒤입니다. 이렇게 사이클이 2~3번 돌아야 전세 나오는 시기가 분산됩니다.

│입주 2년째, 전세 매물 증가 입주 2년 뒤에는 전세 매물이 대량으로 나옵니다. 이렇게 전세 공급이 많아진다는 것은 전세가가 내려간다는 뜻입니다.

운이 좋았던 옆집 케이스를 보죠. 임차인이 2년을 안 채우고 나가서, 물량이 귀할 때 비싸게 전세를 맞췄습니다. 그런데 자기 집을 내놓으려고 보니까 다른 집들과 시기가 겹칩니다. 같은 단지에서도 전세가 많이 나와 있다면, 가격은 또 떨어질 겁니다.

▌전세, 비싸게 놓으려면?

전세를 비싸게 내놓고 싶다면 입주 지정 기간이 지나고 전세가 줄어들 때까지 공실로 놔둔 후 계약하는 방법도 있습니다. 전세 물량이 소진될 때까지 기다리면 공급이 적어지므로 전세가가 올라갑니다. 보통 현금의 여유가 있는 집주인들이 이러한 방식을 활용해서 전세를 비싸게 주기도 합니다.

▌입주가 연이어 있다면?

비슷한 시기에 입주하는 아파트 물량을 고려해봐야 합니다. 자기 집 말고도 그 뒤로 입주가 연달아 있다면 한동안 전세를 맞추기가 어려울 것입니다. 이럴 때는 다음 만기 사이클을 생각해서 2년보다 긴 계약 기간은 피하는 것이 좋습니다. 종합해보면 신축 입주 전세를 줄 때는 2년만 고집할 필요가 없습니다. 다음 만기 때 물량이 쏟아지는 시기를 벗어날 수 있으니까요.

특히 세입자가 "청약에 당첨되어서 입주 때까지만 살겠다"라고 한다면 적극적으로 반겨야 합니다. 입주일에 맞춰 나갈 계획이면 사이클을 벗어날 수 있고, 계약갱신요구권을 안 쓸 확률도 상당히 높으니까요.

1년 계약하곤 2년 살겠다는
세입자 요구, 어떻게 해야 하나?

▌임차인만 주장할 수 있는 계약 세입자가 "이사 갈 집이 있어서 그러는데 1년만 살아도 될까요?"라고 말하는 경우가 있습니다. 이때 어떻게 할 것인가요?

이 말에 집주인이 1년 계약으로 도장을 찍었습니다. 집주인은 이참에 1년이 지나고 세입자가 나가면 집을 팔아야겠다고 마음을 먹었습니다.

그래서 집주인은 1년이 지나 계약 만료일이 되어 나가달라고 했는데, 세입자가 마음을 바꿔서 더 살겠다고 합니다. 결국 집주인과 세입자 간의 분쟁은 해결되지 않았고, 임대차분쟁조정위원회에 조정신청을 했습니다.

▎계약대로 하자는 집주인 vs. 더 살겠다는 세입자　이 상황

에서 과연 누가 이겼을까요? 1년만 살겠다고 해놓고 말을 바꾼 세입자일까요, 아니면 계약서대로 나가라고 세입자에게 주장하는 집주인일까요?

조정위원회는 세입자의 손을 들어주었습니다. 계약 내용을 어겼는데도 세입자가 이겼다는 게 이상하지 않나요? 이 사례는 정부가 발간한 『주택임대차 분쟁조정 사례집』에 있는 내용입니다. "임대차 기간을 1년으로 했더라도 주택임대차보호법에 따라 2년이 보장된다"라고 명시되어 있습니다.

비슷한 사례는 또 있습니다. 전세 낀 집을 매수한 집주인은 세입자의 2년 전세가 끝나고 1년 기간으로 한 번 더 임대차계약을 했습니다. 1년 만기 때 나가달라고 했으나 돌아온 대답은 1년 더 살겠다는 것이었습니다. 세입자는 "임대차 기간을 2년 미만으로 정했으니 최대 2년간은 살 수 있다"라고 주장했습니다. 조정위원회 역시 세입자의 손을 들어줬습니다. 2년 미만의 계약은 2년까지 주장할 수 있다는 것이었지요.

▎특약에 쓰더라도 장담할 수 없다　'계약 기간은 1년으로 한다.

시세보다 월세를 낮춰주기로 한다. 세입자는 계약 기간을 번복하지 않는다' '세입자 사정으로 인한 1년 계약에 임대인이 수락하며, 세입자는 계약 기간보다 더 연장하지 않을 것을 확인함'이라고 특약 사항을 기재하면 어떨까요?

1년만 더 사는 조건으로 월세를 깎아줬을 때도 세입자의 뜻대로 해야 한다는 의견이 지배적입니다. 주택임대차보호법에 명시되어 있으니까요. 법(4조1항)을 보면 "2년 미만으로 정한 임대차는 그 기간을 2년으로 본다. 다만 임차인은 2년 미만으로 정한 기간이 유효함을 주장할 수 있다"라고 되어 있습니다. 세입자에게 상당히 유리한 조항입니다. 이는 신규·갱신계약 등에 모두 적용됩니다.

집주인이 1년짜리 계약서를 썼다고 주장해도 소용없을 듯합니다. 주택임대차보호법 제10조에 "이 법에 위반된 약정으로써 임차인에게 불리한 것은 그 효력이 없다"라고 나와 있습니다. 2년을 보장한다고 법으로 명시되어 있으니, 그에 위반하는 약정은 무효라는 뜻이지요. 결국 1년 계약을 했더라도 세입자가 말을 바꿔서 2년을 요구하면 집주인은 이를 따라야 합니다.

집주인과 세입자 간의 약속인 특약과 충돌했을 때 어떻게 처리해야 하는지 그 방법이 제대로 나와 있는 곳이 없습니다. 법원의 판단마저 엇갈리는 경우가 있어서 그 어느 누구도 '승리'를 자신할 수 없습니다.

애매한 상황은 또 있습니다. 일시적인 사용이 명백한 단기 임대차 계약은 주택임대차보호법이 적용되지 않는다는 것이지요.

그렇기에 현실에서 정말 많은 갈등이 일어납니다. 2년을 주장하는 세입자도 불편하기는 마찬가지입니다. 이사 갈 집을 못 구했거나 대출을 더 받지 못해서 이런 선택을 할 수밖에 없는 상황이라, 마냥 기분 좋은 것만은 아니라는 겁니다.

집주인은 억울합니다. 임차인의 사정을 고려해서 1년 계약을 했고 그에 따라 계획을 세웠는데, 다시 임차인한테 끌려갈 수밖에 없는 상황이 부당하겠지요.

집주인이 우위에 설 가능성이 있는 방법을 볼게요. 바로 '제소전 화해'라고 특약에 쓰는 것입니다.

> **▶ 특약 사항**
> • 임차인 요청으로 기간을 1년으로 정하며, 임차인과 임대인은 위 내용에 대해 제소전 화해에 동의한다.

세입자의 계약갱신요구권을
거절할 수 있는 정당한 사유는?

▎계약갱신을 거부할 수 있는 정당한 사유 임대차 3법 중 하나인 계약갱신요구권은 2년 더 살겠다고 요구할 수 있는 권리입니다. 세입자가 더 큰 목소리를 낼 수 있게 되었지요.

하지만 법이 무턱대고 세입자 편만 들어주지는 않습니다. 계약갱신을 거부할 수 있는 정당한 사유를 살펴보겠습니다.

▎2기의 차임액을 연체한 사실이 있을 때 월세 두 달 치가 밀린 적이 있다면 갱신을 거절할 수 있습니다. 이때 밀린 금액이 두 달 치가 되어야 합니다. 단순히 2번 밀렸을 때가 아니라 연체 금액이 월세 2회분이 되어야 하지요. 여러 번 연체했더라도 조금씩 월세를 내서 두 달 치가 안 된다면 거절할 수 없습니다. 만기 시점이 기준이 아

퇴거합의서

퇴 거 합 의 서

임차인 (세입자)

성 명		주민등록번호	-
주소		전화번호	

퇴거 부동산의 표시

주 소 :   (상세주소 기입)

계약기간 :   년 월 일 ~ 년 월 일

합의 내용

  상기 임차인은 본 부동산의 계약 종료 시점에 맞춰 퇴거할 것을 확인함. 계약갱신 요구권 미사용 상태지만, 임차인 본인의 의지에 의해 계약갱신을 하지 않고 만기와 함께 퇴거할 예정임.

  이에 임대인의 차후 임대차 계약 등에 협조하고, 퇴거할 것임을 임차인-임대인 상호 합의함.

차후 임대차 계약 등이 진행된 뒤에 퇴거를 번복할 경우, 이에 임대인에 손해를 입혔을 경우 배상 등 진행에 따를 것을 약속함.

년   월   일

임차인   (인)
임대인   (인)

닙니다. 계약 기간에 연체한 월세가 두 달 치가 쌓였을 때 거절할 수 있습니다. 월세가 100만 원이라고 가정해볼게요. 쌓여서 연체된 금액이 200만 원인 적이 한 번이라도 있다면, 계약 만료 때 나가라고 할 수 있습니다.

┃ 돈 주고 합의 봤을 때　임차인에게 보상금을 주고 합의했다면 갱신을 막을 수도 있습니다. 정해진 금액은 없습니다. 다만 이사비에 금액을 좀 더 올려주는 정도가 일반적입니다.

┃ "들어가서 살 테니 나가달라!"　임대인(임대인의 직계존속·직계비속을 포함)이 목적 주택에 실제 거주하려는 경우에 나가달라고 할 수 있습니다. 이때 직계존속과 직계비속에 한정됩니다. '자신과 피가 섞인 위아래 세대'라고 생각하면 쉽습니다. 위로는 부모, 조부모, 외조부모를 포함하고, 아래로는 자녀, 손자 등을 포함합니다. 형제자매, 배우자, 장인·장모, 시부모는 해당되지 않습니다. "남편 명의의 집에 장인어른이 들어올 것이니 나가라"고 해도 소용이 없습니다. 아내 단독 명의인 경우에 시부모 실거주도 안 됩니다. 단독 명의인 경우에는 남편 명의의 집에 아내만, 혹은 아내 명의의 집에 남편만 들어갈 경우에도 갱신 거절을 할 수 없습니다.

┃ 세입자가 말을 바꿨을 때　세입자는 계약갱신요구 기간 내에는 말을 바꿀 수 있습니다. 만료일 이전 6~2개월 안에 "나가겠다"라

고 했다가 "계약갱신하겠다"라고 바꾸더라도 그 효력이 있습니다. 다만 세입자의 "나가겠다"라는 말에 다른 임대나 매매 계약을 맺었다면 그때는 나가야 한다는 게 국토교통부의 입장입니다. 이때는 분쟁의 소지가 있으므로 관련 증거를 남겨놓길 바랍니다.

▌거짓말을 하고 내보냈다면? 세입자를 내보내고 싶어 하는 집주인도 더러 있습니다. 그 이유 중 하나가 '지금의 전세가격이 너무 싸서'입니다. 2억 원에 계약을 했는데 시세가 올라 3억 원 이상이 된 경우입니다. 계약갱신을 하면 5% 올린 2억 1천만 원이 최대이지만, 새로운 임차인과 계약을 하면 3억 원의 시세로 보증금을 더 받을 수 있기 때문이지요.

손해배상 규정

제3자에게 목적 주택 임대 시 손해배상액 산정

① 임대인과 임차인 간 손해배상 예정액
② "①"이 없는 경우 법정 손해배상 예정액 중 가장 큰 금액
  1) 갱신 거절 당시 월단위 임대료(전세금은 전액 월세로 전환, 법정 전환율 4% 적용) 3개월분에 해당하는 금액
  2) 「임대인이 새로운 임차인에게 임대하여 얻은 월단위 임대료 – 갱신 거절 당시 월단위 임대료」의 2년 분에 해당하는 금액
  3) 갱신거절로 인해 임차인이 입은 손해액

출처: 국토교통부 해설집

만약 거짓말을 하고 임차인을 내보낸 뒤에 계약을 새로 맺으면 일이 복잡해질 수 있습니다. 법령에는 '실거주 거짓말'에 관한 손해배상을 규정하고 있기 때문입니다. 집주인이 들어와서 살 것이라고 해서 내보낸 뒤 다른 사람에게 세를 줬다면, 손해를 배상해야 한다고 되어 있습니다. 해당 유효 기간은 전 임차의 갱신 기간 동안입니다.

다만 손해배상 규정이 없는 경우도 있습니다. 세를 놓지 않고 공실로 둔 경우와 다른 사람에게 매도했을 경우에는 손해배상 규정이 없습니다. 일상에서 '허위 실거주'를 알아내는 방법은 많지 않습니다. 전입세대열람원 등으로 살펴볼 권한이 제한적이기 때문이지요.

앞으로 계약갱신청구권과 관련한 분쟁이 더욱 늘어나리라 보고 있습니다. 그렇기에 갱신 때가 된다면 신중히 고려해서 결정하는 것이 좋겠습니다. 다음은 실거주로 인해서 나가달라고 할 경우에 보내는 문자메시지 예입니다.

<문자메시지 예>

 안녕하세요. ○○호 소유주인 임대인입니다. 귀하께서는 현재 ○○년까지 계약을 맺고 거주하고 있습니다. 계약 만기 전 계약갱신청구에 대해 회신을 드립니다. 저는 현재 계약 만기 때 집주인(또는 직계가족)이 실거주로 들어갈 예정입니다. 임대차보호법에 의거하여 정당한 사유로 인한 갱신 거절의 뜻을 알려드립니다. 만기 때 보증금 ××원을 돌려드릴 테니, 이에 맞춰서 계획을 세워주시면 감사하겠습니다. 혹시 이사 날짜 조율이 필요하다면 앞뒤로 여유를 드릴 수 있으니 미리 말씀해주시기 바랍니다.

2년 계약이 끝난 뒤 연장계약서, 반드시 써야 하나?

┃2년 계약이 끝난 뒤 계약서는? 전월세는 대부분 2년을 계약합니다. 계약갱신요구권이 도입되면서 2년을 연장할 수 있습니다. 같은 집에서 2년 더 살려고 할 때, 어떻게 해야 하는지 살펴보겠습니다.

┃꼭 부동산에서 계약서를 써야 하나? 부동산에서 연장계약서를 반드시 쓰지 않아도 됩니다. 집주인과 세입자가 직접 해결해도 됩니다. 중요한 내용이 합의만 잘된다면 부동산을 거치지 않아도 되지요. 계약갱신요구권 사용 여부, 임대인과 임차인이 동일하다는 내용, 이전 금액과 계약 기간, 연장한 뒤의 금액과 기간만 계약서에 명시해도 됩니다. 혹은 기존의 계약서에 새로운 내용만 적고 도장을 찍어도 됩니다.

▌부동산에서 계약서를 꼭 써야 하는 경우 전세 대출을 받고 연장한다면 계약서가 필요합니다. 전세보증보험에서도 부동산에서 쓴 계약서를 요구합니다. 임대인과 임차인 둘 사이에서 쓴 계약서는 인정하지 않는 경우가 대부분입니다. 부동산 공인중개사의 서명 날인이 들어간 계약서가 필요하지요. 그러니 계약 연장 시에 은행과 보증보험 회사에 먼저 확인하길 바랍니다.

▌도장만 찍는데도 중개수수료를 내야 하는가? 서로 합의된 내용에 도장만 찍는데 중개보수를 전부 줘야 할까요? 잔금을 치르는 것도 아니고 이사를 오가는 것도 아닌데 말이지요.

만약 중개업소에서 중개행위를 했다면 중개보수를 달라고 할 수 있습니다. 여기서 중개행위란 집을 찾아서 보여주는 것만을 뜻하는 것은 아닙니다. 등기부등본 열람 후 권리 분석, 현장 안내 및 설명도 포함됩니다. 실제로 단순한 연장 계약일 때는 최초 중개할 때보다 비용을 덜 받기는 합니다. 대신 공인중개사의 서명 날인이 들어간다면 확인설명서와 공제증서 등을 반드시 받아야 합니다. 중개 행위에 의한 계약이 되므로, 그 책임까지 공인중개사가 져야 하니까요.

▌계약서를 꼭 새로 써야 할까? 계약서를 새로 쓸 필요는 없습니다. 계약은 불요식 행위이므로 정해진 형식이 없습니다. 주소, 기간, 금액, 계약일, 잔금일, 특약 사항, 인적사항 등이 들어가지요. 주요 사항에 대해 합의만 되면 계약은 성립됩니다.

재계약, 연장계약을 할 때도 마찬가지입니다. 굳이 계약서를 다시 쓸 필요가 없습니다. 대신 서로 증거는 남겨 놓아야 합니다. 그래야 후에 문제가 없습니다. 그런데 임대차신고제 시행 이후에 금액이 변했다면 임대차신고를 해야 합니다. 이 경우에는 계약서가 필요할 수도 있으니 행정복지센터에 먼저 문의하길 바랍니다.

▌메신저로도 가능한가? 계약서 양식 외에 증거만 남겨놓을 수 있다면 어떤 방법도 허용합니다. 통화를 녹음해도 되고, 내용증명 발송도 됩니다. 문자메시지, 이메일도 가능합니다. 이때 전송으로 끝내는 것이 아니라 서로 합의한 증거가 있어야 합니다. 예를 들어볼게요. "계약갱신요구권을 쓰고 보증금 5천만 원 그대로, 월세 100만 원에서 105만 원으로 올리는 조건입니다. 확인 후 내용이 맞다면, '맞다' 'OK' '예' 등으로 답변해주시길 바랍니다."

> **▶ 특약 사항**
> • 같은 임대인-임차인-부동산 목적물의 전세 연장 계약으로 임차인은 계약갱신요구권을 사용함. 기존 계약 기간 2020년 12월 1일~2022년 11월 31일에서 2년 연장함
> • 기존 전세금 3억 원에서 1천만 원 증액해서 계약함
> • 등기부등본상 근저당 등이 없는 상태 유지함. 은행 대출 연장이 안 될 시, 별도 위약금 없이 만기일에 맞춰서 보증금 돌려받고 나감. 일정은 협의 가능함

상생임대인 제도,
집주인이 모르면 손해인 이유는?

┃세금 절약 꿀팁! 상생임대인 제도는 세금 부담을 줄일 수 있는 내용으로, 집주인에게 혜택을 주는 제도입니다. 쉽게 말해 '보증금을 5% 안쪽으로 올리면 혜택을 주겠다'라는 정책입니다.

상생임대인 제도를 집주인이 잘 활용하면 직접 살지 않고 전세만 잘 줘도 양도세 비과세 혜택을 받을 수 있습니다. 이 제도는 2024년 연말까지 한시적으로 운영됩니다.

상생임대인 제도의 내용을 구체적으로 보면, 2년 이상 임대한 주택에 대해 1세대 1주택 양도세 비과세 2년 거주 요건과 장기보유특별공제 2년 거주 요건을 면제해주는 제도이지요. 2017년 8월 3일 이후 조정대상지역에 소재한 주택 취득 시 양도세 비과세 요건에 2년 거주 조건이 필요합니다.

상생임대인이 되기 위해서는 상생임대차계약(두 번째) 시에 '직전 계약' 대비 5% 이내로 인상해야 합니다. 이때 구체적인 조건은 다음과 같습니다.

- 직전 계약은 1년 6개월 이상, 상생계약은 2년 이상 실제 거주해야 함
- 2021년 12월 20일~2024년 12월 31일까지 신규·갱신계약 체결분 한정
- 다주택자라도 1주택 전환 계획이 있는 임대인
- 주택 매수 시 승계받은 임대차계약 제외

상생임대인 제도

(질문10) "상생임대차계약"을 체결하면서 전세에서 월세로, 또는 월세에서 전세로 전환하는 경우 임대료 5% 이하 인상 여부를 어떻게 판정하나요?

(답변10) 민간임대주택특별법 제44조 제4항에 따른 산정률(전세↔월세 전환율)*을 활용하여 계산합니다.

* "연 10%"와 "기준금리(6.23일 현재 연 1.75%)+연 2%" 중 낮은 비율

☐ 예1*) 전세보증금 3억원인 주택을 월세보증금 5천만원으로 전환하면서 임대료 5% 이하 인상을 충족하기 위해서는,
　　　　월세를 82만 8,125원 이하로 설정해야 함

☐ 예2*) 월세보증금 2,000만원 + 월세 50만원인 주택을 전세로 전환하면서 임대료 5% 이하 인상을 충족하기 위해서는,
　　　　전세보증금을 1억 8천 9백만원 이하로 설정해야 함

출처: 기획재정부

▌상생임대인 제도의 주의점

상생임대인 제도는 3가지만 기억하면 됩니다. '내가 도장 찍은 전월세부터, 두 번째는 2년 이상, 보증금 인상은 5% 이내'입니다.

• 주의점1. 갭투자로 산 집 – 전세를 끼고 매수한 집, 즉 갭투자로 산 집은 인정이 안 된다는 점에 유의해야 합니다. '자신이 직접 도장 찍은 계약부터 시작'입니다. 다른 사람이 한 임대차계약 승계는 적용이 안 됩니다. 만약 갭투자로 샀다면 해당 전세 계약이 끝나고, 내가 다시 시작한 직전 계약의 그다음만 5% 이내로 올려서 상생계약이 가능합니다.

• 주의점2. 의무 기간이 1년 6개월+2년 – 첫 번째 세입자는 1년 6개월 이상 살아야 하고, 두 번째 세입자는 2년 이상 살아야 합니다. 이 기간을 지키지 않으면 상생임대인 혜택을 받을 수 없습니다. 세입자가 2년간 살고 계약갱신요구권을 써서 2년 더 계약한다고 가정해봅시다. 그런데 두 번째 계약 때 1년만 살고 나가겠다고 하면 문제가 될 수 있습니다.

• 주의점3. 마지노선이 2024년 12월 31일 – 혜택을 받으려면 상생계약을 2024년 12월 31일까지 해야 합니다. 계약을 체결하고 계약금을 실제로 지급받은 사실이 확인되어야 합니다. 이때 잔금일이 아닌 계약 체결일이 기준입니다.

• 주의점4. 소유권 이전등기 전에 맺은 전세 계약 – 신축 아파트 전세를 줄 때도 주의해야 합니다. 소유권 이전등기 전에 맺은 전세 계약은 '상생임대 첫 번째 계약'으로 인정받지 못합니다. 신축인 경우에는 보통 분양권 상태에서 계약을 하고 세입자 보증금으로 잔금을 치르는데, 이런 경우에 상생임대 직전계약이 안 됩니다. 만약 신축 아파트를 처음부터 상생임대에 속하게 하려면, 잔금을 치른 뒤에 전세 계약을 맺어야 합니다.

임대료 5% 인상,
계산 방법은?

| 임대료 올리는 방법   전월세 계약은 2년이 일반적입니다. 계약 기간 중에 임대료를 올릴 수도 있을까요? 한번 알아보겠습니다.

> • 주택임대차보호법 제7조(차임 등의 증감청구권) ① 당사자는 약정한 차임 이나 보증금이 임차주택에 관한 조세, 공과금, 그 밖의 부담의 증감이 나 경제사정의 변동으로 인하여 적절하지 아니하게 된 때에는 장래에 대하여 그 증감을 청구할 수 있다. 이 경우 증액청구는 임대차계약 또는 약정한 차임이나 보증금의 증액이 있은 후 1년 이내에는 하지 못한다.

차임증가나 신규 계약을 한 뒤에는 1년 안에 임대료를 못 올린다 고 법에 명시되어 있습니다. 이를 뒤집어보면 1년이 지나면 임대료 증액을 요구할 수도 있다는 뜻이겠지요. 다만 요구할 수도 있다는 뜻이지, 무조건 올릴 수 있다는 이야기는 아닙니다.

올려달라고 했는데 임차인이 거부한다면 2년 계약이 끝날 때까지는 그 금액 그대로 가야 합니다. 만기 때 계약갱신요구권을 쓴다면 5% 이내로 올릴 수 있고요.

'협의'라는 말이 애매합니다. 5%를 놓고 줄다리기를 할 수도 있습니다. 이때는 합리적인 근거를 내놓으면 뜻을 관철시킬 가능성이 올라갑니다. 정부에서는 이 기준을 알려주고 있습니다. 근거는 주변 지역 임대료 상승 등을 고려하면 됩니다.

전세가가 떨어졌는데도 올려달라고 하면 어림없지요. 차임증가 청구권과 차임감액 청구를 할 수 있다는 내용입니다. 서로 협의가 된다면 좋겠지만 끝내 뜻을 모으지 못했다면 결국 다른 기관의 도움을 받아야 합니다. 중재나 소송까지도 생각해야 하지요. 5%라는 게 강제력이 있는 것도 아니고, 서로 협의를 해야 하는 부분이라 애매합니다.

▎전세 5%　전세일 경우에 5%는 계산하기가 쉽습니다. 보증금에 1.05를 곱하면 됩니다. 전세가가 1억 원이라면 1억 500만 원으로 계약하면 되지요.

▎월세 5%　그런데 월세나 전세에서 반전세로 계약하면 계산은 조금 복잡해집니다. 단순히 5%가 아니기 때문입니다. 즉 보증금만 5%, 월세만 5%가 아닌 '각각 올릴 수 있다'라는 조항 때문이지요. 그러니

상생임대 5% 계산 방법

(질문10) "상생임대차계약"을 체결하면서 전세에서 월세로, 또는 월세에서 전세로 전환하는 경우 임대료 5% 이하 인상 여부를 어떻게 판정하나요?

(답변10) 민간임대주택특별법 제44조 제4항에 따른 산정률(전세↔월세 전환율)*을 활용하여 계산합니다.

* "연 10%"와 "기준금리(6.23일 현재 연 1.75%)+연 2%" 중 낮은 비율

□ 예1*) 전세보증금 3억원인 주택을 월세보증금 5천만원으로 전환하면서 임대료 5% 이하 인상을 충족하기 위해서는, 월세를 82만 8,125원 이하로 설정해야 함

□ 예2*) 월세보증금 2,000만원 + 월세 50만원인 주택을 전세로 전환하면서 임대료 5% 이하 인상을 충족하기 위해서는, 전세보증금을 1억 8천 9백만원 이하로 설정해야 함

보증금과 월세를 하나로 환산해서 5%를 적용시킨 후에 다시 나눠야 금액이 나옵니다. 국토교통부에서 계산하는 방법을 명시했으니 참고하길 바랍니다.

설명도 복잡하고 계산하기 어렵다면 민간임대주택 홈페이지의 계산기를 이용해도 좋습니다. 렌트홈(임대등록시스템) 사이트(www.renthome.go.kr)를 이용해보세요.

9장

갭투자,
꼭 알아둬야 할 상식

9장은 '레버리지'입니다. 소액 투자로 각광받는 유형이 '갭투자'입니다. 임차인의 전세 보증금을 보태 집을 사서, 자기 돈을 적게 들인다는 장점이 있습니다. 하지만 매매와 전세 계약이 모두 얽혀 있다 보니 예상치 못한 난관에 부딪히는 경우가 많습니다. 이번 갭투자 편은 '매도인-매수인-임차인' 입장에서 일어날 수 있는 사례들을 실었습니다.

부동산 강사도 잘 알려주지 않는, 갭투자 시의 주의사항은?

▌갭투자, 전세레버리지 주의할 점 집 사기가 참 힘듭니다. 월급은 적고 집값은 비쌉니다. 대출은 안 나오고 이자는 나날이 오르고요. 이럴 때 돈을 쉽게 마련하는 방법이 있습니다. 은행권 말고 집 사라고 돈을 빌려주는 사람들이 있지요. 이자도 안 받습니다. 누구일까요? 세입자입니다. 집 사고 전세 맞춰서 보증금으로 매매 잔금을 치르는 겁니다. 이를 갭투자 혹은 전세레버리지라고 일컫습니다.

레버리지는 '지렛대'라는 뜻입니다. 남의 돈을 활용해서 자산을 늘리고 수익률을 높이는 것이지요. 매매가가 1억 원인 집에 전세를 9천만 원에 내놓으면 1천만 원으로 집을 사는 셈입니다. 결국 세입자가 임대인한테 집 사라고 돈 주는 거예요.

갭투자는 상당히 보편적인 투자(매수) 방식입니다. 여러 곳에서 많이 알려주는 방식이지요. 지금부터는 부동산 강사들도 잘 알려주지 않는 갭투자 관련 내용을 살펴보겠습니다.

<갭투자 진행 과정>

• 매수 계약 → 전세 계약 → 전세 잔금 받기 → 매매 잔금 치르기 → 소유권 가져오기

┃전세 안 나가는 곳은 피하라   갭투자는 '매수 계약 → 전세 계약 → 전세 잔금 받기 → 매매 잔금 치르기 → 소유권 가져오기'가 일반적인 진행 과정입니다. 갭투자를 하려면 먼저 여러 요소들을 살펴봐야 합니다. 이때 중요한 것은 해당 단지의 전세 거래량입니다. 전세가 잘 나가는(회전이 잘 되는) 곳인지를 살펴야 합니다. 가격이 매력적이라 하더라도 전세 거래가 적은 곳이라면 피해야 합니다.

    매수인은 다른 지역 사람일 수도 있습니다. 그러나 전세는 인근 지역의 사람들이 이사를 오는 겁니다. 갭투자는 단순히 집을 사는 것으로 끝나지 않습니다. 전세를 맞추는 게 최종 목표라는 사실을 기억해야 합니다. 전세 거래량이 다른 아파트 단지에 비해 유독 적다면 현장 임장은 필수입니다.

┃투자한다고 말하지 마라   집을 알아볼 때는 가급적이면 갭투자를 할 것이라고 말하지 않는 것이 좋습니다. '투자＝투기'라는 시선이

강해서 사람들이 색안경을 끼고 볼 수 있으니까요.

　그런데 갭투자 하는 사람들이 전부 돈 많은 투기꾼일까요? 그렇지 않을 겁니다. 그러니 오해를 받으면 매매 과정에서 주도권이 넘어갈 수도 있으니, 이렇게 이야기를 해보는 건 어떨까요? "나중에 집값이 올라 못 살 것 같아서요" "지금 당장 이사를 올 상황이 안 돼서요" "결혼 계획이 있는데 그때 들어올 거라서요" 이렇게 말이지요. 여기서 핵심은 '갭투자가 아닌 것처럼 행동하라'는 것입니다.

┃돈 넣기 전에 미리 말하라　계약을 하기 전에는 미리 전세를 줄 것이라고 전달해둡니다. 매도인(원래 집주인)의 양해와 협조가 필요하기 때문입니다. 처음부터 전세를 놓을 것이라고 확실히 이야기해두고 협조를 요청해야 합니다.

　'계약서 쓰는 자리에서 말하면 되겠지'라는 안일한 생각은 버리세요. 당신의 생각과는 달리 매도인이 "그건 당신 사정이고"라고 하면 난감해집니다. 결국 집을 못 보여주는 사태까지 벌어져 매매 계약까지 휘청거릴 수 있습니다.

┃최종 목표는 전세를 놓는 것이다　갭투자를 한다면 매도인과 쓸데없는 기싸움은 피하세요. 특히 매매금액을 깎으려고 트집을 잡는 경우도 있습니다. 막무가내로 가격 흥정을 하다 보면 서로 감정이 상할 수도 있습니다. 돈을 덜 받아서 기분 좋은 사람은 없으니까요. 최악의 상황은 가격도 못 깎고 계약하는데 서로 사이가 틀어졌을 때

입니다. 매도인이 기분이 상해서 전세로 집 보여주는 일을 비협조적으로 할 수 있으니까요.

매매 후에 전세를 놓으려면 원래 집주인의 도움이 필수입니다. 그러니 매도인에게 이렇게 말해보세요. "원하시는 가격 그대로 드리겠습니다. 대신 전세 세입자한테 집 보여주는 일에 적극적으로 협조 부탁드립니다"라고요.

▌세입자한테 감사한 마음으로! 레버리지 효과를 극대화하고자 '매매가는 낮게, 전세가는 높게' 맞추려고 합니다. 이때 가격을 절대 양보할 수 없다면, 세입자를 위해 한 수 정도는 양보하는 게 좋습니다. 도배나 장판 등이 대표적이지요. 세입자는 갭투자자에게 돈과 시간을 벌어주는 고마운 존재입니다. 금액만 계속 맞출 수 있다면 세입자가 오래 사는 것이 좋겠지요.

▌잔금 기한은 최대한 넉넉히! 잔금 기한은 최대한 넉넉히 잡으세요. 매매 계약일로부터 잔금일까지 기간을 길게 잡는 것이 유리합니다. 2개월이면 너무 짧으니 최소한 3개월 이상으로 확보하는 게 좋습니다. 전세를 내놓아도 하루아침에 계약되리라는 보장이 없기 때문이지요. 특히 이사철이 아니라면 세입자를 구하는 일은 더욱 어렵습니다.

잔금 날짜도 못 박는 것보다는 최대한 유연하게 만들어둡니다. 만약 잔금일을 30일로만 특정하면 하루 이틀의 여유가 필요한 세입자는 못 받게 되니까요. 이사 날짜가 제한적이면 전세 맞추기가 어려워지고, 결국에는 전세가까지 낮춰야 하는 일이 벌어질 수 있습니다.

전세가격은 낮게 예상하자

갭투자의 최종 목적은 전세를 두는 것입니다. 이때 전세가격은 '집주인의 희망가격'이 아닙니다. '세입자 구매가격'이라는 사실을 명심하세요. 현재 전세 매물 최저가를 기준으로 그보다 5~10% 정도는 낮게 예상하세요.

갭투자의 꽃은 레버리지 효과의 극대화이다보니 전세가를 높게 잡는 경우가 많습니다. 하지만 전세가 잘 안 나가면 갭투자는 실패입니다. 계획을 세울 때부터 예상 전세가를 낮게 잡고 자금 계획을 세우길 바랍니다. 내가 원하는 전세가에 못 미치면 자칫 매매 잔금까지 못 치를 수 있으니까요.

고급 정보는 나만 아는 게 아니다

투자 정보를 접하는 채널이 다양해졌습니다. 온·오프라인 강의, 블로그, 단체 채팅방, 유튜브 등 헤아릴 수 없습니다. 공개된 갭투자 정보를 얻는 경우라면 전세가를 예상보다 낮게 잡고 계획을 세워야 합니다. 대부분의 정보는 혼자만 아는 것이 아니니까요. 다른 사람들도 같은 아파트를 사려고 할 겁니다. 한 아파트 단지에 5명만 몰려가도 분위기는 확 바뀝니다. 매매 물건이 사라지는 대신에 전세 매물은 많아집니다. 전세 공급이 일시적으로 늘어나는 것이지요. 전셋집이 갑자기 많아지면 처음 생각했던 가격이 과연 유지될 수 있을까요?

▌입주 아파트를 경계하라
근처에 입주가 시작되는 아파트가 있다면 갭투자의 최대 위험 요소입니다. 신축 아파트가 있으면 일시적으로 전세 공급이 많아집니다. 당연히 전세가가 내려갈 수밖에 없지요. 세입자들은 구축보다는 신축 아파트를 더 찾습니다. 그리고 신축 아파트 단지에서는 전세 매물이 많은 만큼 동별, 타입별로 선택할 수 있는 폭이 넓어집니다.

그러니 갭투자를 할 때는 입주 아파트를 살펴봐야 합니다. 갭투자 잔금일 즈음에 신축 아파트 입주가 있다면 전세 맞추기가 어려울 수 있습니다. 2년 뒤까지 함께 체크해보세요. 2년이라는 계약 기간이 끝나면 이사하는 경우가 많습니다. 2년 뒤에 신축 아파트가 입주한다면 다른 세입자를 구하기가 어려울 수 있습니다.

▌플랜B를 만들어라
현장에서 갭투자를 할 때 가장 애먹는 부분이 바로 전세 세팅입니다. "전세 바로 맞춰주겠다"라고 큰소리친 부동산 중개업자의 목소리는 잔금일이 다가올수록 작아집니다. 열심히는 하는 것 같은데 전세를 못 맞추니 매수자는 속이 타들어갑니다. 매도인은 언제까지 기다리냐며 무척 화가 난 상태이고 무조건 잔금일을 지키랍니다. 잘못하면 계약 불이행으로 돈만 날리게 생겼습니다. 최악의 경우도 생각해봐야 합니다. 전세를 못 맞출 경우에 돈을 어떻게 마련할 수 있을지 말이죠.

매수인이 전세를
놓는다고 할 때 주의사항은?

｜매수인이 전세 갭투자라면? 집을 팔고 끝인 줄 알았는데, 사실 이제 시작인 셈입니다. 매수인이 갭투자자라면 특히 그렇습니다. 집을 사는 사람이 전세를 놓는다고 할 때 어떤 일들이 벌어지는지 살펴보겠습니다.

｜귀찮다? 매수인이 전세 갭투자라면 번거롭고 귀찮기까지 합니다. 지금까지 집을 팔려고 내놓은 뒤에 꽤 많은 사람들이 들락날락거렸을 테니까요. 이 과정이 어땠을까요? 실제 있었던 일입니다.

집이 마음에 든다는 사람들이 꽤 있었을 겁니다. 괜한 기대만 하다가 결국 감감무소식. 마음을 좀 내려놓고 있다 보니 어느 날 임자가 나타났습니다. 계약금을 받고 계약서도 썼습니다. 이제 다 끝난 줄 알았지요. 이사 갈 새집만 신경 쓰면 되는 줄 알았습니다. 하지만 착각이었습니다. 집이 팔렸으니 끝난 줄 알았는데, 이제 시작이었습니다.

매수인이 직접 들어와서 사는 게 아니고 전세를 놓는다고 합니다. 갭투자였던 것이지요. 다시 한 번 귀찮은 상황들이 벌어집니다. 처음 집을 팔려고 내놨을 때처럼 말이지요.

이제 어떤 일이 벌어질까요? 부동산에서 세입자를 데리고 올 겁니다. 그런데 이 세입자는 자신의 세입자가 아니잖아요. 상관없는 사람들한테 자꾸 집을 보여줘야 되니 '내가 지금 뭐하는 것인가?' 싶기도 합니다. 집 보러 온다는 시간에 집에 있어야 하고, 퇴근 시간이라면 저녁을 먹기에도 애매합니다. 하다못해 청소라도 해놔야겠지요. 그래도 매수인이 세를 놓는다니까 안 보여줄 수는 없습니다. 이래저래 신경이 쓰이고 귀찮은 건 사실입니다.

┃불분명한 책임 소재 부동산에서 열심히 사람들을 데리고 오다 보니 세입자도 맞춰졌다고 합니다. 전세 계약을 한다니 다 끝난 것 같네요. 더 이상 올 사람도 없고, 진짜 이사 갈 집만 신경 쓰면 됩니다. 그런데 부동산에서 계약서를 쓰자고 합니다. 전세가가 얼마인지도 모르고 세입자를 알지도 못하는데 말이지요. 매수인이 직접 전세를 놓고 사전에 이야기도 다 했는데 계약서를 써야 한다는 겁니다. 등기부상 소유주가 계약서를 써야 한다는 거죠.

'이게 맞나?' 싶지만 부동산 말이니 그대로 따릅니다. 어차피 이 전세가 나가야 매매도 끝나는 거니까요. 계약서를 쓰는 날에 시간 맞춰

부동산에 갑니다. 계약 내용을 설명하지만 귀에는 잘 안 들어옵니다. 자신이 하는 계약이 아니니까요. 앉은 자리에서 도장을 찍고 계약금도 다 받습니다.

이제 마음 편히 있는가 싶었는데, 갑자기 부동산에서 연락이 옵니다. 무슨 일일까요? 전세 계약이 깨졌으니 계약금을 돌려달라고 한답니다. 상황이 좀 복잡해지는 것 같아서 돈을 돌려주고 끝내는 게 좋을 것 같습니다. 그런데 매수인, 즉 전세를 놓은 사람 쪽에서는 그러지 말라고 합니다. 돈을 돌려주지 말라고 말이지요. 대충 이야기를 들어보니 매수인이랑 세입자가 싸운 겁니다. 세입자는 돈을 돌려달라고 하고, 매수인은 돈을 주지 말라고 합니다. 도장만 찍었을 뿐인데, 중간에 끼어서 입장만 난처합니다.

조금 지나니 우편이 옵니다. 다음에 들어올 세입자가 내용증명을 보냈네요. 계약금을 돌려주지 않을 경우에 강력 조치를 한다는 내용입니다. 또 다른 내용증명이 옵니다. 이번에는 매수인 발송입니다. 그 돈은 매매 대금의 일부, 그러니까 중도금으로 준 것이라 합니다. 돈을 돌려주는 것과는 상관없이 자신은 그만큼 중도금을 준 것이랍니다.

둘이 다른 소리를 하니, 중간에서 난감합니다. 집 한번 잘못 팔았다가 팔자에도 없는 법원을 들락거리게 생겼습니다. 이제 어떻게 하면 될까요?

집을 팔았는데 매수인이 전세를 놓겠다는 경우에 생길 수 있는 최악의 사태입니다. 전세 계약의 책임 소재가 애매해지기 때문에 결과적으로 매도인이 피해를 볼 수도 있습니다.

잔금일이 안 정해져 불안하고 초조하다

매수인이 갭투자자라면 세입자 입장에서는 불안합니다. 전세를 놓겠다는 것은 잔금일을 지금 정확히 정할 수가 없다는 뜻이니까요.

실제 이사 올 사람들이라면 두 달 뒤나 다음 달 말쯤으로 잔금 기간이 정해집니다. 그런데 갭투자로 매수해서 전세를 놓을 경우에는 잔금일 확정이 안 되기 때문에 불안함이 있습니다. 매매 계약을 하더라도 누군지도 모를 세입자와의 계약에 잔금일을 맞춰야 하기 때문이지요.

전세가 잘 맞춰지면 문제가 없는데 한참 계약이 안 될 때도 있을 겁니다. 이때는 매도인 속도 탑니다. 이미 다른 집을 구해서 계약까지 했는데, 이사 갈 집의 잔금일을 못 정하는 것이지요. 전세가 안 맞춰지니 매수인은 확답을 안 주고, 날짜가 다가올수록 초조해집니다. 이러다 큰일이 날 것만 같습니다.

혹시 이런 경우라면 마음을 굳게 먹어야 합니다. 다른 사람의 사정을 봐줄 때가 아니잖아요. 이럴 때는 어떻게 하면 좋을까요? 잔금일 확정기한을 정해두면 됩니다. 잔금일의 마지노선을 먼저 정하는 것이지요. 예를 들어볼게요.

▶ **특약 사항**
- 잔금은 3개월 뒤로 한다. 양측 합의가 되면 날짜를 앞당길 수 있다. 뒤로 미루는 것은 안 된다.

이것만으로 끝이 아닙니다. 좀 더 완벽하게 해볼까요? 한 줄만 더 넣으면 됩니다. 잔금의 마지노선이 아닌, 잔금일을 결정하는 데드라인을 설정하는 것입니다.

> ▶ **특약 사항**
> • ××일까지 별다른 연락이 없을 경우, 잔금일은 계약서대로 확정한다.

이렇게 조건을 하나 더 겁니다. 매수인이 전세를 못 맞춘다고 언제까지고 기다려줄 수는 없잖아요. 잔금일만 이야기해놓으면 잔금일 하루 전까지도 결론이 안 날 수 있습니다. 그러니 잔금일을 결정하는 데드라인을 꼭 설정하길 바랍니다.

갭투자로 산 집을 전세 얻을 때,
전세 계약은 누구와 하나?

▌매매와 동시에 전세 놓기 전셋집을 구하는데 매매 계약이 진행 중이라 잔금일에 소유주가 바뀐다고 합니다. 갭투자, 전세레버리지로 집을 사는 경우입니다. 이런 집을 얻을 땐 어떤 문제가 있을까요?

▌계약서는 누구랑 써야 할까? 현재 등기부상 소유주와 계약서를 써야 합니다. 등기부상 소유주와 계약하고, 돈도 소유주한테 넣어야 하지요.

> • 주택임대차보호법 3조 ④ 임차주택의 양수인(그 밖에 임대할 권리를 승계한 자를 포함한다)은 임대인의 지위를 승계한 것으로 본다.

• **예외는 있다** – 매수인이 전세를 맞출 권한을 받았다면 매수인과 계약해도 됩니다. 보통 매매 계약서에 관련 내용이 표시됩니다.

• 매수인이 전세를 놓고 그 보증금으로 잔금을 치른다. 매도인은 매수인에게 본부동산의 임대차계약의 권한을 부여한다.

위 경우에는 반드시 매매 계약서를 확인해야 합니다. 별도 권한 부여 합의서 등을 작성하는 경우도 있습니다. '임대차 권한을 부여한다'는 내용으로 매도, 매수인, 목적물, 날짜 등을 확인합니다. 이때는 매수인과 계약을 하는 것이므로, 매수인에게 돈을 넣고 매수인과 계약하는 것이 가장 깔끔합니다. 다만 매매 계약서에 "전세금은 매도인이 받는다"라는 식으로 되어 있다면 그대로 하면 됩니다.

사실 이런 식의 계약은 상당히 흔한 일이니 무심코 넘길 수 있습니다. 그래도 매수인, 매도인에게 각각 확인을 해보는 것이 중요합니다. 보통 부동산을 끼고 전세를 들어갈 테니 공인중개사에게 확인해달라고 하면 되지요.

• **전세 대출을 받는다면 계약서는 누구랑?** – 전세 대출을 받는다면 좀 더 확실히 하는 게 좋습니다. 대부분 은행에서는 매도와 매수 어느 쪽과 써도 괜찮다고 합니다. 그런데 원칙은 등기부상 소유주와 써야 합니다. 다만 매수인과 전세 계약을 맺고 매매 계약서도 함께 첨부하면 됩니다. 은행 정책상 달라질 수 있으므로 계약 전 은행에 꼭 확인

해보세요. 이 경우를 매매 동시 전세라고 합니다. 전세 잔금일과 소유권 이전등기일이 같지요. 두 날짜가 같다면 전세 대출 상품 중에서 원하는 대출을 못 받을 수도 있으니 미리 은행에 확인해야 합니다.

▌집주인 담보 대출이 내 보증금보다 먼저! 매매 동시 전세는 매매 잔금일과 전세 잔금일이 같습니다. 만약 매수인이 담보 대출을 받는다면 전세 보증금보다 은행 대출이 '선순위 권리'가 되어 보증금을 지키지 못할 수도 있지요. 그러니 전세 계약서에 "집주인은 대출을 받지 않는다" "다른 권리침해 요소를 만들지 않는다"라는 내용을 기재해야 합니다. 보증금을 지키는 최소한의 안전장치입니다.

▌집주인이 전세 계약을 파기한 경우엔? 자기 의지와는 상관없이 전세 계약이 파기되는 경우도 있습니다. 매도-매수인의 매매 계약 자체가 틀어지는 경우이지요. 또는 집주인의 변심으로 전세 계약 일방해지를 당할 수도 있습니다.

계약금은 누구한테 돌려받아야 할까요? 매도인일까요, 매수인일까요? 답은 간단합니다. 내가 돈을 준 사람에게 돌려받으면 됩니다. 계약서는 매수인과 썼는데 보증금은 매도인한테 보냈다면 어떻게 될까요? 이때는 매매 계약서에 명시된 내용을 토대로 하되, 임대차계약서를 쓰는 사람한테 돈을 주고 틀어질 경우를 대비해서 돈을 준 사람에게 돌려달라고 하면 됩니다. 관련 내용을 매도인, 매수인에게 모두 확인받는 것은 필수입니다.

계약은 매도인과 했는데? 더 최악의 상황도 있었습니다. 매매 계약을 했고 매수인이 전세를 놓습니다. 전세 계약서는 매도인과 썼고요. 실제 진행은 매수인이 한 것이고, 계약서만 매도인하고 쓴 겁니다. 전세 계약금도 매도인 통장으로 들어갔고요. 의사결정은 매수인과 세입자가 하고, 계약은 매도인이 했습니다.

그러다 매수인과 세입자의 상황이 안 좋아지면서 전세 계약을 깨자고 했습니다. 계약금 반환을 놓고 실랑이가 벌어지죠. 세입자는 계약서를 쓴 매도인에게 돈을 내놓으라 하고, 매수인은 매도인에게 돈을 주지 말라고 합니다. 전세 계약금 반환 소송에 모두가 얽혀들었습니다. 이때는 무엇보다 책임 소재를 명확히 하는 것이 중요합니다.

그렇다면 계약서는 누구와? 잔금을 지급하기 전에 매수인과 계약한 세입자는 법의 보호를 받을 수 있을까요? 전세 계약에 대한 책임 소재를 분명히 하고, 매매 계약이 깨질 때 어떻게 되는지를 확인해야 합니다. 매매 계약서에 별다른 내용이 없다면, 매매가 깨질 때 전세도 깨질 확률이 높습니다.

법에는 "소유주가 아닌 적법한 권한을 가진 사람도 임대인이 될 수 있다"라고 명시하고 있습니다. 이 경우에는 이사를 하고 전입신고를 해야 삼자에 대항력이 생깁니다. 잔금 전, 이사 전에 문제가 생겼다면 법의 보호를 못 받을 수 있습니다.

매수인하고 계약을 했다면 전세 계약 당시 매수인은 적법한 권한을 가진 겁니다. 그렇더라도 매매가 깨지면 권한이 없는 사람과 임대차계약을 한 셈이 되고, 세입자는 임대차보호법의 보호를 받지 못할 확률이 높아집니다. 매매 계약이 해제되면 매수인은 소유권을 취득할 수 없는 상태가 됩니다. 그럼 매수인과 계약한 세입자는 매도인한테 임대차계약의 효력을 주장할 수 없습니다.

그러니 집을 계약하기 전에 부동산에 먼저 확인해야 합니다. 매매가 깨질 경우 전세 계약은 어떻게 되는지를 말이지요. 그리고 근거를 요구해야 합니다. 예를 들면 중도금이 있어서 일방해제가 안 된다는 조항 등을 넣는 것이지요.

> **▶ 특약 사항**
> • 매도인은 매매계약이 취소되더라도, 매수인-임차인의 전세 계약을 승계한다.

즉 세입자와의 전세는 유효하다는 확답까지 받아야 100% 안전합니다. 매수인과 전세 계약을 할 때는 다음의 내용도 특약 사항에 넣길 바랍니다.

> **▶ 특약 사항**
> • 매수인은 전세 잔금을 받는 즉시, 매매 잔금을 치르고 소유권 이전등기 절차를 마친다. 그렇지 않을 경우, 세입자는 즉시 보증금을 돌려받고 계약을 해제하며 관련 손해배상을 청구할 수 있다.

갑자기 집주인이 바뀐 뒤 세입자가 하면 안 되는 일은?

┃ 갑자기 집주인이 바뀌었어요 전월세를 살고 있는데 집주인이 바뀌는 경우가 있습니다. 처음에는 홍길동이 집주인이었는데, 중간에 전우치로 바뀐 겁니다. 이럴 때 어떻게 하면 될까요? 나중에 보증금은 누구한테 돌려받는지, 보증금을 어떻게 하면 지킬 수 있는지. 전월세 계약서는 새로 써야 하는지 등에 대해 알아보겠습니다.

┃ 보증금은 누구한테 받나요? 집 매매는 전 주인과 새 주인 간의 거래입니다. 그래서 세입자에게 알릴 의무도 없고, 사전 동의를 받을 필요도 없습니다. 보증금은 새 집주인에게 받으면 됩니다. 임대인 지위가 승계되면서 보증금 반환 의무도 새 주인에게 갔으니까요. 그러니 퇴거 시에 새 주인에게 받으면 됩니다.

> • 주택임대차보호법 3조 ④ 임차주택의 양수인(讓受人, 그 밖에 임대할 권리를 승계한 자를 포함한다)은 임대인(賃貸人)의 지위를 승계한 것으로 본다.

▌계약서를 새로 써야 하는가? 임대차계약서를 새로 쓰지 않아도 됩니다. 원래 계약 기간에 동일한 조건으로 승계된 것이므로 그대로 살아도 됩니다. 새 집주인이 계약서를 다시 쓰자고 하면 이렇게 답변해보세요. "법에 계약서를 새로 작성하지 않아도 된다"라고 되어 있다고요. 다만 집주인이 새 계약서 작성을 강력하게 요구한다면 다음의 사항을 넣습니다.

> • 기존 계약서에 집주인이 바뀐 내용과 인적사항을 쓰고 그 위에 도장을 찍습니다.
> • 새 계약서를 쓴다면 기존 계약 내용(조건, 금액, 기간, 특약 사항 등)과 임대인이 바뀌어서 새로 쓴다는 내용을 함께 명시합니다.

▌은행·보증보험에서 새 계약서를 요구한다면? 원칙상 다시 새 계약서를 안 써도 되지만, 은행이나 보험 회사에서 약정상 필요한 경우가 있습니다. 이때는 새 계약서를 쓰고 확정일자를 받은 다음, 다시 제출해야 합니다. 그리고 기존 계약서는 반드시 가지고 있어야 합니다.

┃새 주인이 이상해요 세입자가 새 집주인을 거부할 수도 있을까요? 가능합니다. 세입자가 임대차 지위 승계를 거부할 수 있습니다. 다만 집주인이 바뀐 사실을 알게 된 뒤 시간이 많이 지난 다음에는 거부할 수 없습니다.

임대차 지위 승계를 거부할 때는 원래 집주인에게 승계 거부 사실을 통보하고 보증금 반환을 요청해야 합니다. 임대차 승계 거부의 해석이 엇갈리지만, 전세 피해자들의 승소 사례가 이어지고 있습니다.

┃절대 해서는 안 되는 것, 전출! 집주인이 바뀌고 나서 절대 해서는 안 될 일이 있습니다. 반드시 기억하세요. 주소를 뺐다가 다시 들어오는 것은 절대로 해서는 안 됩니다. "등본상 이사를 나갔다가 들어와달라" "전입을 잠시 빼달라"는 집주인의 요구를 들어주면 결국 보증금을 잃고 맙니다.

주소를 잠깐 빼는 일이 왜 위험할까요? 십중팔구 집주인이 현재 집을 담보로 돈을 빌릴 테니까요. 그러면 은행이 세입자보다 선순위가 되면서 보증금을 돌려받지 못할 수도 있습니다. 즉 돈 받을 순서가 뒤로 밀린다는 뜻입니다.

만약 나중에 집주인이 돈을 못 주겠다고 두 손 든다면 최후의 수단은 경매입니다. 집이든 집주인이든 하자가 많은데 누군가가 헐값에 사가는 거예요. 그럼 세입자의 보증금은 어떻게 될까요? 이 집을 팔아서 생긴 돈을 순서대로 나눠 갖는데, 이 순서를 배당순위라고 합니다. 줄 선 순서대로 돈을 받습니다.

• **주소를 빼면 집주인은 이렇게 한다** – 그런데 주소를 옮겼다가 다시 들어오면 그 순위가 뒤로 밀립니다. 먼저 집주인 홍길동과 계약을 했다고 봅시다. 이때 전입신고를 하고 확정일자를 받으면 순위가 매겨집니다. 그런데 새 집주인이 나타나서 주소를 빼달라고 합니다. 그래서 주소를 빼주면 어떤 일이 일어날까요? 등기부등본 을구에 '무엇인가'가 생깁니다. 바로 근저당권, 즉 집을 담보로 대출을 받은 것이지요. 그리고 다시 전입을 하면 2순위가 됩니다. 원래는 1순위였는데 주소를 빼고 나면 세입자가 뒤로 밀리는 것이지요. 주소를 빼는 일이 이래서 위험합니다. 새 집주인이 주소를 빼달라고 했을 때 절대 중간에 전출을 하면 안 되는 이유, 이제 아시겠죠?

• **집주인의 부탁을 거절하기 어려울 때** – 그래도 '인간적으로 좀 해줄 수 있지 않나'라고 생각이 든다면 최후의 수단이 있습니다. "각서든 뭐든 써달라"고 요구하고 주소를 빼기 전에 그 집에 내 보증금만큼 근저당(또는 전세권 등)을 거는 것이지요. 다만 보증금을 100% 지키기에는 장담할 수 없습니다. 그러니 전출 요구를 단호하게 거절하는 것이 최선입니다.

전세 사기는
피해자의 잘못인가?

▎전세 사기, 당하기 전에는 모르는 일 　전세 사기는 절대 피해자의 잘못이 아닙니다. 전세 사기는 주로 부동산 거래 경험이 적은 사회 초년생이나 신혼부부 등이 당하는 경우가 많습니다. 그리고 형편이 썩 좋지 못한 사람들이 당하는 경우가 많고요. 전세 사기의 상당수가 빌라나 연립주택처럼 소규모 주택에서 일어나기 때문이지요.

▎소유자와 계약하라 　전세 사기를 당하지 않으려면 원칙을 잘 지키면 됩니다. 원칙은 다름 아닌 '소유자와 계약'하는 것입니다. 만약 부동산에서 "실제 주인은 따로 있는데 이름만 되어 있다. 그래서 실제 주인이 누구인지 모른다" "내가 지금까지 이 동네에서 오랫동안 거래하고 있는데, 그동안 이렇게 해왔다. 그러니 이번에도 괜찮을 거

다"라고 말하는 것은 믿지 마세요. 어떤 이유를 대더라도 소유자 명의와 계약해야 합니다.

돈은 소유자 명의의 계좌로 넣어라

이보다 더 중요한 점은 '모든 돈은 등기부에 적힌 소유자 명의의 계좌로 넣어야 한다'는 것입니다. 이런저런 핑계를 대면서 타인 명의의 계좌로 입금을 요구한다면 계약을 해서는 안 됩니다. 만약 다른 사람 통장으로 받겠다면 관련 내용을 계약서에 써두어야 합니다.

> ▶ **특약 사항**
> • 소유주 요청대로 ○○○의 계좌로 입금함

확인하고 또 확인하라

가계약금, 계약금, 중도금, 잔금을 넣는 각 과정마다 등기부등본을 꼭 확인하세요. 특히 가계약금을 넣을 때 전화나 문자로 확인하지 말고 등기부등본을 꼭 봐야 합니다. 지금 돈을 받는 사람이 실제 등기부상 집주인이 맞는지 확인하기 위함이지요.

그리고 계약 내용과 다른 사실이 없는지도 봐야 합니다. 등기부등본에 (사전에 듣지 못한) 집주인의 담보 대출 등이 확인해야 할 사항입니다. 계약 이후에 잔금을 치르기 전에는 등기부상 권리변동이 없는지를 검토해야 합니다. 처음에는 대출이 없었는데 갑자기 집주인이 담보 대출을 받을 경우에는 보증금을 못 지키기 때문이지요.

등기부등본 갑구

45.4410		20○○년○월○일 등기

【 갑 구 】 (소유권에 관한 사항)				
순위번호	등 기 목 적	접 수	등 기 원 인	권리자 및 기타사항
2	소유권이전	20○○년○월○일 제○○○호	20○○년○월16일 매매	소유자 ○○○○○○○

【 을 구 】 (소유권 이외의 권리에 관한 사항)				
순위번호	등 기 목 적	접 수	등 기 원 인	권리자 및 기타사항

최근 전세 사기 유형 중에 신탁등기가 많습니다. 소유자가 '○○신탁'이라고 되어 있습니다. 이렇게 되어 있는 집은 꼼꼼히 따져봐야합니다. 등기부등본 외에 신탁원부를 체크해야 하지요. 신탁등기가되어 있는데도 공인중개사가 신탁원부를 보지 않거나 모른다면 보증금을 날릴 수 있습니다.

▌미심쩍으면 꼭 질문하라　계약 과정에서 미심쩍거나 이해가 안되는 부분이 있으면 꼭 짚고 넘어가세요. 계약하는 자리에서 그냥 넘어가는 경우가 꽤 있습니다. 도장 찍고 뒤늦게 돌이키려고 하면 늦습니다. 한 번 찍은 도장은 다시 지울 수 없습니다.

그 자리에서 바로 묻기가 어렵다면 공인중개사를 '이용'하길 바랍니다. 중개를 맡은 공인중개사한테 물어보고 확인을 요청하는 겁니다. 집주인이 앞에 있어서 할 말을 제대로 못하겠다면 공인중개사와따로 나가 이야기해도 됩니다.

부동산 사기 수법에
걸려들지 않으려면?

┃진화하는 부동산 사기 범죄 부동산 사기가 교묘하고 악질적으로 진화하고 있습니다. 알고도 당하는 것이 사기라고는 하지만, 최소한 이것만은 알았으면 좋겠습니다.

┃전입신고도 먼저 했는데 내가 먼저가 아니다? 임대차보호법상 임차인의 권리를 지키기 위해서는 전입신고, 이사, 확정일자가 필수입니다. 그런데 이렇게 모든 걸 다 했는데도 사기를 당하는 경우가 있습니다.

세입자가 전입신고를 하는 날에 집주인이 다른 사람한테 집을 팔거나 대출을 받는 수법이지요. 세입자의 대항력은 전입신고 등을 마친 다음 날 0시부터 생깁니다. 반면 소유권 이전, 대출로 인한 근저당은 신고한 때부터 효력이 발생합니다. 이 점을 악용해서 전입신고일에 세입자 몰래 주택담보 대출을 받으면, 전세 보증금보다 은행이 앞서는 것이지요. 이 순서를 '선순위, 후순위'라고 하는데, 경매에 넘어가서 집이 팔렸을 경우 선순위가 먼저 그 돈을 배당받습니다. 그래서 순위가 중요한 겁니다.

더 악질인 사람도 있습니다. 보증금을 돌려줄 능력이 안 되는 사람한테 '일부러' 집을 넘기는 사기 유형이지요. 이른바 바지사장에게 집을 팔고 서로 책임을 떠넘기면, 결국 세입자는 보증금만 날리고 맙니다. 때에 따라서는 세입자가 전세금 반환보증보험에 가입했더라도 세입자의 대항력 순위를 문제 삼아 이행 보류(또는 거절)를 할 수도 있습니다.

▎**이럴 땐 이렇게!** 먼저 전입신고를 합니다. 은행에서 대출을 해줄 때 전입세대열람원을 요구합니다. 이 때문에 전입이라도 먼저 해놓으면 은행이 담보 대출을 안 해줄 수도 있습니다. 그리고 특약 사항에 임차인의 선순위를 유지할 수 있는 조항을 넣습니다.

승계거부라는 방법도 있습니다. 임차인은 임차 주택의 양도 사실을 알게 되고 난 뒤 새로 바뀐 집주인과 임대차 관계를 승계하지 않을 권한이 있습니다. 또한 임차인이 상당한 기간(약 한 달) 내에 이의를 제기하면 새로 바뀐 집주인이 아닌 전 집주인에게 임차보증금을 돌려받을 수 있습니다.

┃흔한 사기 수법 신축 빌라 사기는 흔한 수법입니다. 빌라를 새로 짓고 전세 세입자를 구합니다. 분양가가 전세금보다 비싸니까 걱정 없다고 하고, 반환보증보험을 들 수 있다고 말합니다. 그리고 이사비, 인테리어 비용, 이자 등 현금을 지원해준다고 합니다. 매우 솔깃한 제안이지요.

신축 빌라인 경우에는 정확한 분양가나 시세를 알기가 어렵습니다. 대개 'R'이라 불리는 리베이트를 붙여서 분양가를 정하지요. 이런 리베이트는 결국 세입자의 전세 보증금으로 충당하는 구조입니다. 이 점을 악용해서 분양가를 높게 책정한 뒤, 그 수준으로 전세 세입자를 구합니다. 이 사기 수법은 건설사, 분양사, 공인중개사, 감정평가사 등이 판을 벌려 짜고 치는 고스톱이 될 때가 많습니다. 소규모 신축 빌라(오피스텔)의 정상적인 가격을 아는 일은 불가능하다고 보면 됩니다. 그러니 되도록 신축 빌라 전세는 피하는 것이 좋습니다.

┃나 말고 세입자가 또 있다? 이삿날까지도 사기인지를 모르는 경우가 태반입니다. 같은 집을 여러 사람한테 세를 주고 돈을 가로채는 방식이지요. 하나의 집을 두고 다수의 피해자가 생기는 사기 유형입니다. 집주인이 같은 집을 여러 명의 세입자와 전세 계약을 맺고, 그 보증금을 가로채는 것이지요.

부동산에서 각각 계약을 하면 정보를 공유할 수 없습니다. 누군가가 이사를 하거나 전입신고를 하기 전에는 다른 임대차 사실을 확인할 수도 없고요. 이를 악용한 전세 사기 수법입니다.

확정일자 부여 현황 또는 임대차계약신고 제도가 있지만, 이런 사기 수법을 전부 막기에는 한계가 있습니다. 특히 확정일자 부여 현황은 삼자 열람이 제한적이기 때문입니다.

▶ **특약 사항**
- 집주인은 본계약 외 다른 임대차 등 권리 침해 요소가 없음을 확인한다.

전세로 들어왔는데 월세를 내라고?

대리인 또는 부동산이 주로 저지르는 범죄 수법입니다. 이사 들어가고 한 달 정도가 되어도 사기를 당했다는 사실을 모르는 경우가 대부분입니다. 집주인이 뒤늦게 "월세를 왜 안 내냐"라고 연락을 할 때 알게 됩니다. 세입자는 전세 계약을 맺고 들어왔기 때문입니다.

피해자인 세입자는 대리인과 전세 계약을 했지만, 집주인은 월세 계약으로 알고 집을 내준 상황입니다. 이 사기 범죄는 계약할 때 대리인이 진행한다는 점과 집주인 계좌가 아닌 다른 사람 통장을 이용한다는 점이 특징입니다.

집주인과 계약했는데 불법이라면?
_ 신탁등기

▌집주인과 계약했는데 불법이라고?　빌라 전세를 알아보던 신혼부부. 등기부등본에 '신탁회사'라는 단어가 마음에 걸렸지만, 인상 좋은 집주인을 믿고 계약하기로 결정했습니다. 가구를 들여놓던 기쁨도 잠시. 불법으로 집을 점유하고 있다며 나가달라는 통지를 받았습니다. 등기부에 있던 신탁회사였습니다.

집주인도 아닌 신탁회사라서 문제될 것이 없다고 생각했지만 현실은 너무나 달랐습니다. 집주인이라고 이야기했던 집주인이 실제 '소유주'가 아니라는 것이었지요. 결국 신혼부부는 불법 점유를 한 것이 맞았고, 보증금도 떼이고 집에서 나가야 하는 아주 곤욕스런 상황에 처하고 맙니다.

┃대체 왜 이런 일이? 왜 이런 일이 벌어졌을까요? 바로 등기부 등본에 있던 '신탁회사'가 문제됐기 때문입니다. 신탁은 부동산 소유자가 부동산의 관리나 처분·개발을 신탁회사에 맡기고, 신탁법령에 따른 보수를 지불하는 겁니다. 즉 실제 주인이 소유권을 다른 회사에 (임시로) 넘겨주는 것이지요. 왜 이렇게 할까요? 대출을 많이 받기 위해서입니다.

- 제9조(신탁부동산의 보전관리 등)
- 위탁자는 사실상 계속 점유 사용하고, 보존 및 일체의 관리행위를 부담한다.
- 위탁자는 수탁자의 사전승낙이 없는 경우에는 임대차 등을 할 수 없다.

- 제10조(임대차 등)
- 임대인 명의를 위탁자로 하는 임대차계약은 수탁자의 사전승낙을 얻어야 한다.
- 위탁자 임의로 체결한 임대차계약은 효력이 없다.

신탁등기가 된 등기부등본

6	소유권이전	2016년10월 ▓▓호	2016년10월5일 신탁	수탁자 주식회사 ▓▓부동산신탁 서울특별시 ▓▓▓ ▓▓▓
	신탁			신탁원부 제▓▓호
7	소유권이전	2017년11월 ▓▓1호	2017년11월3일 신탁재산의귀속	소유자 ▓▓건설주식회사 ▓▓▓
	6번 신탁등기말소		신탁재산의 귀속	

신탁원부

일반적으로 건물을 지으면서 개인 명의로 대출을 받는 것보다 신탁등기(신탁회사로 소유권을 넘겨주는 일)를 하면 돈을 더 많이 빌릴 수 있으니까요. 부동산을 취득하거나 개발 자금을 모으기 위해 담보 신탁하는 경우가 많습니다.

▎무늬만 집주인 신탁을 맡기면 등기부 소유주가 집주인이 아닌 신탁회사로 바뀌게 됩니다. 이렇게 신탁이 된 집은 말 그대로 집주인이 신탁회사가 되는 것이므로, 계약도 신탁회사와 해야 합니다. 소유

권을 넘긴 집주인은 무늬만 집주인일 뿐이고, 집을 계약할 권한이 없습니다. 이를 잘 모르는 세입자가 신탁회사가 아닌 사람과 계약을 맺으면, 계약 자체에 효력이 없으므로 문제가 생길 수 있습니다.

│계약은 소유주와 하기 하나만 기억하면 됩니다. '등기부상 소유주와 계약을 하는 것'입니다. 만약 등기부등본 갑구 소유자에 '신탁'이라고 되어 있다면 신탁회사와 계약을 하면 됩니다. 간단하죠? 그런데 "신탁회사에 맡긴 것이니 안전하다. 지금까지 늘 이렇게 해왔고 문제된 적이 없었다"라고 말하면 어떻게 할까요?

간단합니다. 신탁회사의 동의가 있으면 됩니다. 신탁등기가 되면

수탁자의 임대차동의서

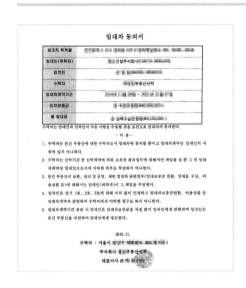

'신탁원부'라는 문서가 생깁니다. 그러니 신탁원부를 발급받아서 확인합니다. 신탁원부에 보면 "위 건물을 임대차/매매하려면 어떻게 해야 한다"라고 나와 있습니다.

신탁원부는 온라인이나 모바일로는 발급받을 수 없고 등기소에 가야 합니다. 신탁원부 분량이 많아서 헷갈릴 수 있겠지만, '부동산의 보전관리/임대차계약' 등의 항목을 보면 됩니다. 위탁자(건물주, 건축회사), 수탁자(신탁회사), 별도로 수익자(은행) 등이 나옵니다.

계약할 때는 대출 은행과 신탁회사의 동의를 받아 건물주와 진행하라는 경우가 많습니다. 이때 동의 방식은 보통 동의서, 확인서 등 서류로 받는 것이 안전합니다. 등기부등본에 '부동산 신탁'이라고 나오면 긴장은 해야겠지만 마냥 걱정할 필요는 없습니다.

소유권을 가진 자와 계약하면 됩니다. 다만 신탁회사의 승낙이 있으면 건물주와 해도 되는 경우가 있습니다.

• TIP 1. 신탁원부 확인 - 일선 부동산에서는 신탁이 된 집이라도 신탁원부를 확인하지 않고 진행하기도 합니다. "집주인이 맞으니 그냥 해도 된다" "지금까지 다 이렇게 했으니 까다롭게 굴면 안 된다"라는 말로 신탁원부조차 확인하지 않는 부동산은 거르면 됩니다.

• TIP 2. 직거래 NO! - 신탁등기된 집이라면 직거래를 하지 않는 것이 좋습니다. 반드시 공인중개사를 끼고 계약하길 바랍니다. 공인중개사가 신탁원부 확인, 승낙서 등을 수령하며 진행할 것입니다.

집주인이 사기꾼인지
알아내는 방법은?

│미심쩍은 집주인을 확인하는 방법   전세 사기로 보증금을 날린 사람들의 사연을 쉽게 볼 수 있습니다. 가장 악질적인 수법은 갭투기로 짜고 치는 수법이지요. 돈이 없는 '바지 주인' 명의로 소유자를 바꾼 뒤, 보증금을 떼먹는 수법입니다. 대다수의 피해자들이 사회 경험이 없거나 형편이 좋지 않은 경우가 많습니다. 주로 1억~2억 원대의 금액대가 갭투기나 전세 사기의 좋은 먹잇감이기 때문이지요.

지금부터 당신의 집주인이 갭투기꾼인지, 아니면 사기꾼인지를 체크리스트로 살펴보겠습니다.

• 집주인이 부자라서 집이 많다 – 부동산 사무실에서 "집주인이 되게 부자라서 소유한 집이 많다"라는 말을 들었다면 주의가 필요합니다.

집이 많다는 사실이 사기꾼이라는 것은 아니지만, 그만큼 투자를 전문으로 한다는 뜻이니까요.

• **집주인이 안 오고 대리인이 왔다** – 계약서를 쓰러 갔는데 집주인은 안 오고 대리인이 왔거나 부동산에서 대리를 한다면 한번쯤은 짚고 넘어가길 바랍니다. 집을 계약한다는 것은 큰돈이 오고가는 문제이기 때문에 본인이 직접 오겠지요. 물론 집주인이 정말 바빠서 다른 사람이 오는 경우도 있습니다. 이때는 집주인에게 정당하게 대리권한을 받았는지, 입금 계좌가 소유주 명의의 계좌인지를 반드시 확인하세요.

• **집주인 옆에 코치가 있다** – 집주인은 가만히 있고, 옆에 온 사람이 계약을 주도하는 경우가 있습니다. 소유자가 아닌 다른 사람이 주도적으로 나선다면, 일단 그들의 대화 내용과 행동을 유심히 지켜볼 필요가 있습니다.

• **옷차림이 지나치게 남루하다** – 집주인이라고 명의만 빌려주고 수고비 등을 받는 사람이 있습니다. 노숙인이나 특별한 연고가 없는 사람을 바지사장으로 내세우는 경우가 있지요. 옷차림이나 행색이 지나치게 남루하다면 의심해보는 것도 괜찮습니다. "어디 사세요? 그 동네는 어때요? 여기에 입주할 계획이 있나요?" 등의 질문을 던지면서 파악해보세요.

• 이 집에 대해 잘 모른다 – 집주인이라면 집에 대해 이것저것 따져보고 알아보는 게 일반적일 겁니다. 누군가의 소개로 사더라도 최소한의 정보는 있을 겁니다. 그런데 집주인이 집에 대해 아무것도 모른다면 매우 이상한 것이지요.

• 집도 안 보고 집을 산다 – 집을 살 때는 보통 동네도 한 번 둘러보고, 집 상태도 꼼꼼히 살필 겁니다. 집에 누수는 있는지, 망가진 건 없는지 살펴보는 게 일반적이지요. 집을 보러 온 적도 없는 사람이 집을 샀다고 새 주인이라고 한다면, 이것 역시 의심해볼 만합니다.

• 사람한테 아무 관심이 없다 – 사기꾼의 공통적인 특성이 있습니다. 그들은 세입자, 즉 사람한테 아무 관심이 없다는 것이지요. 보통 전세를 주면 이 사람이 집을 깨끗하게 쓸 사람인지, 말썽 안 피울 사람인지, 반려견은 키우는지 등을 궁금해합니다. 그런데 사기꾼들은 별 관심이 없습니다.

┃이렇게 대응하세요 등기부 을구에 근저당 등 바뀐 점이 있는지 확인합니다. 새 집주인과 연락이 안 될 때는 위험 신호입니다. 이럴 때는 시군구청 임대차상담센터 또는 법률 자문을 받아야 합니다. 또는 원래 집주인을 상대로 임대차계약 승계를 거부하고, 즉시 계약 해지를 요청하길 바랍니다.

10장

알아두면 유용한
부동산 정보

10장은 '부동산 정보 큐레이션'입니다. 무수히 많은 부동산 정보 중에서 알짜배기만 추려냈습니다. 아파트 1층과 탑층의 장단점, 신축 아파트의 특징 등 실제 경험을 바탕으로 구성했습니다. 부동산으로 돈을 벌었다면 세금을 내야 합니다. 다운계약으로 편법 탈세를 일삼는다면 무거운 처벌을 각오해야 합니다.

미분양이 늘어난다는데
청약해도 괜찮나?

┃청약이라면 '영끌'해도 괜찮다 최근 몇 년간 우리나라의 집값은 하늘 높은 줄 모르고 치솟았습니다. 자고 일어나면 앞자리가 바뀌는 곳도 있었죠. 나날이 높아지는 가격에 집을 팔려다가도 마음을 바꿉니다. 집을 사려는 사람들은 어쩔 수 없이 매도인에게 끌려다녀야 했지요.

최근 몇 년간 청약 열기도 뜨거웠습니다. '청약불패'라는 이야기가 나올 정도였습니다. 청무피사(청약은 무슨! 피 주고 사라), 선당후곰(선 당첨, 후 고민)이라는 신조어도 생겨났고요. 2018~2021년 아파트 청약 시장은 과열된 양상을 띠었습니다. 수백 대 일의 경쟁률은 기본이었고, 청약 점수가 70점이 되어도 청약에 떨어지는 경우가 있었지요.

언제까지고 호황일 줄 알았던 부동산 분위기는 2022년부터 달라지기 시작했습니다. 집을 내놔도 안 팔리는 시기였지요. 거래 절벽에 실거래가도 하락하면서 무너지는 곳들이 많았습니다. 청약 시장도 마찬가지였습니다. 곳곳에서 미계약, 미분양이 늘어났지요. 부동산 경기에 대한 불안이 청약 시장에도 옮겨붙은 것입니다.

▌새집을 가장 싸게 받을 수 있는 유일한 길 다른 집을 살 때는 이전 주인에게 얼마가 되었든 웃돈을 주고 사야 합니다. 그런데 청약에 당첨되면 원분양가 그대로 집을 장만할 수 있습니다. 새집을 가장 싸게 얻는 방법이 청약인 셈이지요.

집값이 많이 떨어졌더라도 지금 신축 분양가보다 싼 곳은 없습니다. 혹시 분양가보다 싸게 떨어졌다면, 그런 집은 부동산 분위기나 경제 상황과 상관없이 사면 안 되는 곳입니다. 기본이 탄탄하지 못한 곳인데 '요행'으로 올랐을 뿐이니까요.

▌분양가가 점점 높아진다 5년 전만 해도 3억 원대에 분양하는 집이 많았습니다. 지금은 어떤가요? 수도권에서 눈길이 간다는 곳은 최소 5억 원 이상입니다. 인기 지역이라면 7억~8억 원도 우습지요.

시간이 갈수록 분양가는 더 올라갈 겁니다. 건축비는 물론이고 인건비도 오르니까요. 민간택지 분양가상한제도 결국은 분양가를 끌어올릴 겁니다. 분양가는 '오늘'이 제일 쌉니다.

1년간 인천에서 분양한 아파트 건축비를 조사한 결과를 살펴보겠습니다.

분양 아파트 건축비

아파트 명	공고일	건축비	건축비 차이
검단역 금강펜테리움 더시글로1차	2021-04-23	2억 9,308만 6천 원	1,976만 원
검단역 금강펜테리움 더시글로2차	2022-03-31	3억 1,284만 6천 원	
마전 양우내안애 퍼스트힐1차	2021-06-16	3억 1,264만 3천 원	3,181만 8,182원
마전 양우내안애 퍼스트힐2차	2022-05-31	3억 4,446만 1,182원	
제일풍경채 검단1차	2021-12-16	2억 5,654만 3천 원	1,125만 6천 원
제일풍경채 검단2차	2022-03-29	2억 6,779만 9천 원	

건축비는 지역마다, 브랜드마다 편차가 있어도 꾸준히 상승하고 있습니다. 2021년 1월만 하더라도 건축비가 2억 원대인 곳이 상당히 많았습니다. 3억 원을 넘기는 곳은 일부였지요. 그러다가 2022년에는 3억 원 아래가 사라졌습니다. 검단신도시에서 최근 지어지는 아파트들도 3억 원을 넘기고 있습니다. 예상대로 건축비가 계속 오르고 있습니다. 앞으로도 오를 것이고요.

한 가지 분명한 사실은 '청약은 언제나 옳다'라는 점입니다. 부동산 분위기에 따라 청약 열기도 시들해진 상황인데, 그럼에도 인기 지역의 아파트 청약 경쟁률은 높습니다.

생각보다 다양한 부동산 세금,
어떤 세금을 언제 내야 하나?

▎부동산 관련 세금　부동산과 관련된 세금은 3가지로 나뉩니다. 매수할 때, 보유하고 있을 때, 매도할 때 각각 세금을 내야 합니다. 취득할 때는 취득세를, 보유하고 있을 때는 재산세와 종합부동산세를, 매도할 때는 양도소득세를 내야 하지요. 이외에도 인지세, 상속세, 증여세, 농어촌특별세, 지방교육세가 있습니다.

▎부동산 취득 시 내야 할 세금　먼저 부동산을 취득할 때 내야 하는 취득세를 살펴보겠습니다. 취득세는 항상 세트로 움직입니다. 메인 메뉴인 취득세, 사이드 메뉴인 농어촌특별세 및 지방교육세가 하나의 세트이지요. 이 세금은 집이 비쌀수록, 집이 여러 채 있을수록 많이 내야 합니다.

입주권과 분양권은 주택 수에 포함됩니다. 그런데 오피스텔 분양권은 취득 시까지 주택 수에 포함되지 않습니다. 취득세는 집값, 주택 수, 조정대상지역 여부에 따라 1~12%까지 매겨집니다. 생애최초 1주택이라면 감면 혜택도 있고요.

잔금일 또는 등기 접수일로부터 60일 이내에 취득세를 신고하고 납부해야 합니다. 이 기한을 넘기면 신고불성실가산세 20%(부정행위 시 40%)와 납부불성실가산세 1일마다 0.022%를 내야 합니다.

▌부동산 보유 시 내야 할 세금 부동산 보유 시에는 재산세와 종합부동산세를 매년 납부해야 합니다.

• 재산세 – 집을 보유하고 있으면 매년 내야 하는 세금이 있습니다. 바로 재산세이지요. 매년 6월 1일을 기준으로 소유권을 갖고 있는 사람이 재산세를 냅니다. 이 때문에 잔금일을 두고 실랑이를 벌이기도 합니다. 5월 31일에 잔금을 치르면 매도인이 유리하고, 6월 1일 이후라면 매수인이 유리합니다.

재산세는 시가표준액을 기준으로 합니다. 흔히 생각하는 '집값=시세'가 아니라 시가표준액과 공정시장가액비율 및 세율을 곱합니다. 재산세는 1년에 2번 냅니다. 7월(16~31일)에는 주택 부분의 1/2과 건물분 재산세를 내고, 9월(16~30일)에는 주택 부분의 1/2과 토지분 재산세를 냅니다. 다만 주택의 재산세액이 10만 원 이하라면 7월에 한꺼번에 낼 수 있습니다.

재산세 납부액이 250만 원을 초과한다면 세액의 일부를 납부기한이 지난 날부터 2개월 이내에 나눠서 낼 수도 있습니다.

• **종합부동산세** – 종합부동산세는 재산세처럼 부동산을 갖고 있는 동안 매년 내야 하는 세금입니다. 소유한 집과 땅이 비싸면 비쌀수록 세금을 더 많이 내지요.

6월 1일 기준으로 집과 땅을 유형별로 구분해서 인별로 합산합니다. 그 공시가격 합계액에 따라 종합부동산세를 내야 하지요.

- 주택: 개인별 9억 원 초과할 때(다만 1세대 1주택자는 12억 원을 초과 시)
- 종합합산토지(나대지 등): 공시가격 합계액 5억 원 초과 시
- 별도합산토지(상가 등 부속토지): 80억 원을 초과할 때

새로 도입된 일시적 2주택·상속주택·지방 저가주택 과세특례도 있습니다. 1세대 1주택자가 이사 등의 이유로 일시적 2주택자가 된 경우, 주택을 상속받거나 지방 저가주택이 추가되어 2주택자가 된 경우도 1주택자로 간주합니다. 이때 최대 12억 원을 공제받을 수 있습니다.

▌부동산 처분 시 내야 할 세금   보유한 부동산을 처분할 때 이득을 봤다면 양도소득세(지방소득세 포함)를 내야 합니다. 부동산을 팔았을 경우, 양도일이 속하는 달의 말일부터 2개월 이내에 주소지 관

할 세무서에 신고하고 양도소득세를 내야 합니다. 미신고 시에는 가산세가 부과됩니다.

1세대 1주택 비과세, 일시적 주택 비과세, 장기보유특별공제, 기본공제 등이 적용됩니다. 양도 차익이 크면 클수록 많이 내는 구조입니다.

▌취득세, 양도세 납부는 전문가에게 상담

이처럼 부동산은 매수할 때, 보유하고 있을 때, 매도할 때 각각 세금을 내야 합니다. 세법은 수시로 바뀌기도 하고, 감면 또는 중과도 개인에 따라 지역에 따라 시기에 따라 달라집니다. 취득세, 양도세 납부는 전문가에게 상담을 받는 것을 추천합니다. 취득세는 법무사가, 양도세는 세무사가 담당합니다.

전매제한 때의 분양권 거래, 불법인데도 왜 하는 걸까?

▎전매제한 때 분양권을 사고팔면 벌어지는 일 "일이 꼬였다. 매도인이 사망했다." 모델하우스 앞의 수상한 행적들, 계약자들을 상대로 불법을 조장하는 무리들을 듣거나 본 적 있나요? 일명 '떴다방'입니다.

떴다방에는 정식으로 등록된 공인중개사가 아닌 무자격자들이 주로 가담하고, 일부 공인중개사도 가담하는 경우가 있습니다. 거래를 해서는 안 되는 분양권을 거래시키거나 청약통장을 매수하기도 합니다. 시세 차익을 노린 불법 거래이지요. 분양된 이후에 시간이 지나면 시세가 오를 것이라 예상하고 미리 사고팔아 시세 차익을 얻고 수수료를 챙기려는 것입니다.

청약에 당첨된 뒤 분양권을 사고파는 것이 불법은 아닙니다. 하지만 전매제한 기간이라면 이야기가 달라집니다. 법을 어기는 행위가 되지요.

전매제한 기간은 규제의 정도, 규모, 종류에 따라 달라집니다. 규제지역인지 비규제지역인지, 오피스텔이 100실이 넘는지 안 넘는지, 주택인지 아닌지, 분양가상한제가 적용된 곳인지 아닌지 등에 따라 전매제한 기간이 나뉩니다. 조정대상지역의 아파트 대부분은 최소 3년간은 팔지 못하게 되어 있습니다.

| 불법 거래, 어떻게? 분양권 전매 역시 일반 부동산 거래와 동일합니다. 정식 계약서를 쓰고 계좌로 돈을 주고받습니다. 분양 건설사에서 사고판 사람끼리 소유주 명의 변경까지 마쳐야 모든 과정이 끝납니다.

그러나 불법 전매 기간에는 공식적으로 전매 행위가 금지됩니다. 그래서 꼼수를 쓰는 사람들이 있습니다. 실질적인 거래 행위는 이뤄지지만 명의 변경 등 형식적인 거래는 전매가 풀리고 난 뒤로 미루는 것이지요.

계약서 등은 비슷하게 쓰면서도 권리확보서류 등을 추가시킵니다. 한때는 해당 서류를 법무사에서 공증받은 적도 있었습니다. 사고파는 사람 모두 불법인 것을 아니까 복잡한 서류들로 서로 제약을 걸어서 딴소리 못하게 하자는 뜻입니다. 통장에 거래 기록이 남지 않도록 차명계좌를 이용하거나 현금으로 주고받습니다.

올라도 문제, 떨어져도 큰일

그런데 리스크가 상당히 큽니다. 전매제한이 풀릴 때 가격이 올라도 문제이고, 떨어지면 더 큰 문제겠지요. 시세가 폭등한다면 매도인(계약자)이 팔고 싶어 하지 않을 겁니다. '그 가격에 팔지 말걸. 지금 팔았으면 돈을 더 받을 수 있었을 텐데'라는 생각이 들 수밖에 없겠지요. 반대로 하락했을 때는 일이 더 커집니다. 웃돈을 주고 산 분양권이 마이너스가 된다면 매수인이 손해를 보는 것이지요. 오르든지 내리든지 둘 중 하나는 명의를 쉽게 가져가지 않을 가능성이 커집니다.

불법 전매는 한 번으로 끝나지 않습니다. 최초 계약자가 암암리에 판 뒤에 매수인이 여러 번 바뀌는 경우가 많습니다. 사고파는 과정이 한 바퀴 두 바퀴 돈다고 합니다. 전매 금지 기간이니 떳떳하게 소유권을 주장할 수도 없지요. 결국 매도인과 최종 매수인 간에 서로 모르는 경우도 생깁니다. 몇 바퀴를 돌고 돈 분양권은 출처가 어디인지 나중에 모호해질 수 있고, 사고가 터졌을 때 책임지고 나설 사람도 없어집니다.

왜 그런 걸까?

이렇게 리스크가 큰데도 사람들은 왜 불법 전매를 하는 걸까요? 바로 돈 때문이지요. 계약자(매도인)들은 당장 돈이 급한 경우가 대부분입니다. 덜컥 계약은 되었는데 계약금조차 낼 형편이 안 되는 경우, 잔금 치를 돈이 부족한 경우에 불법의 유혹에 빠지고 맙니다.

매수인 역시 돈 때문입니다. '나중에 오를 것 같다'는 부동산 우상

향 심리에 베팅하는 것이지요. 오르기 전에 조금이라도 더 싸게 사고 싶은 사람 욕심 때문입니다.

결국 욕심은 화를 부릅니다. 가장 복잡한 상황은 매도인이 사망했을 경우입니다. 가족 몰래 전매 금지 기간에 분양권을 팔았는데, 계약자가 갑자기 사망했고 자녀들이 분양권을 상속받게 된 것이지요. 매수인이 소유권을 주장했지만 결국 상속인들이 이겼고, 매수인은 고스란히 돈을 날리게 되었습니다.

매도인이 아예 마음먹고 사기를 친 사례도 있습니다. 같은 분양권을 여러 명한테 팔고 난 후 수억 원에 이르는 돈을 챙기고는 유유히 사라졌습니다. 불법 전매 기간에는 분양계약서 위조를 해도 사실 확인이 쉽지 않습니다. 게다가 차명 계좌를 이용하는 점을 악용하는 사례도 있습니다.

│처벌은? 불법 전매(주택법64조 위반) 및 공급질서 교란행위(주택법 65조 위반)에 해당됩니다. 법령에 따라 3년 이하 징역이나 3천만 원 이하 벌금형에 처해집니다. 청약 당첨에서 10년간 제외되고, 부당 이득금의 3배에 달하는 금액을 환수 조치 당하지요. 사고판 사람뿐만 아니라 알선 및 중개한 사람까지 모두 처벌받습니다. 부동산 거래신고 등에 대한 법률 위반 소지도 있고, 세금 포탈까지 문제가 되어 고초를 겪게 됩니다. 만약 청약 당첨이 되었다면 계약 취소까지 될 수도 있습니다.

┃불법 전매한 매매 계약은 유효할까? 불법으로 전매를 했다면 뒤탈이 많이 납니다. 심각할 경우에는 각자 소유권을 놓고 법정 싸움까지 가지요.

법원에서는 어떻게 판단할까요? 불법으로 전매하더라도 "전매 계약의 효력은 인정한다"라는 대법원 판례가 있습니다. 즉 불법과는 별개로 사고판 게 맞으니 매수인이 분양권 소유자가 된다는 내용이지요.

하지만 다른 법원에서는 "해당 분양권 소유권도 무효"라는 판단을 했습니다. 또한 불법 전매 분양권을 계약 취소당하는 상황도 벌어집니다. 사업 주체나 건설사가 당첨 자체를 취소할 수 있다는 법이 있기 때문이지요.

다운계약과 업계약,
불법인데도 왜 하는 걸까?

▌부동산 세금을 안 내려는 범죄 행위　'세금'이라고 하면 보통 긍정적이지만은 않을 겁니다. "나라에서 해준 게 뭐가 있다고!" 어쨌든 모든 소득에 세금이 붙습니다. 부동산으로 돈을 벌었을 때도 양도소득세라는 세금을 내야 하지요. 부동산을 살 때도 취득세라는 세금이 붙습니다. 모든 것에 왜 세금이 붙을까요? 의구심은 들지만 내고 하니까 냅니다.

▌다운계약을 쓰는 이유　이 세금 때문에 생겨난 게 바로 다운계약과 업계약입니다. 세금을 줄일 목적으로 실제와 다르게 거짓 신고를 하는 것이지요.

　돈 때문에 다운계약의 유혹에 빠지는 경우가 많습니다. 하지만 다음의 내용을 본다면, 거짓 신고의 달콤한 유혹이 결국 악마의 속삭임이었다는 것을 깨닫게 될 겁니다.

▌배보다 배꼽이 더 크다

다운계약과 업계약은 법을 어기는 일이고, 결국 자기 손해로 돌아옵니다. 국세청 홈페이지에서 '다운계약'이라고 검색하면 '거짓 계약서 비과세 감면 배제'라고 나옵니다. 다운계약을 했다면 양도소득세 비과세 요건을 갖췄더라도 세금을 내야 한다는 뜻인데, 매도인과 매수인 모두에게 해당됩니다.

거짓 계약서를 작성하면 양도자와 양수자 모두 양도소득세 비과세가 안 됩니다. 이력을 남겨서 끝까지 세금을 물리겠다는 것이지요.

• 다운계약은 집 파는 사람이 - 다운계약이란 실제 사고판 금액보다 낮게(down) 신고하는 것을 일컫습니다. 실제로 5억 원에 집을 팔았는데 4억 원에 판 것처럼 거짓으로 계약서를 작성합니다. 부동산 실거래 신고도 4억 원에 하고요. 차액인 1억 원은 표면으로 드러나지 않게 삼자 명의의 계좌로 송금하거나 현금으로 주고받습니다.

왜 이렇게 하는 것일까요? 매도인 입장에서는 양도소득세를 적게 낼 수 있어서입니다. 양도소득세는 부동산을 팔아서 번 돈에 따라 내야 할 금액이 달라집니다. 5억 원에 팔았으나 거래가가 4억 원이라고 거짓 신고를 하면 세금을 덜 내는 것이지요. 그래서 매도인들이 다운계약을 먼저 요구하는 경우가 많습니다. "다운 계약서를 작성해주면 얼마를 더 깎아주겠다"라는 식으로 협상하려는 경우가 보통입니다.

• 업계약은 집 사는 사람이 - 업계약은 실제 거래 금액보다 더 높게 거짓 계약서를 쓰고, 실거래 신고도 높게 하는 것을 말합니다. 업계약은 주로 매수인들이 요구하는 경우가 많습니다. 세금이나 대출 문제 때문이지요. 나중에 팔 때 양도소득세를 줄이려는 목적이거나 대출을 더 많이 받기 위해서입니다.

▎불법에 따른 처벌 살펴보기 양도소득세는 무조건 내야 합니다. 매도인이라면 1세대 1주택 비과세, 8년 자경농지 양도세 감면 요건을 충족하더라도 비과세가 안 됩니다. 양도소득세를 추징당하지요. 매수인이라면 부동산을 나중에 팔 때 비과세 감면규정 적용·배제로 양도소득세를 내야 합니다.

그리고 가산세가 붙습니다. 무(과소)신고 가산세란 무(과소)신고한 납부 세액의 최고 40%까지 가산세가 붙는 것입니다. 납부지연 가산세란 납부하지 않은 세액 또는 과소납부세액의 납부 일수당 0.022%에 해당하는 가산세가 부과됩니다(납부 일수는 납부기한의 다음 날~납부일까지의 기간). 그리고 과태료도 부과됩니다. 지방자치단체 실거래신고 관련 담당 부서에서 '부동산거래신고 등에 관한 법률'에 따라 부동산 등 취득가액의 5% 이하에 해당하는 과태료 부과 처분을 합니다.

이뿐만 아니라 공인중개사도 처벌을 받습니다. 거짓으로 거래 내용 작성, 이중계약서 작성, 전매가 제한된 부동산 매매 중개 시에는 중개사무소 개설등록이 취소되거나 6개월 이내의 업무정지 처분을 받을 수 있습니다.

- 매도인: 취득세 추징, 무신고 가산세 및 부정신고 가산세 최고 40%, 납부
  지연 가산세 최고 20%, 향후 양도 시 비과세 및 감면규정 배제, 과태료 부
  과 최고 취득가액의 5%까지.
- 매수인: 비과세 감면규정 적용 배제 및 양도소득세 추징, 부정신고 최고
  40% 무신고 가산세, 최고 20% 납부지연 가산세, 최고 취득가액의 5%까
  지 과태료, 10년간 부과체적기간.
- 공인중개사: 공인중개사법 허위계약서 작성금지 규정 및 투기조장에 따
  라 공인중개사 등록 취소 또는 6개월 이하 업무정지와 과태료.

살펴본 바와 같이 다운계약 및 업계약에 대한 처벌은 무시무시합
니다. 그러니 다운계약과 업계약은 생각하지도 말고, 제안을 받았다
면 단칼에 거절해야 합니다. 실거래가로 정정당당하게 계약서를 쓰
길 바랍니다.

▎양도소득세 매수인 부담은 합법

양도소득세를 매수인에게
내라고 한다면 이것도 불법일까요? 양도소득세 매수인 부담은 합법
입니다. 매도인이 내야 할 양도세를 매수인한테 물리는 경우, 이것은
불법이 아닙니다. 다만 이때 매수인이 낸 세금 또한 매매가에 포함
시켜야 합니다. 이렇게 양도소득세 매수인 부담은 2번까지 계산하는
게 일반적인데, 일부 다른 의견도 있습니다.

1층과 탑층,
어느 곳이 더 나을까?

▌1층의 장단점 1층을 선택하는 사람들 대부분이 '아이가 어려서' 라고 합니다. 아이가 뛰어다녀도 아랫집에 피해를 주지 않는 집이라 는 이유이지요. 아이에게 "뛰지 말라, 발꿈치 들고 다녀라"는 소리를 할 필요가 없습니다.

연세가 많은 어르신이 있는 경우에도 1층을 찾는 경우가 많습니 다. 고층에 살거나 엘리베이터를 타면 어지럽다고 하는 사람들도 많 다고 합니다. 그런데 1층이면 엘리베이터를 기다리지 않아도 되니 장점이지요.

1층의 단점도 있습니다. 사생활 침해와 보안 문제입니다. 1층은 사 람들이 자주 드나들기 때문에 소음에 취약하고, 창문 단속도 신경 써 서 해야 합니다. 게다가 저층이기에 일조량도 상대적으로 적지요.

▌탑층의 장단점   탑층은 '발망치'로 괴롭히는 사람이 없다는 것이 가장 큰 장점입니다. 윗집이 없으니 쿵쿵거릴 사람도 없지요. 수면 시간이 불규칙한 일을 하는 사람이라면 탑층을 추천합니다. 새벽까지 일을 하고 낮에 잠을 잘 경우에 방해받지 않기 때문이지요. 게다가 고층이라 시야를 가리는 것도 없어서 전망이 좋습니다. 환기도 잘 되고요.

그렇다고 단점이 없는 것은 아닙니다. 햇볕을 그대로 받는 옥상의 열기 때문에 다른 층보다 좀 더 덥습니다. 겨울에는 상대적으로 더 추울 수 있고요. 만약 옥상에 방수 문제가 생긴다면 침수나 결로 등의 피해를 겪을 수도 있습니다.

▌방향에 따른 장단점   아파트의 창문 또는 거실 방향도 중요합니다. 전통적으로 사람들은 남향을 추구합니다. 그런데 남향이라 하더라도 정남향, 남동향, 남서향 등 조금씩 다릅니다.

남향은 사람들이 가장 선호하는 방향입니다. 여름에는 시원하고, 겨울에는 더 따뜻한 집이니까요. 여름에는 태양의 각도가 높아져서 직사광선이 적게 들어 시원합니다. 반대로 겨울에는 햇빛이 많이 들어오지요. 여름에는 냉방비를, 겨울철에는 난방비를 줄일 수 있습니다. 남향은 사람들이 선호하는 집인 만큼 가격은 비쌉니다.

동향으로 난 집은 하루를 일찍 시작하는 사람들에게 좋습니다. 다만 오후에는 해가 일찍 지기 때문에 여름에는 시원하지만 겨울에는 춥습니다.

서향으로 난 집은 오후 내내 햇빛을 받을 수 있습니다. 해가 서쪽으로 지니까요. 그러니 추위를 많이 타거나 오후에 집에 머무는 시간이 많은 사람들에게 좋습니다. 긴 시간 햇빛을 받기 때문에 겨울에는 상대적으로 따뜻해서 난방비를 줄일 수도 있습니다.

북향으로 난 집은 사람들의 선호도가 가장 낮습니다. 해가 잘 들지 않아서지요. 우리나라에서 북향이 우대받는 지역은 딱 한 곳입니다. 바로 서울 한강변에 있는 집이지요. 한강 남쪽에 지어진 집들은 전망 때문에 북쪽으로 큰 창을 내는 경우가 있습니다.

신축 아파트는
구축 아파트와 무엇이 다른가?

▌신축 아파트에 살아보고 깨달은 점 신축 아파트, 두말할 필요 없이 좋습니다. 새로운 기술을 접목시키고 편의시설 덕분에 살기 좋습니다. "신축에 한 번 살면 다시는 구축에 가고 싶지 않다"라는 말이 나올 정도니까요.

▌34평일까, 84제곱미터일까? '평형'이라는 말은 이제 공식적으로 사용하는 용어가 아닙니다. 흔히 $84m^2$를 33평, 34평이라고 일컫습니다. 1평은 $3.3m^2$인데 계산이 안 맞는 듯합니다. $84m^2$를 평으로 바꾸면 약 25.4평입니다. 계산과 실제가 10평이나 차이가 납니다. 왜 그럴까요?

전용면적이 아닌 공급면적으로 따져야 맞는 계산이 됩니다. $84m^2$

의 공급면적은 보통 110m² 전후입니다. 공급면적 110m²에 전용면적 84m²를 흔히 34평이라고 부릅니다.

▌벽지 중간이 떠는 이유

신축 아파트는 대부분 실크벽지로 도배를 합니다. 실크벽지는 '띄움 시공'을 합니다. 도배를 한 뒤에 한동안 중간이 떠 있지요. 손가락으로 눌러보면 0.5cm 정도씩 들어가며 공기가 들어가 있는 느낌이 듭니다.

▌AS는 2년!

신축 아파트라면 입주 초기에 대부분 AS센터가 생깁니다. 입주하고 나서 하자가 발견되면 AS센터에 접수하면 됩니다. 이후에 생기는 하자도 최소 2년간 AS가 보장되므로, 조금이라도 이상하다고 느끼는 부분이 있다면 일단 접수부터 해보세요.

AS센터가 운영되는 동안에 집 벽지를 조금 얻어놓는 것도 좋습니다. 벽면 한쪽을 채울 정도까지는 아니더라도 1m 정도 챙겨놓으면 좋습니다. 벽지가 일부 뜯어졌을 때 유용하게 활용할 수 있습니다. 시간이 지나면 똑같은 벽지를 구하기가 쉽지 않으니까요.

▌에어컨 실외기실

신축 아파트에는 대개 에어컨 실외기실이 따로 있습니다. 집 안쪽에 실외기실이 있는데, 대개 드레스룸이나 다용도실 쪽에 있습니다. 예전의 아파트는 실외기가 외부에 맞닿아 있었지만, 최근에는 벽 안쪽 또는 집 안에 있습니다. 그래서 에어컨을 사용할 때는 실외기실 창을 열어둬야 합니다. 실외기실 창을 '루버창'

이라고 부릅니다. 레버를 이용해서 날개를 위아래로 움직여 여닫을 수 있습니다.

에어컨을 틀면 실외기에서 뜨거운 바람이 나오기 때문에 사용할 때는 반드시 루버창을 열어둬야 합니다. 태풍이 불거나 비바람이 심한 날에는 루버창을 닫아놓고요. 겨울철에는 열손실을 방지하고자 루버창을 닫아두는 것이 좋습니다.

┃방바닥 아랫목이 안 뜨거운 이유 대규모 택지개발지구, 신도시 등의 신축 아파트는 집이 뜨거워지지 않습니다. 보일러를 떼도 절절 끓는 느낌이 아니지요. 집 전체가 훈훈해지는 정도로 그치는 경우가 많습니다. 이는 보일러 난방 방식이 달라서 그렇습니다. 신축에서는 현재 온도보다 1도 높게 설정하면 보일러가 가동됩니다. 그래도 따뜻하지요. 이중창에 새시 기술이 좋아져서 웃풍이 없기 때문입니다.

11장

청약·분양권에 대한 거의 모든 것

11장은 '예습'입니다. 청약은 언제나 옳고, 영끌해도 괜찮습니다. 신축 아파트를 가장 싸게 마련하는 길이기 때문입니다. 청약의 기초부터 알려드립니다. 청약 당첨이 어렵다면 분양권을 사는 '전매'도 고려해볼 만합니다. 분양권은 미등기 상태로 진행되고, 절차가 까다로운 편입니다. 이번 장에서 예습한다면 큰 사고 없이 내 집 마련에 한 발 더 가까워질 겁니다.

분양권을 전매하기까지
어떤 과정을 거치나?

┃분양권 계약부터 명의 이전까지 신축 아파트에 입주(잔금 및 등기)하기 전까지를 분양권이라고 합니다. 분양권도 부동산이기에 사고팔 수 있습니다(전매). 그런데 지역에 따라 전매가 안 되는 곳도 많습니다. 분양권 상태에서는 등기부등본에 아무것도 나오지 않기 때문에 각별한 주의가 필요합니다.

┃소유주 확인 분양권 상태에서는 등기부등본이 없습니다. 그래서 소유주 확인이 쉽지 않지요. 이 점을 노려서 공급계약서와 신분증 등을 위조해 사기를 치는 경우가 있습니다.

그러므로 돈을 보내기 전에는 반드시 소유주 확인을 해야 합니다. 등기부등본이 없기 때문에 건설사에 직접 물어봐야 하지요. 공급계

<분양권 전매 과정>

- 매물 확보: 부동산에서 분양권 매물을 접수받는다.
- 매수인 매칭: 분양권을 사려는 사람을 찾는다.
- 사진 확인: 공급계약서, 신분증 등을 사진으로 받아 확인한다.
- 가계약금: 계약금 일부를 소유주 명의 계좌로 보낸다.
- 계약서 작성: 계약서 작성 및 계약금을 입금한다.
- 중도금 승계: 은행에 가서 중도금 대출을 승계한다.
- 명의 변경: 건설사에서 매도인과 매수인 간 소유주 명의를 이어받는다.

약서와 신분증 정보가 계약자와 일치하는지를 확인하면 됩니다. 건설사(조합 사무실)에 전화를 걸어서 "○○동 ××호 전매하고자 소유주 확인을 원합니다. 계약자 이름과 생년월일이 맞는지 확인 요청드립니다"라고 하면 알려줄 겁니다.

▌전매제한 기간 확인 분양권을 사기 전에 전매제한 기간인지도 반드시 확인해야 합니다. 관련 법에서는 '전매제한 기간에 분양권을 사고팔거나 알선하는 행위'를 엄격히 다루고 있습니다. 그러므로 전매제한 기간에는 실제 계약 행위를 절대로 하면 안 됩니다. 불법 전매이기 때문이지요.

▌필요한 돈 분양권을 사려면 얼마가 필요할까요? 분양 계약금, 확장(옵션) 계약금, 그리고 프리미엄 비용이 필요합니다. 계약금을 보

내고, 명의 변경일에 잔금을 보냅니다. 잔금일 기간이 많이 남았다면 중도금을 넣기도 합니다.

┃계약 시 계약서를 작성할 때는 공급계약서와 신분증으로 계약자 본인임을 확인합니다. 확장계약서 및 옵션계약서 등으로 유·무상 옵션 내역도 체크합니다. 대개 계약한 이후에는 공급계약서 원본 등을 부동산에서 보관합니다. 혹시 모를 이중매매나 사기 등을 막기 위해서이지요. 한때, 1주택 처분 조건 당첨 제도도 있었습니다. 2023년 폐지됐습니다. 이렇듯 분양권 관련 사항은 수시로 바뀌니 늘 확인하는 자세가 중요합니다.

┃중도금 대출 승계 매도인이 중도금 대출을 받았는지, 중도금 대출이 몇 회차 진행되고 있는지, 매수인이 승계가 가능한지 등을 확인해야 합니다. 아파트 청약에 당첨되면 계약금은 자기 돈으로 내고 중도금은 보통 대출을 받습니다. 분양권을 살 때는 중도금 대출을 이어받거나(대출 승계) 자기 돈으로 내야 합니다. 중도금 대출 승계는 명의 변경을 하는 날에 은행에 들러서 대출을 이어받습니다. 이때 승계 확인서 등 서류를 꼭 챙겨야 합니다.

┃잔금일 잔금일에는 바쁩니다. 은행에서 중도금을 승계한 뒤에 건설사 사무실에 가서 명의를 바꿉니다. 이때 분양계약서 원본 명의 승계란에 기존 계약자와 매수인의 인적사항을 적고 도장을 찍습니다.

<명의 변경 시 매수인 필요 서류>
• 건강보험자격득실확인서, 인감증명서, 인감도장, 주민등록등본(모두 표기), 가족관계증명서, 주민등록초본(주민등록번호 모두 표기, 주민등록 변경이력 포함. 이때 모든 세대원의 주민등록초본이 필요함), 신분증, 소득증명 서류, 중도금 승계 확인서

<명의 변경 시 매도인 필요 서류>
• 공급계약서, 분양권 매매 계약서, 실거래신고필증, 매도용 인감증명서(매수인 인적사항 기재, 부동산 매도용), 주민등록등본(모두 표기), 신분증, 인감도장

공급계약서는 총 2부입니다. 하나는 개인 소유이고 하나는 회사 소유로 건설사에서 보관합니다. 그리고 잔금일에도 매도인과 매수인이 같이 가는 것이 원칙입니다. 은행과 건설사에 따라 대리인이 안 되는 경우도 있으니 확인 바랍니다.

▎기타 비용 기타 비용은 잔금일을 기점으로 정산합니다. 기타 비용에는 중도금 이자, 인지세 등이 있습니다. 계약 당시에 누가 낼 것인지를 미리 정합니다. 때와 장소, 지역, 아파트에 따라 달라지기도 합니다. 그리고 매도 우위인지, 매수 우위인지에 따라 달라지므로 계약 전에 확인해보는 것이 좋습니다.

분양권을 매매할 때
무엇을 주의해야 하나?

│분양권 살 때 꼭 챙겨야 할 것 '청무피사'라는 말을 앞서 이야기했습니다. '청약은 무슨! 피 주고 사'란 뜻의 신조어로, 그만큼 청약 당첨이 상당히 어려우니 프리미엄을 주고서라도 분양권을 사라는 이야기입니다. 실제로도 분양권을 사서 새집으로 이사하는 사람들이 많을 겁니다.

"분양권을 사면서 매도인에게 프리미엄 주고 중도금 대출도 받고 명의도 잘 가져왔습니다. 두근두근 설레는 마음으로 분양권을 매수하고 입주를 기다리는 시간. 사전점검을 다녀오니 역시 새 아파트라 참 좋네요. 기대감은 점점 커집니다. 그런데 잔금을 치르려고 하니 문제가 생겼습니다. 이전 분양권 전매 계약서와 신고필증이 필요하다고 하네요. 등기 칠 때 이게 꼭 있어야 한다고 말이지요."

이처럼 분양권을 샀는데 그전에도 손 바뀜이 있었다면 내 계약서 말고도 이전의 매매 계약서와 신고필증이 필요합니다. 원분양자가 아닌 몇 번 거래가 된 분양권인 경우가 있습니다. 홍길동이 원래 분양을 받았는데 전우치가 산 뒤에 다시 판 것이지요. 이렇게 분양권을 살 때 두 번째, 세 번째 소유자라면 이전의 계약서와 신고필증을 모두 받아놓아야 합니다.

| 부동산에 전달하기 분양권 전매 계약을 할 때는 거래하는 부동산에 이야기를 해야 합니다. 분양권 거래와 신축 입주 경험이 없는 부동산이라면 이 내용을 잘 모를 겁니다. "나중에 등기 칠 때, 이전 계약서와 신고필증이 필요하니 잔금일에 챙겨달라"고 부동산에 이야기하세요.

계약 때 이전 계약서와 신고필증을 안 챙겨놓으면 나중에는 받기가 어려워집니다. 관련 서류들이 분실될 수도 있고, 매도인에게는 지나간 과거가 될 뿐이니까요.

분양권을 산 집이라면, 잔금을 치르면서 등기 칠 때 이전 계약서와 신고필증이 필요합니다. 최종 등기 칠 때 필요한 것이니 결국 마지막 산 사람이 아쉬운 겁니다. 그러니 계약 과정에서 적극적으로 이야기해야 합니다.

| 지난 과거를 왜? 부동산이나 이전 계약자들은 해당 내용을 전혀 모를 수 있습니다. 관련 근거도 알려드릴게요. 간단히 "등기선례

와 사무처리지침에 따라 원인서류가 등기소에서 필요하다"라고 말
하면 됩니다.

<이전 서류를 확보하는 방법>

1. 지금 전매 계약을 하는 담당 부동산에 이야기한다.

2. 분양권 매도인에게 달라고 한다.

3. 이전에 전매했던 담당 부동산을 수소문한다.

4-1. (서류가 없다고 하면) 건설사에 보관 서류를 물어본다.

4-2. 이전 계약자한테 (건설사의) 해당 내용 확인 요청에 응해달라고 부탁한다.

분양권 사기 수법에 안 걸리려면
어떻게 해야 하나?

┃눈 뜨고 당하는 분양권 사기 수법 부산에서 실제로 일어난 일입니다. 퇴근 시간 무렵에 "급전이 필요하니 분양권을 싸게 팔겠다"라는 전화가 걸려왔습니다. 급매보다 훨씬 싼 가격에 오늘 안에 팔릴 것이라 생각한 공인중개사는 마음이 조급해졌습니다. 고객에게 추천하려고 급히 전화를 돌렸습니다. "눈 먼 급매가 나왔으니 얼른 사야 한다"라고 말이지요. 계약금 일부를 입금하고 속전속결로 처리했습니다. 그런데 매도인이 잠적을 했습니다. 계약서를 다시 보니 도장과 이름이 달랐습니다. 주위 부동산들도 똑같이 당한 상태였고, 결국 중개보수보다 더 큰돈을 물어줘야만 했습니다.

분양권을 살 때는 늘 각별히 주의해야 합니다. 알고도 깜빡 당할 수 있습니다. 다음 번 피해자는 다름 아닌 당신일 수 있습니다. 신분증과 공급계약서를 위조해서 사기를 치는 경우가 많습니다. 분양권은 등기에 기재되지 않기 때문에 제대로 확인할 길이 없다는 점을 악용하는 것이지요.

▎사기꾼들의 수법　먼저 분양권을 사고파는 과정을 살펴보겠습니다. 분양권은 집이 지어지기 전이기 때문에 실제로 집을 볼 수는 없습니다. 보통 부동산 사무실에 와서 설명을 듣고 마음에 들면 계약을 합니다.

- 분양자한테 공급계약서와 신분증, 계좌번호를 문자메시지로 받는다.
- 사진을 찍어서 보내달라고 한다.
- 사진을 확인하고 계좌로 계약금 일부를 먼저 넣는다.
- 이후 만나서 계약서를 쓴다.

맨 처음 사진으로 받는 과정에서 사기꾼들이 공급계약서와 신분증 등을 위조하는 겁니다. 비슷한 방법으로 당첨자임이 표시된 화면을 찍어서 인증하는 경우도 있습니다. 공급계약서 발행 전, 즉 정식 계약 전에 사고파는 방법입니다. 떴다방 작업이 들어간 매물들에 보통 이렇게 합니다. 화면을 조작해서 보내주는 것이지요.

이런 경우도 있었습니다. 분양을 받은 원계약자가 같은 분양권을 여러 번 팔아먹은 경우이지요. 대개 전매 금지 기간에 하거나 계약과 잔금이 긴 경우에 사기를 칩니다. 보통 분양권 전매 계약을 하고 잔금일 전까지 부동산에서 공급계약서를 보관하거나 매수인이 갖고 있습니다. 이렇게 한 번 팔고 분양계약서를 재발급 받습니다.

▌사기 수법에 걸리지 않으려면?

첫 번째는 정당한 전매 가능 기간에 하는 겁니다. 군이 하지 말라는 것을 해서 탈이 나면 결국 피해는 자기가 떠안아야 합니다. 사기를 당했더라도 경찰에 신고할 수 있게 매수하길 바랍니다.

두 번째는 계약금을 일부 보내기 전에 건설사나 시행사에 확인해보는 겁니다. 미등기 상태에서 할 수 있는 최소한의 안전장치입니다. 먼저 이름과 생년월일을 알려주지는 않지만 질문에는 대답해줄 수도 있습니다. 그러니 확인 정도는 해야 최악의 경우를 면할 수 있습니다.

세 번째는 건설사에 소유주 확인을 할 수 있는 시간을 마련해두는 겁니다. 대개 가계약금 단계에서의 사기는 평일 저녁이나 주말에 이루어집니다. 건설사에 소유주 확인을 할 수 없는 시간을 노리는 것이지요.

▌분양권 사기에 대한 처벌은?

분양권 사기죄는 10년 이하 징역 또는 2천만 원 이하 벌금에 처합니다. 분양권과 신분증을 위조했다면 이는 사문서 위조, 주민등록법 위반에 해당합니다. 사문서 위조는 5년 이하 징역 또는 1천만 원 이하의 벌금, 타인 신분증을 도용했을 때는 3년 이하의 징역 또는 3천만 원 이하의 벌금에 처해집니다.

미등기 분양권 소유주를
확인하는 방법이 있나?

┃소유주를 확인할 수 있는 방법 분양권 전매는 사기꾼들의 주된 먹잇감 중 하나입니다. 그 이유는 등기부가 없기 때문입니다. 등기부가 없으니 제대로 된 확인이 불가능하다는 점을 사기꾼들이 노리는 것이지요.

사기꾼들이 마음만 먹으면 공급계약서나 청약 당첨 화면을 위조해서 돈을 떼어먹고 도망가버립니다. 손을 쓸 방법이 없죠. 그러니 미리 소유주를 잘 확인해야 합니다. 크게 3가지 방법이 있습니다.

• 아파트 회사에 확인 - 분양권 전매는 그래서 더욱 조심해야 합니다. 등기부등본이 없으니 소유주임을 확인할 수단은 건설사에 직접 묻는 방법밖에 없습니다.

이때는 소유주가 '누구인지'가 아니라 '맞는지'를 건설사에 직접 물어봐야 합니다. 개인정보 보호 차원에서 소유주가 누구인지 물으면 건설사는 대답을 안 해줍니다. 그래서 '예' '아니오'로 대답할 수 있게끔 질문해야 합니다.

• 안 되면 건설사에 방문! - 그럼에도 불구하고 확인이 어렵다면 소유주라고 주장하는 사람과 건설사를 직접 방문해서 확인하는 수밖에 없습니다. 무턱대고 가자고 하면 기분 나빠할 수도 있으니, 건설사 방문 후에 바로 계약서를 작성하는 쪽으로 유도해보는 것도 하나의 팁입니다.

• 해당 은행에 확인 - 중도금 대출을 받았다면 해당 은행에 물어보는 것도 괜찮습니다. 이때도 '예' '아니오'로 대답할 수 있게끔 질문해야 합니다.

▌확인이 불가능할 때 확인이 불가능하다면 공급계약서 외에 옵션계약서, 중도금 대출 실행 내역 또는 약정서 등 다른 서류까지 확인을 해야 그나마 사기를 당할 확률이 줄어듭니다.

▌에스크로 제도란 무엇인가? 에스크로 제도란 제3의 '중립' 통장에 돈을 보내고, 안전한 거래라고 확인되거나 거래가 끝나야 매도인 통장으로 돈이 이체되는 제도입니다.

다음은 공인중개사법의 일부를 발췌한 내용입니다.

• 제31조(계약금등의 반환채무이행의 보장) ① 개업공인중개사는 거래의 안전을 보장하기 위하여 필요하다고 인정하는 경우에는 거래계약의 이행이 완료될 때까지 계약금·중도금 또는 잔금(이하 이 조에서 '계약금 등'이라 한다)을 개업공인중개사 또는 대통령령으로 정하는 자의 명의로 금융기관, 제42조에 따라 공제사업을 하는 자 또는 「자본시장과 금융투자업에 관한 법률」에 따른 신탁업자 등에 예치하도록 거래당사자에게 권고할 수 있다.

② 제1항에 따라 계약금 등 예치한 경우 매도인·임대인 등 계약금 등을 수령할 수 있는 권리가 있는 자는 해당 계약을 해제한 때에 계약금 등의 반환을 보장하는 내용의 금융기관 또는 보증보험회사가 발행하는 보증서를 계약금 등의 예치명의자에게 교부하고 계약금 등을 미리 수령할 수 있다(개정 2020. 6. 9.).

③ 제1항에 따라 예치한 계약금 등의 관리·인출 및 반환절차 등에 관하여 필요한 사항은 대통령령으로 정한다(개정 2020. 6. 9.).

청약부터 입주까지,
어떤 과정을 거쳐야 하나?

▌청약은 언제나 옳다 새집을 가장 싸게 얻는 방법은 청약 당첨입니다. 청약부터 입주까지의 진행 과정을 살펴보겠습니다.

> **<청약부터 입주까지의 진행 과정>**
> • 청약통장 가입 → 조건 충족 → 입주자 모집공고 → 청약 신청 → 당첨자 발표 → 분양 계약 → 중도금 대출 → 잔금 납입 → 입주

▌청약통장 주택 청약을 하려면 청약통장이 필요합니다. 주택청약 종합저축은 누구나 만들 수 있지만 1개만 가능합니다. 은행이 달라도 2개 이상은 가질 수 없습니다. 만약 청약통장 은행을 바꾸고 싶다

면 해지하고 새로 가입해야 하지요. 매월 2만 원부터 50만 원까지 자유롭게 납입할 수 있고, 대부분의 시중은행에서 만들 수 있습니다.

청약통장은 만 17세 생일 이전에 만드는 것이 좋습니다. 가입 기간이 길수록 당첨 확률이 올라가니까요. 만 19세 이전에 가입하면 청약 시 최대 2년(금액 240만 원)의 가입 기간이 인정됩니다.

국민주택은 국가·지방자치단체·LH 등에서 짓거나 주택도시기금 등의 지원을 받아 짓는 85m² 이하 주택입니다. 민영주택은 민간건설업체가 주택도시기금의 지원 없이 짓거나 전용 85m²를 초과하는 주택입니다.

┃특별공급·일반공급 특별한 자격을 갖춘 사람들은 특별공급으로 청약을 신청할 수 있습니다. 생애최초·노부모부양·신혼부부·다자녀·기관추천 등이 특별공급에 해당합니다.

특별공급 자격을 갖춘 사람이 일반공급에 비해 적기 때문에 상대적으로 경쟁이 덜합니다. 특별공급은 생애 딱 한 번만 당첨될 수 있습니다. 세대 구성원까지 포함해서 적용됩니다. 특별공급에 해당하면 같은 아파트에 특별공급으로 한 번 넣고 일반공급으로 한 번 더 넣는 게 일반적입니다. 평형과 타입을 달리 해서 넣어도 됩니다.

┃가점제? 추첨제? 가점제는 청약에 당첨되기 위해 오랫동안 노력한 사람을 우대하는 제도입니다. 항목별로 점수를 매겨서 점수가 높을수록 당첨 확률이 높아집니다.

무주택 기간(32점), 부양가족 수(35점), 청약통장 가입기간(17점)을 따집니다. 가점 만점은 84점이고 상대평가입니다. 점수가 높은 사람부터 당첨이 됩니다. 통장 가입 6개월 미만이면 1점, 6개월에서 1년 미만이면 2점입니다. 이후 매년 1점씩 추가되어서 15년을 채우면 만점 17점이 됩니다.

가점제로 일정 비율을 먼저 떼놓고, 나머지는 추첨제로 할당합니다. 지역, 유형, 분양가상한제, 집의 크기 등에 따라 추첨제가 없는 경우도 있습니다. '청약홈'에서 신청할 때 가점제와 추첨제를 따로 선택할 수는 없습니다.

가점 및 추첨 선정 비율

주거전용 면적	투기과열 지구	청약과열 지역	수도권 내 공공주택 지구	85m² 초과 공공건설 임대주택	그 외 주택
60m² 이하	가점제 40%	가점제 40%	가점제 40%		가점제 40%(~0%)
	추첨제 60%	추첨제 60%	추첨제 60%		추첨제 60~100%
60m² 초과~ 85m² 이하	가점제 70%	가점제 70%	가점제 70%		가점제 40%(~0%)
	추첨제 30%	추첨제 30%	추첨제 30%		추첨제 60~100%
85m² 초과	가점제 80%	가점제 50%	가점제 80%	가점제 100%	가점제 0%
	추첨제 20%	추첨제 50%	추첨제 20%	추첨제 0%	추첨제 100%

가점 항목 및 점수

가점 항목	가점 구분	점수	가점 구분	점수
무주택 기간 (가점상한 32점)	1년 미만	2	8년 이상~9년 미만	18
	1년 이상~2년 미만	4	9년 이상~10년 미만	20
	2년 이상~3년 미만	6	10년 이상~11년 미만	22
	3년 이상~4년 미만	8	11년 이상~12년 미만	24
	4년 이상~5년 미만	10	12년 이상~13년 미만	26
	5년 이상~6년 미만	12	13년 이상~14년 미만	28
	6년 이상~7년 미만	14	14년 이상~15년 미만	30
	7년 이상~8년 미만	16	15년 이상	32
부양가족 수 (가점상한 35점)	0명	5	4명	25
	1명	10	5명	30
	2명	15	6명 이상	35
	3명	20	-	
입주자 저축 가입 기간 (가점상한 17점)	6월 미만	1	8년 이상~9년 미만	10
	6월 이상~1년 미만	2	9년 이상~10년 미만	11
	1년 이상~2년 미만	3	10년 이상~11년 미만	12
	2년 이상~3년 미만	4	11년 이상~12년 미만	13
	3년 이상~4년 미만	5	12년 이상~13년 미만	14
	4년 이상~5년 미만	6	13년 이상~14년 미만	15
	5년 이상~6년 미만	7	14년 이상~15년 미만	16
	6년 이상~7년 미만	8	15년 이상	17
	7년 이상~8년 미만	9	-	

공공분양은 저축총액 순이다

공공분양은 저축총액이 많은 순서로 당첨자를 가립니다. 이때 금액은 한 달(1회) 최대 10만 원씩만

인정됩니다. 청약통장에 오랫동안 월 10만 원씩 납입한 사람이 유리합니다. 아파트 청약 당첨자 선정 방법은 시기, 지역, 아파트 분양 유형(공공·민간), 공급 유형에 따라 달라집니다. 기본 전략은 오랫동안, 그리고 최대한 많은 금액을 넣는 겁니다. 그래서 만 17세 때부터 월 10만 원 씩 자동이체로 넣어두는 방식이 가장 좋습니다.

▌1순위·2순위 청약에는 1순위, 2순위가 있습니다. 특정 조건을 달성하면 1순위이고, 그에 못 미치면 2순위입니다. 1순위에게 우선권이 주어지고, 남은 주택이 2순위에 돌아갑니다. 투기과열지구, 청약과열지역이라면 청약통장 가입 2년 경과 등의 요건이 필요합니다.

▌청약 예치금과 지역별 기준 청약 1순위가 되려면 통장에 최소한의 금액을 납입해야 합니다. 이를 예치금이라고 합니다. 지역에 따라 다르지만 청약 넣는 사람이 살고 있는 주소지가 기준입니다.

지역·전용면적별 예치금액

구분	서울/부산	기타 광역시	기타 시/군
85m² 이하	300만 원	250만 원	200만 원
102m² 이하	600만 원	400만 원	300만 원
135m² 이하	1천만 원	700만 원	400만 원
모든 면적	1,500만 원	1천만 원	500만 원

┃예행 연습을 반드시 하세요 청약홈(www.applyhome.co.kr)에서 모의 청약을 할 수 있습니다. 자신의 가점이 몇 점인지 계산할 수 있고, 청약 모의연습도 가능합니다.

청약 당첨자 중에서 부적격자가 약 10%입니다. 10명 중 1명은 실수로 당첨 기회를 날렸다는 뜻이지요. 부적격 당첨의 이유는 청약가점 오류, 세대주 여부(규제지역 청약 시), 무주택 여부 등입니다.

청약 당첨에 특별한 비결은 없습니다. 가점이 많이 쌓여야 유리할 뿐입니다. 다만 특별공급이나 추첨제 등이 있기 때문에 전략만 잘 세운다면 당첨 기회를 앞당길 수는 있습니다. 가점이 적다면 추첨제 등으로 최대한 많이 지원해보는 것이 좋습니다. 반대로 가점이 아주 높다면 '가장 좋은 곳'을 노리는 것이 훌륭한 전략입니다.

청약 당첨 뒤 잔금까지, 얼마의 돈이 필요할까?

▌청약 당첨 시 필요한 비용은? '아파트 청약 당첨'이라는 꿈같은 일이 벌어졌습니다. 처음 몇 번은 '당첨되면 어쩌지'라는 괜한 걱정도 했는데, 수십 차례 낙방하다 보면 '청약은 원래 떨어지는 것'이라는 생각으로 접어들지요. 그러던 어느 날 내 손에 쥐어진 '당첨 목걸이' 때문에 날아갈 듯이 기뻤습니다.

그런데 그 기쁨은 오래가지 않습니다. 가장 현실적인 문제가 닥치기 때문인데, 돈을 마련해야 합니다. 아파트가 완공되기까지는 2~3년이 걸립니다. 그 기간 안에 자금 계획을 세워서 준비해야 하지요. 아파트 분양대금 납부는 '계약금 → 중도금 → 잔금' 순입니다.

▎계약금 10% 계약금은 분양가의 10%입니다. 간혹 시장이 활황일 때는 20%인 때가 있고, 침체기에는 더 적은 경우도 있습니다.

대개 당첨자 발표가 난 뒤 1~2주 안에 계약이 시작됩니다. 이때 분양 계약금과 확장비 계약금 정도만 마련하면 됩니다. 만약 분양가 5억 원에 확장비가 2천 만 원이라면 계약 시에는 5,200만 원이 필요한 것이지요.

▎중도금 60% 중도금은 대부분의 사람들이 대출을 받아서 납부합니다. 건설사에서 중도금을 분양가의 60%로 책정합니다. 2년이라는 기간에 10%씩, 6번에 걸쳐서 나눠 내지요. 중도금 대출을 받으면 은행에서 대출을 해주기 때문에 크게 신경 쓸 일이 없습니다. 중도금 대출 은행은 건설사에서 섭외하므로, 청약 당첨자는 소득 서류 등만 챙겨서 신청하면 됩니다.

다만 투기과열지구라면 대출 40% 등의 제한이 있습니다. 중도금 60% 중에서 대출이 40%만 되는 경우이지요. 나머지 20%, 그러니까 2회차는 당첨자의 돈으로 해결해야 합니다. 이것을 '자납'이라고 합니다.

분양권을 담보로 한 다른 대출은 불가능합니다. 중도금 대출 건수 보증 한도란 것이 있습니다. 즉 한 세대에서 여러 아파트 분양권을 갖게 될 때, 후에 계약하는 분양권은 중도금 대출을 못 받을 수도 있습니다.

청약·분양권에 대한 거의 모든 것

｜잔금은 30%가 아닌 90% 계약금과 중도금을 뺀 나머지가 잔금입니다. 흔히 잔금을 30%라고 알고 있는데, 사실 잔금은 90%입니다. 계약금 10%를 뺀 나머지가 잔금이 되니까요. 잔금 또한 대출이 가능합니다. 다만 규제지역 여부, 개인의 상황 등에 따라 대출 비율이 달라집니다.

｜잔금 대출을 분양가 90%까지? 잔금 대출을 받았는데도 돈이 부족하다면 어떻게 할까요? 기대를 걸어볼 만한 게 한 가지 있습니다. 분양 당시보다 주변 시세가 올랐을 경우입니다. 이때는 분양가보다 시세를 반영한 집값으로 대출 기준이 바뀔 수도 있습니다.

만약 5억 원에 분양한 집인데, 입주 때 시세가 8억 원으로 잡혔다면 3억~4억 원 이상 대출을 받을 수도 있습니다. 잔금 대출 때 기준은 분양가가 아닌 당시 시세이기 때문입니다. 이때도 대출금은 분양가를 넘지 못합니다. 운 좋게 부동산 상승기에 입주를 하는 것이라면 계약금 10%만 낸 뒤에 남은 분양가 90%는 대출로 해결할 수도 있습니다. 이외에 모자라는 부분은 신용 대출이나 마이너스 통장으로 해결할 수 있고요.

｜신축 전세도 방법이다 그럼에도 잔금을 못 낼 상황이라면 전세를 주는 방법도 있습니다. 세입자에게 전세 보증금을 받아서 분양 잔금을 내는 방법이지요. 대신 청약 때나 중도금 대출을 받았을 때 입주 의무나 전입 조건이 붙는지 등을 살펴봐야 합니다.

3기 신도시에
사전청약 제도를 도입한 이유는?

▌3기 신도시 알아보기 　우리나라는 지금까지 3회에 걸쳐 신도시 계획이 발표되었습니다. 가장 최근에는 3기 신도시(남양주 왕숙, 하남 교산, 인천 계양, 고양 창릉, 부천 대장, 광명 시흥, 의왕·군포·안산, 화성 진안, 안산 장상, 과천 과천, 인천 구월2, 화성 봉담3 등)가 지정되었지요.

3기 신도시는 '수도권 주택공급 확대방안'의 일환으로 수도권 주택시장 및 서민 주거 안정을 위해 계획한 공공주택지구입니다. 전부 포함하면 33만 호 정도입니다. 그런데 입주하기까지는 꽤 오랜 시간이 걸립니다.

2018년 연말에 3기 신도시가 발표되었지만, 실제로 아파트가 지어지려면 2025년 이후부터 가능합니다. 도시를 전체적으로 완성하려면 그보다 더 시간이 걸릴 듯합니다.

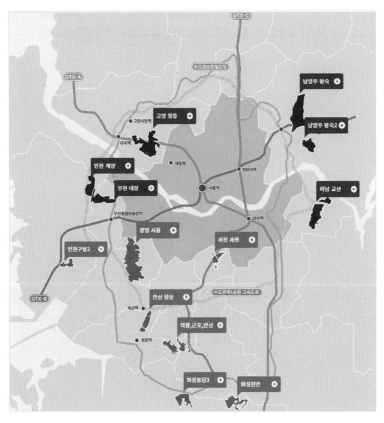

출처: 3기신도시 홈페이지(www.3기신도시.kr)

▌공공분양 사전청약 알아보기 그래서 정부는 사전청약 제도를 도입했습니다. 실제 청약 때까지 시간이 오래 걸리면 부동산 시장이 불안해질 가능성이 있으니, 청약 당첨과 같은 효과를 지닌 사전청약 제도를 실시한 것입니다. 즉 청약보다 1~2년 앞서 당첨자를 뽑겠

다는 것이지요.

본청약과의 차이점은 사전청약 당첨 때 계약금이 필요 없다는 점, 취소를 해도 청약통장을 다시 쓸 수 있다는 점입니다. 일부는 거주 기간이 필요한 경우가 있는데, 본청약 전까지 채우면 됩니다. 공공 사전청약 당첨 시 다른 사전청약은 쓸 수 없지만, 본청약은 청약을 신청할 수 있습니다.

｜사전청약 당첨 후 소득이 늘었을 때 사전청약 입주자 모집 공고 때의 기준만 충족시키면 됩니다. 그러니 사전청약에 당첨된 이후에 소득이 늘어도 상관없습니다. 다만 유주택자가 되어서는 안 됩니다.

• **당첨 이후에도 다른 청약을 지원할 수 있는가?** – 사전청약 당첨자의 세대원은 다른 사전청약(공공 및 민간)에 신청할 수 없습니다. 다른 단지의 본청약에는 신청 가능합니다. 다만 다른 본청약 당첨 시에는 사전청약 당첨이 취소됩니다.

• **당첨 후에 포기할 수 있는가?** – 사전청약은 당첨 후에 포기가 가능합니다. 다만 사전청약 포기자 또는 부적격자는 공공 사전청약 당첨일로부터 1년간 다른 공공분양 주택의 사전청약에 참여하는 것이 제한됩니다.

사전청약 당첨포기 페이지

• 당첨 포기는 어떻게 하는가? – LH청약센터(www.apply.lh.or.kr)에서
'사전청약' 바로가기 클릭 → 당첨자서비스 → 당첨포기신청(인증서
로그인)의 순서로 진행하면 됩니다.

┃민간분양 사전청약 알아보기 민간분양 아파트도 사전청약을
합니다. 민간분양은 3기 신도시가 아닐 수도 있습니다. 방식은 공공
사전청약과 비슷합니다. 본청약 전에 미리 사전청약으로 당첨자를
뽑습니다. 다만 차이점은 다른 청약을 신청할 수 있는지 없는지입니
다. 민간 사전청약에 당첨되면 청약통장을 사용한 것으로 간주합니
다. 그래서 다른 사전청약과 본청약 모두 신청할 수 없습니다. 사전
청약 당첨자 지위를 포기해야만 다른 청약을 넣을 수 있습니다.

유상 옵션만 수십 개라는데,
어떻게 선택해야 할까?

▌현명하게 옵션 선택하기　모델하우스에 가면 마음이 들뜹니다. 당첨된 것도 아닌데 말이죠. 휘황찬란한 조명과 번듯한 내부, 깍듯한 직원들의 태도에 이미 내 집인 것 같은 착각에 빠집니다. 그러다가 유상 옵션 금액을 보면 현실을 자각하게 되지요.

▌유상 옵션만 수십 개?　최근 들어 갈수록 유상 옵션이 다양해지고 있습니다. 5~6년 전만 해도 유상 옵션은 시스템 에어컨 정도로만 그쳤는데, 최근에는 유상 옵션 종류만 무려 수십 가지에 이르기도 하니까요.

　유상 옵션이 많아지는 이유는 무엇일까요? 건설사가 기본 분양가를 낮추기 위해 꼼수를 부리는 겁니다.

▌모델하우스는 '죽은 집'이다

모델하우스에 가보면 먼저 환한 조명과 대리석 바닥이 눈에 띕니다. 멋진 그림이 걸린 벽, 근사한 와인병과 외제 식기가 놓인 주방, 최신식 빌트인 가전제품으로 잘 정돈된 내부.

없는 게 없는 모델하우스이지만 딱 한 가지 없는 것이 있습니다. 그것은 바로 사람의 온기, 삶의 흔적입니다. 화려한 인테리어에 현혹되기보다는 실제 살면서 얼마나 아늑하고 편하게 살 수 있는가를 생각해봐야 합니다.

특히 단지 모형도와 주변 지도 등을 눈여겨봐야 합니다. 주변 환경, 입지, 동간 배치 및 거리, 조경, 커뮤니티, 경사도를 보면서 전체적인 모습을 떠올려봅니다.

▌유상 옵션 '풀소유'

모델하우스는 모든 유상 옵션을 장착한 상태입니다. 바닥부터 벽면, 천장, 조명, 가구, 가전제품 등 모든 옵션이 들어가 있지요. 벽이나 바닥을 보면 유상 옵션과 기본형이 구분되어 있으니 반드시 차이를 살펴야 합니다.

▌시스템 에어컨, 내가 제일 잘나가

2010년대 중후반 이후부터 대다수의 사람들이 시스템 에어컨을 선택하고 있습니다. 시스템 에어컨을 천장에 매립하기 때문에 그만큼 공간을 더 쓸 수 있어서 인기가 있지요. 만약 입주한 후에 시스템 에어컨을 설치하면 집이 지저분해질 수 있고 번거롭습니다. 그래서 사전에 옵션으로 선택하는 편입니다. 에어컨 모델은 분양 당시에 정하는 것이므로 입주 시점이 되면 구형 모델이 될 수도 있으니, 최신형 에어컨을 원한다면 입주를 앞두고 설치하는 것이 좋습니다.

빌트인, 이제 '고정'을 곁들이다

모델하우스에는 냉장고 등 가전제품을 빌트인으로 설치해놓습니다. 깔끔하고 보기에도 좋지요. 그런데 다른 집으로 이사 갈 때는 가지고 가기가 어렵습니다. 그러니 이사를 해야 한다면 빌트인은 별로 추천하지 않는 옵션입니다.

내부 구조를 바꾸는 옵션들

내부 구조를 바꿀 수 있는 옵션도 있습니다. 작은 방 2개를 하나로 터서 큰 방으로 만들거나 알파룸 또는 팬트리 선택형 등의 옵션이 있지요. 주방 확장형, 거실 확장형, 강화형 등 구조를 바꾸는 옵션들도 다양합니다.

마이너스 옵션도 선택 가능하다

극히 일부 사람들이 마이너스 옵션을 선택하는 경우가 있습니다. 건설사가 집의 뼈대를 만들면, 내부는 개인의 취향에 따라 꾸미는 옵션이지요. 바닥, 벽면, 가구 등의 인테리어를 안 하는 대신에 분양가에서 그만큼의 비용을 빼줍니다.

상담석에 보물이 놓여 있다

청약에 대해 많이 안다고 할지라도 상담석에는 꼭 앉아보길 바랍니다. 자신이 알고 있는 청약 정보가 맞는지 확인하는 것은 기본입니다.

12장

믿을 만한
공인중개사를
선택하는 방법

12장은 '파트너'입니다. '중개보수 더 주고 싶다'라고 생각한 적이 있나요? '하는 일도 없는데 돈만 받아간다'는 느낌이었나요? 이번 장에서는 공인중개사에게 지불한 돈이 아깝지 않게, 제대로 활용하는 방법을 알려드립니다. 좋은 중개사와 나쁜 중개사를 구분합니다. '좋은 파트너'로 안전하고 편리하게 내 집 마련을 하는 노하우를 제공합니다.

중개보수 깎기,
정말 현장에서 가능한가?

▌중개보수, 당연히 지불해야 할 돈이다 공인중개사를 통해 집을 구했다면 당연히 그 값을 치러야 합니다. 이를 중개보수라 하지요. 중개보수는 거래하는 부동산 가격에 비례합니다. 한도가 정해져 있기 때문에 이것보다 많이 받으면 위법입니다.

관련 법에 따라 각 지역별로 정해진 중개보수 요율이 있습니다. 중개보수는 거래금액에 수수료율을 곱합니다. 한도액이 정해진 경우라면 그 금액을 넘겨서는 안 됩니다.

5억 원인 집을 매수했다면 상한요율을 0.4%로 잡아서 200만 원이 최대치의 금액이 됩니다. 이때 일반사업자는 부가세 별도로 계산됩니다. 월세라면 계산식이 달라지는데, 월세를 보증금 형식으로 바꿔 곱셈을 하지요. 그리고 거래금액에 따른 계산 방법도 달라집니다.

중개보수 요율표

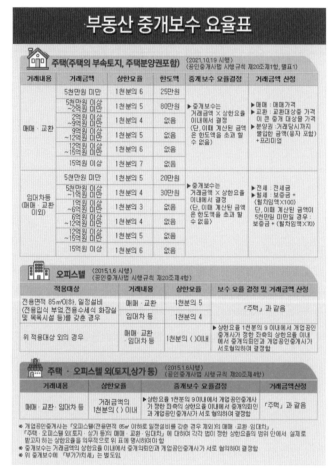

　중개수수료는 '중개대상물 확인설명서' 맨 뒷장에 있습니다. 프로그램이 자동으로 계산해서 알려줍니다. 만약 직접 계산하고 싶다면 중개보수 계산기를 이용하면 간단합니다.

입자가 가장 주의해야 할 것은 '3기 차임액 연체'입니다. 월세가 밀리고 밀려서 세 달 치에 달했다면, 계약갱신을 요구할 수 없습니다.

▌월세는 5% 안에서 건물주는 임대료를 올려달라고, 세입자는 내려달라고 할 수 있습니다. 상권이 안정되고 장사가 어느 정도 된다면 재계약 시 5%까지 올리는 경우가 대부분입니다.

▌권리금 회수 기회 보호 건물주는 세입자한테 권리금을 받을 수 없습니다. 권리금은 세입자끼리 주고받는 겁니다. 모든 상가 임차인은 권리금 회수 기회를 보호받습니다. 임대차 기간이 끝나기 6개월 전부터 종료 시까지 '다음 사람'을 데리고 오면 됩니다. 건물주가 신규 임차인과의 임대차계약을 정당한 사유 없이 거절할 경우, 원래 임차인에게 손해배상을 해줘야 합니다. 대법원 판례에도 "계약 기간이 10년을 넘었어도 권리금 회수 기회는 보장받아야 한다"고 나와 있습니다.

> • 상가건물 임대차보호법 제10조의3(권리금의 정의 등) ② 권리금 계약이란 신규임차인이 되려는 자가 임차인에게 권리금을 지급하기로 하는 계약을 말한다.
> • 상가건물 임대차보호법 제10조의4(권리금 회수기회 보호) ① 임대인은 (중략) 임차인이 주선한 신규임차인이 되려는 자로부터 권리금을 지급받는 것을 방해하여서는 아니 된다.

권리금 계약이 먼저고
임대차계약이 나중인 이유는?

∎ 상가 권리금 알아보기　영업할 가게를 찾다 보면 권리금이 있는 경우가 많습니다. 권리금이란 쉽게 말하면 지금까지 장사해온 수고와 가치를 존중하고 인정하는 겁니다. 무형의 가치를 유형의 자산으로 보상해주는 것이지요. 돈이 오고 가기 때문에 계약서를 쓰는 것이 중요합니다. 권리금을 어떻게 주고받는지, 계약서는 어떻게 쓰는지를 살펴보겠습니다.

권리금 계약의 선행 요건이 있습니다. '이전 사장님이 운영하던 곳에서 그대로 영업을 이어나가는 것'입니다. 임대차를 이어받지 못하면 권리금 계약도 할 수 없게 됩니다. 그래서 권리금 계약과 해당 장소 임대차계약은 떼려야 뗄 수 없습니다.

임대차계약은 건물주와 하는 겁니다. 순서는 권리금 계약을 먼저

하고, 임대차계약을 나중에 합니다. 그래야 뒤탈이 없습니다. 권리금 계약금 일부를 주고받고, 임대차계약금 일부를 주고받습니다. 계약서 작성 때도 권리금부터 쓰고 임대차를 쓰면 됩니다.

▌권리금 계약부터 해야 하는 이유

임대차계약부터 하면 일이 꼬일 수 있습니다. 이전 사장님이 말을 바꿔서 권리금을 올려달라고 할 경우가 문제입니다. 나쁜 마음을 먹은 것이지요. 새로 오는 사람이 임대차계약을 하면 꼼짝 못하니, 이를 배경 삼아서 무리한 요구를 할 수 있다는 겁니다. 권리금 1천만 원을 이야기하다가 갑자기 2천만 원으로 올리는 식인 거죠.

권리금 받고 나가겠다고 했다가 갑자기 장사를 더 하겠다고 하면 상황은 복잡해집니다. 최악의 경우에는 새로 오는 사람이 계약금을 날리고 임대차를 포기하는 상황입니다. 이럴 때는 법정 싸움까지 가기도 합니다. 그러니 이런 사태를 미연에 방지하려면, 권리금 계약부터 하고 나중에 임대차계약을 해야 합니다.

▌주인이 갑자기 월세를 올린다면?

이때 중요한 점은 임대차계약이 안 될 경우, 권리금 계약은 없던 일로 한다는 겁니다. 임대차계약이 '부모', 권리금 계약이 '자식'입니다. 부모가 있어야 자식이 있는 법이니까요. 맨 처음에 권리금 내용이 오가면서 보증금이 얼마인지를 들었을 겁니다. 그 내용대로 임대차계약을 하려 했는데, 갑자기 건물주가 월세를 올리려고 한다면 어떻게 할까요? 갑자기 높아진 임대료에 모든 계획이 원점으로 돌아갈 수 있습니다. 그래서 이런 경우에 해지계약금 반환특약을 넣는 것이 중요합니다.

> ▶ **특약 사항**
> • 본권리금 계약은 임대차계약의 승계를 전제로 한다. 이에 따라 임대료 인상 또는 조건상이 등으로 인해 임대차계약이 안 된다면, 주고받은 금액을 모두 돌려주고 권리금 계약은 없던 일로 한다.

|계약은 사소한 문제로 틀어진다 계약이란 게 희한합니다. 중요한 내용들은 시원시원하게 이야기가 잘 되다가도 사소한 것 때문에 계약이 틀어지는 경우가 꽤 있습니다. 상가를 이어받는 권리금 계약에서는 정수기, 인터넷, 비품 목록 등일 겁니다. 권리금 1천만 원도 시원시원하게 깎아줬는데 인터넷 해지금 20만 원 때문에 계약 자체가 어그러지는 경우도 봤습니다.

그래서 권리금 계약서에 주고받는 시설 목록을 최대한 상세하게 쓰는 것이 좋습니다. 시설 목록 인수인계를 표시하는 방식은 다음과 같은 2가지입니다. '○○은 남겨놓고 간다' '○○은 가져간다, 철거한다'는 식입니다.

이때 바로 보이지 않는 것들이 의외로 큰 문제가 될 수 있습니다. 전화번호, 상호, 각종 렌털 용품, 소모품과 비품도 반드시 잘 챙기길 바랍니다.

▌행정 위반·범칙금·과태료 사업장을 인수인계할 때 행정처분과 위반사항도 확인해야 합니다. 범칙금, 이행강제금, 과태료 등도 마찬가지입니다. 때에 따라서 이전 사장님의 '과오'가 새로운 사장님께 이어지는 경우도 있습니다. 이전 사장님한테도 확인해보고 행정기관에 물어보는 것이 확실합니다.

▌종로를 네게 맡기마! 뒷마무리는 깔끔하게! 드라마 〈야인시대〉를 보면 주먹 세계의 패권이 바뀌는 내용이 나옵니다. 종로를 주름잡던 '쌍칼'이 '김두한'에게 "이제 두한이 네가 종로를 맡아다오"라고 말하며 떠나지요.

권리금 계약서

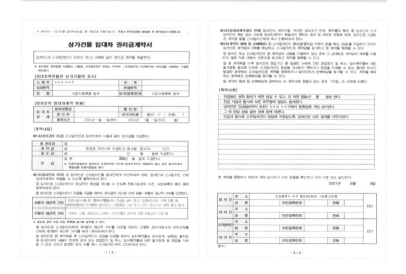

권리금 계약도 마찬가지입니다. 이전 사장님은 유무형의 자산과 가치를 넘겨주고 떠나는 겁니다. 새로운 사장님은 돈을 주고 넘겨받는 상황이고요. 이때 이전 사장님이 깔끔하게 떠나면 되는데, 간혹 그렇지 않은 사람들이 있습니다. 권리금까지 받고 가게를 넘겨준 뒤에 가까운 곳에 동일 업종으로 또 오픈을 하는 겁니다. 이러한 상황을 방지할 수 있는 조항을 계약서에 넣는 것이 제일 좋습니다.

▶ **특약 사항**
• 양도인은 ○○구 내에서(반경 00km 내에서) 동종 또는 유사업종으로 창업, 취업을 하지 않는다.

상가에 투자할 때
유의해야 할 사항이 뭘까?

▎팔아서 돈 버는 차익형 vs. 월세 받는 수익형　상가 투자는 단기간에 차익을 남기거나 수익을 기대하기는 힘듭니다. 되도록이면 긴 호흡으로 가야 합니다.

　부동산투자는 크게 차익형과 수익형으로 나뉩니다. 차익형은 싸게 사서 비싸게 팔아 수익을 얻는 것으로, 주택이 대표적입니다. 수익형은 다달이 월세를 받을 수 있는 상가를 생각하면 됩니다.

▎상가 투자의 핵심　상가 투자를 생각한 처음부터 끝까지, 마음에 품고 있어야 할 대원칙이 있습니다. 상가 투자의 재미는 '다달이 들어오는 월세'에 있습니다. 나는 가만히 있어도 통장에 매달 꼬박꼬박 돈이 들어온다는 매력이 있지요. 그런데 상가 투자의 핵심은 '월세를

무조건 많이 받는다'가 아닙니다. '월세를 끊기지 않고 받는다'가 핵심입니다.

▌상권 자체의 입지 누구나 좋아하고 열망하는 상권이 있습니다. 서울 강남구 논현동은 유동인구가 늘 몰립니다. 서울시청 뒤편이나 여의도도 회사가 밀집되어 있는 상권이고요. 20대가 많은 신림이나 홍대도 좋습니다. 대전에서는 은행동, 청주에서는 성안길을 고려해볼 만합니다. 울산 삼산동, 부산 해운대와 대연동도 마찬가지고요.

그런데 이런 곳이 영원할까요? 대전 은행동은 대흥동으로 상권이 확장했고, 청주도 성안길보다는 백화점 근처가 더 붐비기도 합니다. '~리단길'도 계속 생기면서 바뀌고 있습니다. 서울의 명동이나 홍대의 상가들이 텅 비어 있다는 기사들을 한 번쯤 봤을 겁니다. 이렇듯 상권은 유동적이고 흥망성쇠의 사이클이 있습니다. 영원한 것은 없습니다. 이런 흐름을 읽고 '치고 빠지기'를 할 수 있다면 상가 투자에서 큰 빛을 볼 수 있습니다.

▌내가 잘 아는 곳 상권을 선택할 때는 자기가 잘 아는 곳이 좋습니다. 집 근처가 될 수도 있고, 자주 가본 곳도 좋습니다. 특히 많이 걸어다닌 곳이 좋습니다. 상권의 형성 과정부터 유동인구와 배후수요, 고객들의 동선을 알 수 있으니까요. '저 가게는 참 오래하네' '저기는 또 망했네' '사람들이 주로 이 길로 퇴근하네' 등을 자연스럽게 느끼고 알 수 있는 곳이 상가 투자에 좋은 곳입니다.

▌동네 안, 해당 건물 안에서의 입지

또 하나의 팁은 '해당 건물 안에서 위치를 보라'는 겁니다. 용의 꼬리보다는 뱀의 머리가 낫습니다. 새로 건물이 들어설 때면 처음부터 누군가 장사를 하는 '호실'이 있을 거고, 끝까지 아무도 들어오지 않는 '빈 상가'도 있을 겁니다. 상가 건물이 처음 생긴다면 유심히 살펴보세요. 안 좋은 곳에 있거나 비싼 곳이라도 그 건물에 20~30%는 처음부터 가게를 얻고 영업을 시작할 겁니다. '좋은 위치의 나쁜 호실'보다는 '나쁜 위치의 좋은 호실'이 공실 위험은 덜합니다.

▌임대료와 매매가가 적당한지 확인할 것

상가는 수익형 투자 상품으로써 수익률을 따져봐야 합니다. 수익률은 '자신이 투자한 돈 대비해서 월세를 얼마나 받는지'로 계산됩니다. '월세×12/(건물 가격 - 보증금)'이지요. 수익률에 따라 매매가가 달라집니다. 즉 월세를 얼마 받는지에 따라 상가의 가치가 달라집니다. 수익률(가격 대비 월세 비율)은 1층이 낮고, 위층으로 올라갈수록 높아집니다.

이때 상가 수익률이나 월세만 생각해서는 안 됩니다. 주변 건물의 시세와 임대료도 반드시 비교해봐야 합니다. 근처 대비 수익률이 높다면 다음 번 임차인이 들어올 때 월세를 낮춰야 할 수도 있기 때문입니다. 상권이 더 발전할 곳인지, 인구가 늘어날 곳인지, 상가 건물이 더 생길 곳인지도 잘 살펴보면 앞으로의 월세 증감을 예상할 수 있습니다.

▌현 임차인의 상태 월세 수익률만이 아닌, 현재 임차인의 계약 기간과 영업 상태도 봐야 합니다. 상가를 산 뒤 얼마 지나지 않아 임차인계약이 끝나서 나갈 수도 있으니까요. 또한 현재 임차인이 영업이 잘 되는 곳인지 허덕이는 곳인지도 미리 살펴봐야 합니다. 얼마 못 버티고 나갈 것 같은 상태라면 월세를 못 받을 수도 있으니까요.

▌스타벅스 불패? 건물주가 선호하는 임차인 우량업종이 있습니다. 대형 프랜차이즈, 병의원, 은행, 약국 등이지요. 그런데 영원한 것은 없습니다. 망하는 병원이 있고, 병원이 망하면 약국도 문을 닫을 수밖에 없지요. 은행은 비대면 영업으로 전환하면서 영업점 수를 줄이는 추세입니다.

대형 프랜차이즈는 어떨까요? 한 시대를 풍미했던 패밀리 레스토랑들은 거의 자취를 감췄습니다. 그러니 우량업종이라고 해도 월세 수입을 보장해주는 것은 아닙니다.

▌유행 타는 업종 유행을 타고 들불처럼 번지는 업종도 주의를 기울여야 합니다. 최근 급격히 증가한 업종은 유행이 끝나면 일시에 사그라들 가능성이 있기 때문입니다. 대왕카스테라, 불닭, 벌꿀아이스크림 등이 대표적으로 유행을 탄 업종입니다. 최근에는 무인 아이스크림 가게, 밀키트 전문점 창업이 늘었습니다. 포화 상태에 다다르면 많은 점포들이 정리될 것입니다.

┃먼저 자신에게 물어볼 것 시간이 지날수록 상가 임대료가 올라가고 있습니다. 자영업자 창업 빈도와 폐업률, 코로나19 팬데믹으로 인한 영업 손실과는 별개입니다. 임대료가 올라가는 가장 큰 이유는 '분양가가 비싸지고 금리가 올라가서'입니다.

건물주가 중요하게 생각하고 따져야 하는 것은 수익률입니다. 투자 자본 대비 수익을 얼마나 올릴 수 있는지를 따져야 합니다. 이에 따라 건물 값이 비싸질수록 임대료가 올라가는 것은 당연한 이치입니다. 그런데 이마저도 임계점이 있습니다. 한 달 열심히 벌어도 월세 내기가 빠듯하다면 영업을 시작하기가 망설여질 것입니다.

최근 수도권 신도시 분양 상가는 1층 10평 기준 10억 원에 육박하고 있습니다. 분양가 10억 원이면 월세를 300만 원은 받아야 수익률 4%에 맞출 수 있을 정도입니다. 임차인 입장에서 월세 300만 원은 버겁습니다. 더구나 10평 내외라는 크기의 한계도 존재합니다.

상가 투자를 꿈꾸는 사람들이면 스스로에게 물어봐야 할 말이 있습니다. "내가 사장이라면 이 월세를 내고 돈을 벌 수 있을까?" 이 질문에 자신 있게 대답할 수 있다면 절대 실패할 일은 없을 겁니다. 결국 임차인 입장에서 생각해야 상가 투자에 성공할 수 있습니다.

'소액 투자'라는 광고에
속지 말아야 하는 이유는?

▌단돈 1천만 원으로 건물주 되기 부동산투자에 발을 들여놓으려는 순간, 타고난 금수저가 아니라면 자본금이 많지 않을 겁니다. 생활비 아끼고 월급 모아도 목돈을 모으기가 쉽지 않죠. 그래서 눈에 들어오는 게 부동산 소액 투자입니다.

'1천만 원만 있으면 건물주' '부린이도 쉽게 성공하는 소액 투자' 같은 홍보 문구를 많이 접해봤을 거예요. 적은 자본으로 투자하기에 이것보다 솔깃한 말들은 없을 겁니다. 그런데 과연 이것으로 끝일까요? 진짜 1천만 원만 있으면 건물주가 될 수 있을까요? 단언컨대 1천만 원으로 제대로 된 투자를 할 수 있는 건물은 없습니다.

보통 소액 투자의 대상은 오피스텔, 섹션오피스, 구분상가 등입니다. 특히 분양하면서 대대적인 광고와 함께 소액 투자라고 현혹시키곤 하죠. 보통 1억 원짜리 상가를 분양할 때 '1천만 원만 있으면 된다'라고 포장을 합니다. 실제로 얼마의 투자금이 필요한지 계산해보겠습니다.

| 계약금 10%면 끝? "1천만 원만 있으면 됩니다." 맞습니다. 여기까지는 사실입니다. 바로 계약금만 말이죠. 그런데 잔금 때 돈이 더 들어간다는 사실은 이야기를 잘 안 해줍니다. 처음에 10% 계약금 외에 잔금 90%도 자기가 마련해야 합니다.

그런데 돈이 없다면? 대출을 받아야겠지요. 상가 담보 대출 최대 70%로 계산하겠습니다. 7천만 원을 빌리면 잔금 20%인 2천만 원이 남습니다. 여기에 세입자를 운 좋게 구해서 보증금 500만 원을 받으면 결국 1,500만 원을 스스로 마련해야 하지요. 게다가 취등록세도 내야 하고, 중개수수료도 내야 합니다. 결론적으로 1억 원짜리 상가를 얻으려면 최소 3천만 원이 필요합니다.

이게 바로 소액 투자의 함정입니다. 여기에서 말하는 '소액'이란 계약을 위해 필요한 돈을 말합니다. 따라서 앞으로 더 내야 할 돈까지 계산해야 정확합니다.

| 최악의 경우를 대비하라 월세를 받을 목적으로 상가에 투자할 때, 두려움 반 설렘 반일 겁니다. '망하면 어쩌지?'라는 두려움과 '내가 건물주? 일 안 하는데 돈이 들어온다고?'라는 기대감이 공존하지요. 그런데 핑크빛 전망만 보지 말고 최악의 경우를 생각해보길 바랍

니다. 상가 투자에서 최악의 경우는 무엇일까요? 임대가 안 나가서 월세를 받지 못하는 것이겠지요. 이 상황을 미리 대비해야 합니다.

세입자가 안 들어와서 월세를 못 받는다면 어떤 리스크가 있을까요? 상가 매수 때 받은 대출 이자가 첫 번째입니다. 대출 이자가 계속 나가겠지요. 그리고 상가 관리비입니다. 공실인 동안에는 건물주가 관리비를 내야 합니다. 1억 원짜리 상가에 대출이 7천만 원이라면 한 달 이자가 못해도 30만 원은 됩니다. 상가 관리비 또한 10만 원 이상이고요. 월세를 못 맞추면 기본적으로 40만 원은 마이너스인 셈입니다. 이 돈을 감당할 수 있을지 충분히 고려해야 합니다.

┃욕심을 버리면 살길이 보인다 공실 위험을 줄이는 2가지 방법은 좋은 자리와 싼 임대료입니다. 상가 투자를 할 때 최대한 이익을 내고 싶고 월세를 많이 받고 싶은 건 당연한데, 이런 욕심이 공실을 부르기도 합니다. 수시로 상황을 파악하면서 경기가 안 좋거나 빈자리가 많을 때는 월세를 과감하게 낮추길 바랍니다. 더 욕심내다가 2~3년의 시간을 공실 상태로 보내는 사람들이 상당히 많습니다. 월세가 5만 원이라도 옆 칸보다 싸다면 주인을 찾을 수 있을 겁니다.

┃월세, 얼마나 받아야 할까? 지방 수익률은 다음과 같이 산출합니다. 서울보다 월세 계산식 수익률을 높게 잡습니다. 1층이라면 4% 전후로 계산하면 되고, 상층부는 6% 전후가 평균입니다. 수익률 계산식은 다음과 같습니다.

• 수익률 계산식: 1년 임대료/건물가격-보증금

1억 원인 1층 상가의 수익률이 4%라면 1년에 400만 원(한 달 약 30만 원) 정도가 되겠네요. 여기서 대출을 받는다면 수익률은 좀 더 올라갑니다. 이자보다 월세가 더 많기 때문이지요. 대출을 받아서 수익률을 높이는 방법을 레버리지 효과라고 합니다.

• 레버리지 계산식: (1년 임대료-1년 이자)/건물가격-대출금-보증금

▌수익률의 함정 수익률을 계산할 때 보통은 건물가만을 기준으로 계산해줍니다. 하지만 실제로 첫 해에는 해당 수익률이 나오지 않습니다. 그 이유는 취등록세, 임대 중개수수료, 렌털프리 등이 빠지기 때문입니다.

여기에서 렌털프리란 월세를 받지 않는 기간입니다. 인테리어 공사 등 영업 시작까지 준비가 필요하니 그 기간만큼 월세를 안 받는 겁니다. 보통 잔금일부터 렌털프리 기간이 시작됩니다.

> ▶ **특약 사항**
> • 월 임대료 렌털프리는 잔금일부터 ○○일이다(○월 ○일까지로 한다). 이 기간의 관리비 등은 임차인이 부담한다. 렌털프리 기간에 중도 퇴거할 경우에는 월 임대료를 일할 계산해서 임대인에게 지불한다.

┃ 못생긴 애들 중에 제일 잘생긴 것   집은 없으면 길거리에 나 앉지만, 상가 투자는 그렇지 않습니다. 없어도 굶어죽지는 않습니다. 다만 아쉬울 뿐이죠. 그렇다고 조바심을 낼 필요가 없습니다.

A건물에서 좋은 호실이 없다면 B건물에서 찾으면 됩니다. 바로 옆 건물로 눈을 돌리면 비슷한 조건의 투자 매물이 또 있습니다. 입지가 좋은 A건물에서 남은 쭉정이 대신에 입지가 떨어지는 B건물의 알짜배기 호실이 좋습니다. 결국 못생긴 애들 중에 제일 잘생긴 것이 정답입니다. 좋은 입지의 건물에서 가장 나쁜 게 아니라, 나쁜 입지의 건물에서 가장 좋은 호실을 선택해야 합니다.

┃ 싼 게 비지떡   이런 사람들이 있습니다. "제일 싼 게 뭐예요?" 그런데 상가 임대가 시장에서 콩나물 사는 것이 아닙니다. 가격이 싼 데는 다 이유가 있습니다. 싼 게 비지떡입니다. 위치가 안 좋거나 크기가 작거나 애매하지요. 투자의 관점에서 보면 무조건 싼 게 아닌 '월세가 잘 나갈 만한 자리' '남들한테 팔기 좋은 자리' '가성비가 좋은 자리'를 얻어야 합니다.

투자에 성공하려면 건물주의 관점에서만 바라봐서도 안 됩니다. 그곳에서 장사를 하려는 세입자의 입장에서도 따져봐야 합니다. '과연 이 월세를 내고도 남는 게 있을까?' '이 자리가 이만큼의 월세를 내고 들어올 정도로 괜찮은 곳인가?'라고 말이지요. 상가를 사는 최종 목적은 월세를 잘 받기 위한 겁니다. 결국 세입자가 잘 돼야 상가 투자도 성공할 수 있습니다.

하세요"라고 할까요? 자신의 손님이 다른 데 가서 계약한다는 상황인데 어떤 말을 할 수 있을까요? 그러니 사실 답이 없는 질문입니다.

심지어 이런 부동산도 있습니다. 계약금 들어갔다는 소식에 훼방을 놓는 경우입니다. "왜 그렇게 싸게 판대. 요새 누가 그 가격에 팔아. 지금 그거 취소하면 더 비싸게 받아줄게요. 지금 손님 있다니까"라며 돈 벌 생각만 하는 곳은 걸러야 합니다.

• **정확한 답을 얻을 수 없다** - 다른 동네에 있는 부동산에 물어보면 정확한 답을 얻을 수 있을까요? 평소 잘 알고 지내던 부동산입니다. "지금 이렇게 콜이 들어왔는데 할까 말까요?" "나중에 팔면 더 비싸게 받을 수 있을까요?"라며 물어볼 수 있습니다. 그런데 부동산에서 정확한 답을 해줄 수 있을까요? 그렇지 않습니다.

보통 부동산은 자기 동네의 가격이나 흐름을 꿰뚫고 있습니다. 그런데 다른 동네의 시세나 정보는 잘 모르는 경우가 많지요. 특히 팔지 말지 결정의 촌각을 다투는 가격 정보는 더 모를 것이고요. 지금 가격이 잘 받고 파는 것인지, 싸게 파는 것인지는 자세히 알 수 없을 겁니다.

"계약금 줄 테니 계약하자"라고 했을 때 다른 부동산에 물어볼 필요가 없습니다. 마음먹은 가격, 생각했던 조건들이 맞는다면 임자 있을 때 파는 게 정답입니다. 그리고 팔고 나면 뒤돌아보지 않는 것 역시 정답입니다.

부동산 한 곳만
이용할 경우의 장단점은?

┃같은 부동산에서 집을 사고팔 경우 현재의 집을 팔아준 부동산에 이사 갈 집도 중개해달라는 경우가 있습니다. 이렇게 하는 게 효율적일까요? 원하는 집을 얻을 수 있을까요? 좋을 수도 있고, 나쁠 수도 있습니다.

┃한 곳만 이용할 경우의 장점 한 곳만 이용한다면 나만을 위한 전담 매니저로 책임감 있는 파트너가 될 겁니다. 낯선 곳으로 이사갈 때 든든한 지원군이 될 수 있지요.

• **수수료 좀 깎아주세요** - 집을 팔고 살 때 중개보수는 2번 내야 합니다. 팔 때와 살 때 각각 돈을 내지요. 5억 원인 집을 팔고 5억 원인

집을 산다면 각 200만 원씩 총 400만 원을 줘야 합니다. 이럴 때 부동산 한 곳에 의뢰한다면 중개보수를 깎아달라고 하기가 편합니다. "수수료 좀 깎아주면 이사 갈 집도 함께 맡기겠습니다"라고 말이지요.

부동산에서도 받아들이기가 나쁜 조건이 아닙니다. 부동산 사무실에서는 건별로 중개보수를 받습니다. 팔아준 부동산의 경우 다른 집도 구해주면서 중개보수를 한 번 더 받는 셈이 되는 거죠. 부동산에서 "이사 가는 집도 우리한테 맡겨주면 깎아주겠습니다"라며 먼저 제안하는 경우도 있습니다.

• 믿고 더블로 가! – 공인중개사가 맡은 바를 성실히 끝까지 책임져주는 곳, 나와 합이 맞는 곳, 좋은 집을 좋은 가격에 중개해주는 곳을 만나는 것도 복입니다. 한 번 거래한 곳이 열심히 일하고 좋은 결과를 만든 부동산이었다면 책임감을 갖고 끝까지 중개를 해줄 겁니다.

┃한 곳만 이용할 경우의 단점 한 곳만 이용하는 경우, 선택의 폭이 줄어든다는 게 가장 큰 단점입니다. 부동산 사무실 운영의 생리를 알면 바로 이해가 될 겁니다.

• 내가 딱 아는 만큼만! – 부동산 공인중개사는 전문가입니다. 특히 최근 시세, 매도 호가, 실거래가 등 가격뿐만 아니라 거래량과 분위기도 빠삭하게 꿰고 있습니다. 하지만 다른 동네의 정보는 어두운 경우가 많습니다. 이사 갈 집을 알아보는 매수인과 별반 다르지 않습니다.

A동네 부동산이 B동네 부동산 시세를 훤히 꿰뚫는 경우는 2가지입니다. 우연히도 A공인중개사가 B동네에 살고 있을 경우, 우연히도 B동네 매물을 찾으며 최근에 중개를 했을 경우입니다.

그게 아니라면 자신이 아는 만큼만 공인중개사도 알고 있습니다. 정확한 시세, 호가, 분위기는 이사 갈 동네의 부동산을 통해서 정보를 얻게 됩니다. 집 보려면 이사 갈 곳의 부동산을 통해야 하는 건 마찬가지입니다.

• 볼 수 있는 집이 줄어든다 - 부동산 중개 업무 특성상 접근할 수 있는 집의 개수가 줄어들게 됩니다. 조건과 맞는 집이 있어도 아예 확인조차 안 될 수가 있습니다. '직접 확보한 매물'과 '다른 부동산이 갖고 있는 매물'의 차이 때문입니다. 직접 확보한 매물은 집주인의 연락처를 알아서 부동산과 집주인이 직접 소통을 하는 경우입니다. 동네가 달라지면 직접 확보한 매물은 거의 없습니다. 이때는 오직 다른 부동산이 갖고 있는 매물을 보러 가는 겁니다.

여기에 더해 공동중개가 안 되는 집도 볼 수가 없습니다. 공동중개는 매도인과 매수인 쪽의 부동산이 다른 경우입니다. A부동산에서 확보한 집을 B부동산의 손님과 함께 보러 가는 것이 공동중개입니다. 경우에 따라 공동중개가 안 되는 집도 있습니다. 결국 다른 부동산이 확보한 매물 중 공동중개가 가능한 집만 볼 수 있다는 단점이 있습니다.

왠지 두려운 부동산과의 대화, 잘하는 방법이 있을까?

│ 왠지 두려운 부동산과의 대화   집을 구하는 데 가장 좋은 방법은 '부동산에 물어보기'입니다. 직접 방문을 할 수도 있고, 전화로 먼저 이야기해볼 수도 있죠. 낯선 부동산에 들어가기란 생각보다 쉽지 않습니다. 모르는 티를 내자니 얻을 정보가 적어지고 '호갱'이 될 것 같은 생각이 들고요. 그렇다고 아는 척을 하기에는 정말 별로 아는 게 없습니다.

궁금한 건 많아도 아는 게 없다면 부동산에 뭘 물어봐야 할지도 모를 겁니다. 부동산에 전화하는 것도 어려워하는 사람들이 많습니다. 이렇게 직접 찾아가기도 힘들고 전화하기도 힘든 일, 그렇다면 부동산에 어떻게 말을 걸면 될까요?

┃똥개도 집 앞에서 절반은 먹고 들어간다 연습하기에는 집

앞 부동산만 한 곳이 없습니다. 자신에게 익숙한 홈그라운드의 이점
을 살리는 겁니다. 출근길이나 퇴근길에 가볍게 한마디 물어보는 식
으로 시작합니다. "요새 어때요?" 그리고 이 동네에 산다는 것을 강
조해보세요. '지금 분위기가 어떤지, 얼마에 사고팔리는지' 등을 물
어보면서 말문을 트는 겁니다. 음료수라도 사간다면 좀 더 긴 대화
가 이어질 겁니다. 굳이 먼저 말을 많이 하겠다는 생각은 안 해도 좋
습니다. 이야기를 들으러 가는 거니까요. 가벼운 질문부터 시작해서
'부동산 방문 포비아'를 없애보세요.

┃집 얻어준 부동산 더 쉬운 곳은 이전에 중개를 해준 부동산입니

다. "언제 소개해줘서 이사 온 사람인데…"로 시작하는 겁니다. 이 말
을 듣고도 문전박대하는 곳은 없을 겁니다.

┃분양 홍보관과 모델하우스 분양 홍보관이나 모델하우스도 좋

은 '학교'입니다. 개별 단지나 매물 시세, 가격 정보보다는 주변의 호
재와 개발 계획, 관련 정책 등을 듣기 좋습니다. 인기 아파트는 줄이
길어서 패키지 관광처럼 둘러보기만 하고 끝날 수 있습니다. 소규모
단지나 상가, 오피스가 공부하기에 더 좋습니다. 담당 직원이 일대일
로 붙어서 동네 정보부터 미래가치 등을 설명해줄 겁니다. 주의점은
분위기에 취해 계약을 덜컥 해버릴 '자신'을 조심하는 것입니다.

▌콜포비아 전화가 두려울 때는 다른 방법도 많습니다. 최근 공인 중개사들도 마케팅 수단으로 다양하게 소통 채널을 열어두고 있습니다. 유튜브나 인스타그램, 블로그, 카페, 단톡방 등 다양합니다. 실시간으로 묻고 싶다면 문자나 카카오톡으로 물어볼 수도 있습니다. 네이버 '톡톡'도 훌륭한 커뮤니케이션 채널로, 많은 부동산에서 톡톡으로 상담을 하고 있습니다.

암호 같은 부동산 용어들. 그래도 알아야 하는 이유는?

┃암호 같은 용어 부동산을 접하다 보면 가끔 모르는 말이 툭 튀어나올 때가 있습니다. 알쏭달쏭한 부동산 용어의 세계로 출발하겠습니다. 오늘 여러분은 셜록 홈즈가 되는 겁니다.

부동산 사이트에 올라온 설명글을 보면 암호 같은 말들이 있습니다. '융무, 안심, 세 끼고, 공동×'라는 단어들이지요.

• 융무 – 집주인 담보 대출이 없다는 뜻입니다. '융자'의 첫 글자인 '융'과 '없다'는 뜻을 지닌 '무'가 결합된 단어이지요. 혹은 지금은 대출을 받아났는데, 보증금을 받아서 전부 받겠다는 뜻입니다. 이때 등기부등본에 (집주인 담보 대출) 말소등기는 필수입니다.

• **안심** – 집주인 담보 대출이 있지만 소액이라는 뜻입니다. 그래서 안심전세대출(또는 보증금 반환보증보험)을 이용할 수 있다는 것이지요. 담보 대출이 집값의 60%를 넘지 않고, 집주인 대출과 전세금을 합친 금액이 집값의 100% 아래일 때 쓰입니다. 간혹 지금은 담보 대출이 많아도 보증금을 받아서 일부를 갚을 때도 쓰입니다. 갚을 때는 상환 금액만큼 (집주인 담보 대출) 감액등기가 필수입니다. 특약에도 "보증금 전액을 받는 즉시 ○○원을 남기고 상환하고 감액등기한다"라고 적습니다.

• **세 안고**(세 끼고) – 매수를 하더라도 바로 입주를 할 수 없는 집입니다. 집주인이 아닌 전월세 임차인이 살고 있다는 겁니다. 이런 집의 장점은 초기 비용이 적게 든다는 겁니다. 매매가가 6억 원인 집에 전세 4억 원으로 들어 있다면 2억 원만 주고 소유권을 가져올 수 있습니다. 남은 4억 원은 전세 보증금으로 세입자가 나갈 때 돌려주면 됩니다. 보통 몇 년 뒤에 집값이 더 오를 것을 기대할 때, 당장 이사를 갈 상황이 아닐 때 세 끼고 거래를 합니다. 이런 집을 살 때는 반드시 세입자와의 계약 기간, 보증금 및 월세를 확인해야 합니다. 매매 시 세입자와의 전월세 계약서를 첨부합니다. 특약에 특별한 약정이 있는지도 살펴보세요.

세입자의 계약갱신요구권 사용 여부도 중요합니다. 다툼의 여지가 큽니다. 세입자와 합의가 안 된다면 계약 기간이 끝나야 이 집으로 들어갈 수 있습니다. 하지만 매매 잔금이 세입자의 계약갱신요구권 사용 기간이었다면 상황은 또 달라집니다. 세입자가 한 번 더(2년) 산 뒤에야 들어갈 수 있습니다.

• **갭** – 세 안고 매매하는 집에서 매매가와 전세가의 차이를 뜻합니다. 1억 원인 집의 전세가가 9천만 원이라면 갭이 1천만 원이지요.

• **피·무피·마피** – '피'는 프리미엄(P), 그러니까 최초 분양가에 더해진 '웃돈'을 뜻합니다. '무피'는 프리미엄이 붙지 않았을 때, '마피'는 마이너스 피로 분양가보다 가격이 내려간 경우입니다.

• **공동×** – 매도인과 매수인의 부동산이 나뉘는 것을 '공동(반타)', 한 부동산이 매도인과 매수인을 함께 맞추는 것을 '양타'라고 합니다. '공동×'란 다른 부동산과 함께 중개할 수 없다는 뜻입니다. 이유는 여러 가지입니다. 집주인이 다른 부동산에는 매물을 내놓지 않을 때, 한쪽에서 수수료를 받을 수 없을 때 등입니다.

• **전입 가능** – 이 단어가 붙은 부동산은 거의 오피스텔입니다. 오피스텔 전월세를 구할 때 전입신고가 가능한 집이 있고, 불가능한 집이 있다는 뜻입니다. 이렇게 나뉘는 이유는 오피스텔을 일반 사무실로도 쓸 수 있고, 주거용으로도 쓸 수 있기 때문입니다. 이는 집주인한 테 달려 있는데, 오피스텔을 처음 분양받을 때 부가세를 돌려받을지 말지에 따라 나뉩니다.

사무실로 쓰겠다고 부가세 환급을 받을 수 있습니다. 대신 이렇게 부가세 환급을 받은 집은 공식적으로는 집으로 세를 놓지 못합니다. 세입자가 전입신고를 하면 집처럼 여겨집니다. 그래서 부가세를 돌려받은 뒤 집으로 전월세를 주되 전입신고를 하지 말라는 조건이 붙는 것이지요. 이에 반대되는 말은 '전입×, 사업자 등록 가능, 세금계산서 발행 가능'입니다.

공인중개사와 중개보조원,
어떤 차이가 있을까?

▮부동산 직원 호칭의 비밀 부동산 사무실 직원들에게는 직급이 있습니다. 경력 또는 연령에 따라 임의로 나누는 것, 사실 직급이라기보다는 명칭에 가까운 것이지요.

직급에 따라 하는 일이 달라지지는 않습니다. 손님을 응대하고 중개와 관련된 일을 하는 것은 동일합니다. 관리자와 실무자 정도가 구분될 뿐이지요. 그런데 명확하게 달라지는 것은 있습니다. 공인중개사와 중개보조원으로 나뉜다는 점입니다.

▮공인중개사와 중개보조원 개업공인중개사는 부동산을 개설한 사장입니다. 부동산은 아무나 차릴 수 없습니다. 공인중개사 자격증을 따고, 일정 교육을 듣고, 일정 장소를 갖춰서, 시군구청에 신청

을 해야 합니다. 자격 요건이 있는 것이지요.

소속공인중개사는 직원입니다. 공인중개사 자격증을 따고 직원으로 일하는 사람입니다. 그리고 같이 일하는 사람들이 중개보조원입니다. 자격증은 없고 실무를 봅니다. 중개보조원은 법령에 다음과 같이 명시되어 있습니다.

> • 공인중개사법 제2조(정의) 6. '중개보조원'이라 함은 공인중개사가 아닌 자로서 개업공인중개사에 소속되어 중개대상물에 대한 현장안내 및 일반서무 등 개업공인중개사의 중개업무와 관련된 단순한 업무를 보조하는 자를 말한다.

중개보조원의 활동은 제한적입니다. 그런데 사실 부동산에 가면 누가 중개사이고 누가 보조원인지 잘 모르지요. 업무 영역을 정확히 나누기가 애매하고, 비슷한 일을 하기 때문입니다.

한때 방송에서 '부동산의 신'이라 불리던 유명인이 중개보조원이었다는 사실이 밝혀져 충격을 주기도 했습니다. 중개보조원인데도 공인중개사 합격생이라고 사칭했다는 점 때문입니다.

▎그 실장님은 중개사일까, 보조원일까? 공인중개사인지 중개보조원인지는 어떻게 구분하면 될까요? 명함을 보면 됩니다. 공인중개사 명함에는 대개 '공인중개사'라고 명시되어 있습니다. 사무실 내부를 봐도 알 수 있습니다. 중개사무실에 공인중개사 자격증 원본

을 반드시 걸어둬야 하거든요. 자격증을 걸어둔 사람이 공인중개사이고, 자격증을 게시하지 않은 사람이 중개보조원입니다.

인터넷 사이트에서도 그 실장이 중개사인지 보조원인지를 찾아볼 수 있습니다. 공인중개사 사무소에서 일을 하려면 정부에 등록을 해야 합니다. 국가정보포털(www.nsdi.go.kr)에서 해당 정보를 볼 수 있습니다. 지역, 상호, 이름으로 검색할 수 있고, 공인중개사인지 중개보조원인지도 나옵니다.

공인중개사와 중개보조원의 구분이 현장에서는 무의미할 수도 있습니다. 실제로 집을 보여주고 계약 직전까지의 과정을 중개보조원이 함께하는 경우가 많으니까요. 다만 넘어서는 안 되는 선이 있습니다. 그것은 바로 계약서를 작성하는 순간이지요.

계약과 관련된 모든 사항은 공인중개사를 통해서 이뤄져야 합니다. 개업공인중개사 입회하에 계약이 진행되어야 합니다. 그리고 계약하는 자리에는 공인중개사가 참석해야 합니다. 만약 중개보조원만 참석해서 계약을 진행한다면 최악의 경우, 즉 사고가 났을 때 아무런 보호를 받지 못할 수도 있습니다. 중개보조원은 고객에게 신분을 반드시 밝히도록 법이 바뀌었습니다. 이르면 2023년 10월부터 시행 예정입니다.

> • 공인중개사법 15조 ② 소속공인중개사 또는 중개보조원의 업무상 행위는 그를 고용한 개업공인중개사의 행위로 본다.

개업공인중개사는 중개사고로 인한 손해를 배상할 책임이 있습니다. 중개보조원만 참석한 계약에 문제가 생겼을 경우에는 서로 책임을 미룰 수도 있지요. 그렇다면 문제가 해결되는 데 상당한 시간이 걸릴 수 있습니다.

> • 제30조(손해배상책임의 보장) ① 개업공인중개사는 중개행위를 하는 경우 고의 또는 과실로 인하여 거래당사자에게 재산상의 손해를 발생하게 한 때에는 그 손해를 배상할 책임이 있다.

13장

잘 고른 상가,
연금이 따로 없다

13장에서는 '투자의 안전벨트'를 매겠습니다. 세상에 '무조건 100%'는 없습니다. 하지만 아직도 부동산투자 상품에서는 고수익 보장 등 검증되지 않은 말들이 난무합니다. 이번 장은 투자할 때 벌어지는 일들을 소개합니다. 특히 상가와 오피스텔, 분양 건물 투자에서 빈번하게 벌어지는 일들을 담았습니다. 이 내용들을 주의하면 투자 실패 확률이 줄어들 겁니다.

상가 임대차계약 시
주의해야 할 점이 뭘까?

│ 상가 얻을 때 반드시 확인해야 할 것들 상가 임대차계약은 창업을 하기 전에 필수 관문입니다. 건물주가 아니라면 남의 상가를 빌릴 수밖에 없지요.

상가 임대차계약은 주택과는 다른 면이 있습니다. 경험이 없는 초보에게는 이 또한 큰 난관이지요. 지금부터 상가 계약 전에 반드시 살펴봐야 할 것들을 체크해보겠습니다.

│ 등기부만큼 중요한 건축물대장 등기사항전부증명서로 소유주를 확인하고 소유주와 계약을 해야 합니다. 그만큼 중요한 게 건축물대장입니다. 건축물대장에는 점포 운영에 필요한 중요한 정보들이 나오기 때문이지요. 가게를 얻으려는 곳이 위반건축물은 아닌지, 준

비하는 업종에 맞는 용도 시설인지를 봐야 합니다. 일부는 건축물 대장상 면적과 실제 면적이 다른 경우도 있습니다.

> ▶ **특약 사항**
> • 임차인이 영업을 위한 2종이 아닌, 1종 근린생활시설로 되어 있는 상태임. 임차인이 직접 2종 근린생활시설로 변경하고 비용을 부담하기로 합의함. 임대인은 이에 동의하고 협조한다.

│원상복구 계약 만료 시 보증금을 돌려받고 원상복구를 꼭 해줘야 하는데, 원상복구의 범위도 꼭 확인해야 합니다. 세입자가 생각하는 원상복구와 집주인이 생각하는 바가 다를 수 있기 때문입니다. 특히 기존에 다른 가게로 운영되는 곳이나 인테리어가 되어 있는 곳에 새로 들어갈 경우 문제가 많이 생깁니다. 이때 원상복구가 '아무것도 없는 공실' 또는 '분양 당시 상태'를 의미하는지, 아니면 '자신이 들어갈 때 되어 있던 상태'를 뜻하는지 짚고 넘어가야 합니다.

> ▶ **특약 사항**
> • 임차인은 퇴거 시 원상복구한다.
> - 이때 원상복구는 임차인이 들어올 때의 상태 그대로를 말하며 이 상태는 사진으로 찍어 양측에서 보관한다.
> - 이때 원상복구는 분양 당시 상태인 공실을 의미하므로, 임차인이 들어올 때의 시설 상태와 상관없이 바닥과 벽면은 타일, 천장은 텍스 마감, 시스템 에어컨 설치 상태, 그 외 철거한 상태 등으로 해놓는다.

┃계약서의 기본 계약서에서 꼭 확인해야 할 내용이 있습니다. 자신이 생각한 곳의 지번과 호수가 일치하는지, 계약 기간과 월 임대료 등이 정확히 표기되었는지를 봐야 합니다. 월세 외 부가세는 별도인지 아니면 포함인지, 월세 세금계산서 발급에 대한 내용도 포함되어야 합니다. 렌털프리 기간이 주어진다면 시작일과 기간, 그리고 렌털프리 기간에 중도 하차한다면 어떻게 할지도 짚어봐야 할 사항입니다.

┃수압과 전기 대부분 상가 업종은 물과 전기가 필수입니다. 그렇기 때문에 수압, 상수도, 하수도를 잘 살펴봐야 합니다. 규모가 큰 건물이라면 다른 호실의 상황에 따라 허용 가능한 오수 발생량이 정해져 있습니다. 시군구별로 다르니 미리 확인해야 합니다. 하수도원인자부담금 또한 골치 아픈 문제로 번질 수 있습니다.

전기 역시 중요한 체크 사항입니다. 전기를 많이 쓰는 업종일 경우에는 상가 호실에 들어와 있는 전력량이 부족한지를 봐야 합니다. 전기용량이 부족할 경우 증설을 해야 하는데 돈이 들어갑니다. 이때 비용은 대부분 세입자가 부담합니다. 건물 사용량에 따라 증설 자체가 불가능한 경우도 있으니 주의하길 바랍니다.

> **▶ 특약 사항**
> • 임차인 필요 시 전기 증설에 임차인 협조하고 동의한다. 단 진행과 비용은 임차인이 부담하며 퇴거 시에는 증설된 상태 그대로 유지하고 나간다.

｜행정처분 확인　기존 영업장을 인수받아서 운영한다면 반드시 행정처분 내용을 확인해야 합니다. 사업자 승계인 경우 행정처분 내용도 이어질 수 있습니다. 기존 사업자가 영업정지 등의 처분을 받았다면 그 기간만큼 영업을 못 할 수도 있습니다.

　이외에도 해당 동네나 건물이 재개발 혹은 재건축 등의 가능성이 있는지도 따로 확인해야 합니다. 영업을 시작하고 몇 개월 내에 건물이 없어질 수도 있으니까요.

｜독점 상가·동일 업종 입점 제한　한 건물에 같은 업종이 입점할 수 없다는 규정 등이 있는지도 확인해야 합니다. 만약 이를 모르고 상가를 얻는다면 영업금지를 당할 수도 있습니다. 상가 관리실, 번영회, 건물주 등에게 이 내용을 꼭 확인해봐야 합니다.

건물주가 갑자기 나가라고 하면?
_ 상가임대차보호법

▌상가임대차보호법이란? 임대차보호법은 말 그대로 세입자를 보호하기 위한 법령입니다. 주택뿐만 아니라 상가도 마찬가지입니다. 상가임대차보호법은 '10년 계약 가능, 임대료 상한 5%, 권리금기회 보호' 등으로 상가 임차인의 권리를 보장하고 있습니다.

▌전부 보호하지는 않는다 상가를 빌린 세입자 전부를 보호하지는 않습니다. 대항력을 취득해야 하고, 보증금이 일정 수준 이하여야 합니다. 보증금 관련 내용이 주택임대차보호법과의 가장 큰 차이점입니다. 상가 세입자라고 하더라도 '돈 많은' 세입자까지 굳이 보호할 필요는 없다는 뜻이지요.

돈 많은 세입자라고 썼지만, 정확히는 환산보증금을 초과하는 상가를 얻었을 경우 일부 보호받지 못하는 경우가 있습니다. 대항력·10년 계약 가능·권리금은 보장을 받습니다. 하지만 환산보증금 초과 세입자의 경우, 임대료 5% 상한 및 묵시적 갱신은 상가임대차보호법이 적용되지 않습니다.

▌소액임차인은 최우선 변제

경매·공매로 넘어갔을 경우, 일정 보증금 이하 세입자는 보증금 중 일정액을 다른 이보다 가장 우선해 배당받을 수 있습니다. 서울 6,500만 원 이하, 과밀억제 5,500만 원 이하, 일부 광역시·안산·용인·김포·광주시 3,800만 원 이하, 그 외 3천만 원 이하입니다. 보증금 계산은 '보증금+(월세×100)'입니다.

▌대항력

상가건물 임대차보호법이 적용되는 상가를 계약한 뒤 사업자등록을 하고 건물을 인도받았다면, 다음 날부터 삼자에 대해 대항력을 주장할 수 있습니다. 매매·경매 등으로 주인이 바뀌어도 임차인으로서의 지위를 주장할 수 있지요. 임대차 기간이 끝날 때까지 계속 사용할 수 있고, 보증금을 전부 받기 전엔 나가지 않아도 됩니다.

▌10년까지는 버티기 가능

'장사만 잘 된다면' 10년까지 연장이 가능합니다. 임대차 기간이 만료되기 6개월 전부터 1개월 전까지 사이에 계약갱신을 요구할 수 있습니다. 2018년 10월 16일 이후 최초 또는 갱신된 계약은 10년까지 가능합니다. 해당이 안 된다면 5년입니다. 임대인은 정당한 사유가 없는 한 이를 거절하지 못합니다. 세

입자가 가장 주의해야 할 것은 '3기 차임액 연체'입니다. 월세가 밀리고 밀려서 세 달 치에 달했다면, 계약갱신을 요구할 수 없습니다.

▌월세는 5% 안에서
건물주는 임대료를 올려달라고, 세입자는 내려달라고 할 수 있습니다. 상권이 안정되고 장사가 어느 정도 된다면 재계약 시 5%까지 올리는 경우가 대부분입니다.

▌권리금 회수 기회 보호
건물주는 세입자한테 권리금을 받을 수 없습니다. 권리금은 세입자끼리 주고받는 겁니다. 모든 상가 임차인은 권리금 회수 기회를 보호받습니다. 임대차 기간이 끝나기 6개월 전부터 종료 시까지 '다음 사람'을 데리고 오면 됩니다. 건물주가 신규 임차인과의 임대차계약을 정당한 사유 없이 거절할 경우, 원래 임차인에게 손해배상을 해줘야 합니다. 대법원 판례에도 "계약 기간이 10년을 넘었어도 권리금 회수 기회는 보장받아야 한다"고 나와 있습니다.

> • 상가건물 임대차보호법 제10조의3(권리금의 정의 등) ② 권리금 계약이란 신규임차인이 되려는 자가 임차인에게 권리금을 지급하기로 하는 계약을 말한다.
> • 상가건물 임대차보호법 제10조의4(권리금 회수기회 보호) ① 임대인은 (중략) 임차인이 주선한 신규임차인이 되려는 자로부터 권리금을 지급받는 것을 방해하여서는 아니 된다.

권리금 계약이 먼저고
임대차계약이 나중인 이유는?

▌상가 권리금 알아보기 영업할 가게를 찾다 보면 권리금이 있는 경우가 많습니다. 권리금이란 쉽게 말하면 지금까지 장사해온 수고와 가치를 존중하고 인정하는 겁니다. 무형의 가치를 유형의 자산으로 보상해주는 것이지요. 돈이 오고 가기 때문에 계약서를 쓰는 것이 중요합니다. 권리금을 어떻게 주고받는지, 계약서는 어떻게 쓰는지를 살펴보겠습니다.

권리금 계약의 선행 요건이 있습니다. '이전 사장님이 운영하던 곳에서 그대로 영업을 이어나가는 것'입니다. 임대차를 이어받지 못하면 권리금 계약도 할 수 없게 됩니다. 그래서 권리금 계약과 해당 장소 임대차계약은 떼려야 뗄 수 없습니다.

임대차계약은 건물주와 하는 겁니다. 순서는 권리금 계약을 먼저

하고, 임대차계약을 나중에 합니다. 그래야 뒤탈이 없습니다. 권리금 계약금 일부를 주고받고, 임대차계약금 일부를 주고받습니다. 계약서 작성 때도 권리금부터 쓰고 임대차를 쓰면 됩니다.

▎권리금 계약부터 해야 하는 이유

임대차계약부터 하면 일이 꼬일 수 있습니다. 이전 사장님이 말을 바꿔서 권리금을 올려달라고 할 경우가 문제입니다. 나쁜 마음을 먹은 것이지요. 새로 오는 사람이 임대차계약을 하면 꼼짝 못하니, 이를 배경 삼아서 무리한 요구를 할 수 있다는 겁니다. 권리금 1천만 원을 이야기하다가 갑자기 2천만 원으로 올리는 식인 거죠.

권리금 받고 나가겠다고 했다가 갑자기 장사를 더 하겠다고 하면 상황은 복잡해집니다. 최악의 경우에는 새로 오는 사람이 계약금을 날리고 임대차를 포기하는 상황입니다. 이럴 때는 법정 싸움까지 가기도 합니다. 그러니 이런 사태를 미연에 방지하려면, 권리금 계약부터 하고 나중에 임대차계약을 해야 합니다.

▎주인이 갑자기 월세를 올린다면?

이때 중요한 점은 임대차계약이 안 될 경우, 권리금 계약은 없던 일로 한다는 겁니다. 임대차계약이 '부모', 권리금 계약이 '자식'입니다. 부모가 있어야 자식이 있는 법이니까요. 맨 처음에 권리금 내용이 오가면서 보증금이 얼마인지를 들었을 겁니다. 그 내용대로 임대차계약을 하려 했는데, 갑자기 건물주가 월세를 올리려고 한다면 어떻게 할까요? 갑자기 높아진 임대료에 모든 계획이 원점으로 돌아갈 수 있습니다. 그래서 이런 경우에 해지계약금 반환특약을 넣는 것이 중요합니다.

> ▶ **특약 사항**
> • 본권리금 계약은 임대차계약의 승계를 전제로 한다. 이에 따라 임대료 인상 또는 조건상이 등으로 인해 임대차계약이 안 된다면, 주고받은 금액을 모두 돌려주고 권리금 계약은 없던 일로 한다.

▌계약은 사소한 문제로 틀어진다

계약이란 게 희한합니다. 중요한 내용들은 시원시원하게 이야기가 잘 되다가도 사소한 것 때문에 계약이 틀어지는 경우가 꽤 있습니다. 상가를 이어받는 권리금 계약에서는 정수기, 인터넷, 비품 목록 등일 겁니다. 권리금 1천만 원도 시원시원하게 깎아줬는데 인터넷 해지금 20만 원 때문에 계약 자체가 어그러지는 경우도 봤습니다.

그래서 권리금 계약서에 주고받는 시설 목록을 최대한 상세하게 쓰는 것이 좋습니다. 시설 목록 인수인계를 표시하는 방식은 다음과 같은 2가지입니다. '○○은 남겨놓고 간다' '○○은 가져간다, 철거한다'는 식입니다.

이때 바로 보이지 않는 것들이 의외로 큰 문제가 될 수 있습니다. 전화번호, 상호, 각종 렌털 용품, 소모품과 비품도 반드시 잘 챙기길 바랍니다.

▌행정 위반·범칙금·과태료 사업장을 인수인계할 때 행정처분과 위반사항도 확인해야 합니다. 범칙금, 이행강제금, 과태료 등도 마찬가지입니다. 때에 따라서 이전 사장님의 '과오'가 새로운 사장님께 이어지는 경우도 있습니다. 이전 사장님한테도 확인해보고 행정기관에 물어보는 것이 확실합니다.

▌종로를 네게 맡기마! 뒷마무리는 깔끔하게! 드라마 〈야인시대〉를 보면 주먹 세계의 패권이 바뀌는 내용이 나옵니다. 종로를 주름잡던 '쌍칼'이 '김두한'에게 "이제 두한이 네가 종로를 맡아다오"라고 말하며 떠나지요.

권리금 계약서

권리금 계약도 마찬가지입니다. 이전 사장님은 유무형의 자산과 가치를 넘겨주고 떠나는 겁니다. 새로운 사장님은 돈을 주고 넘겨받는 상황이고요. 이때 이전 사장님이 깔끔하게 떠나면 되는데, 간혹 그렇지 않은 사람들이 있습니다. 권리금까지 받고 가게를 넘겨준 뒤에 가까운 곳에 동일 업종으로 또 오픈을 하는 겁니다. 이러한 상황을 방지할 수 있는 조항을 계약서에 넣는 것이 제일 좋습니다.

▶ **특약 사항**

• 양도인은 ○○구 내에서(반경 00km 내에서) 동종 또는 유사업종으로 창업, 취업을 하지 않는다.

상가에 투자할 때
유의해야 할 사항이 뭘까?

▌팔아서 돈 버는 차익형 vs. 월세 받는 수익형　상가 투자는 단기간에 차익을 남기거나 수익을 기대하기는 힘듭니다. 되도록이면 긴 호흡으로 가야 합니다.

　부동산투자는 크게 차익형과 수익형으로 나눕니다. 차익형은 싸게 사서 비싸게 팔아 수익을 얻는 것으로, 주택이 대표적입니다. 수익형은 다달이 월세를 받을 수 있는 상가를 생각하면 됩니다.

▌상가 투자의 핵심　상가 투자를 생각한 처음부터 끝까지, 마음에 품고 있어야 할 대원칙이 있습니다. 상가 투자의 재미는 '다달이 들어오는 월세'에 있습니다. 나는 가만히 있어도 통장에 매달 꼬박꼬박 돈이 들어온다는 매력이 있지요. 그런데 상가 투자의 핵심은 '월세를

무조건 많이 받는다'가 아닙니다. '월세를 끊기지 않고 받는다'가 핵심입니다.

▌상권 자체의 입지

누구나 좋아하고 열망하는 상권이 있습니다. 서울 강남구 논현동은 유동인구가 늘 몰립니다. 서울시청 뒤편이나 여의도도 회사가 밀집되어 있는 상권이고요. 20대가 많은 신림이나 홍대도 좋습니다. 대전에서는 은행동, 청주에서는 성안길을 고려해볼 만합니다. 울산 삼산동, 부산 해운대와 대연동도 마찬가지고요.

그런데 이런 곳이 영원할까요? 대전 은행동은 대흥동으로 상권이 확장했고, 청주도 성안길보다는 백화점 근처가 더 붐비기도 합니다. '~리단길'도 계속 생기면서 바뀌고 있습니다. 서울의 명동이나 홍대의 상가들이 텅 비어 있다는 기사들을 한 번쯤 봤을 겁니다. 이렇듯 상권은 유동적이고 흥망성쇠의 사이클이 있습니다. 영원한 것은 없습니다. 이런 흐름을 읽고 '치고 빠지기'를 할 수 있다면 상가 투자에서 큰 빛을 볼 수 있습니다.

▌내가 잘 아는 곳

상권을 선택할 때는 자기가 잘 아는 곳이 좋습니다. 집 근처가 될 수도 있고, 자주 가본 곳도 좋습니다. 특히 많이 걸어다닌 곳이 좋습니다. 상권의 형성 과정부터 유동인구와 배후수요, 고객들의 동선을 알 수 있으니까요. '저 가게는 참 오래하네' '저기는 또 망했네' '사람들이 주로 이 길로 퇴근하네' 등을 자연스럽게 느끼고 알 수 있는 곳이 상가 투자에 좋은 곳입니다.

▌동네 안, 해당 건물 안에서의 입지   또 하나의 팁은 '해당 건물 안에서 위치를 보라'는 겁니다. 용의 꼬리보다는 뱀의 머리가 낫습니다. 새로 건물이 들어설 때면 처음부터 누군가 장사를 하는 '호실'이 있을 거고, 끝까지 아무도 들어오지 않는 '빈 상가'도 있을 겁니다. 상가 건물이 처음 생긴다면 유심히 살펴보세요. 안 좋은 곳에 있거나 비싼 곳이라도 그 건물에 20~30%는 처음부터 가게를 얻고 영업을 시작할 겁니다. '좋은 위치의 나쁜 호실'보다는 '나쁜 위치의 좋은 호실'이 공실 위험은 덜합니다.

▌임대료와 매매가가 적당한지 확인할 것   상가는 수익형 투자 상품으로써 수익률을 따져봐야 합니다. 수익률은 '자신이 투자한 돈 대비해서 월세를 얼마나 받는지'로 계산됩니다. '월세×12/(건물 가격 − 보증금)'이지요. 수익률에 따라 매매가가 달라집니다. 즉 월세를 얼마 받는지에 따라 상가의 가치가 달라집니다. 수익률(가격 대비 월세 비율)은 1층이 낮고, 위층으로 올라갈수록 높아집니다.

이때 상가 수익률이나 월세만 생각해서는 안 됩니다. 주변 건물의 시세와 임대료도 반드시 비교해봐야 합니다. 근처 대비 수익률이 높다면 다음 번 임차인이 들어올 때 월세를 낮춰야 할 수도 있기 때문입니다. 상권이 더 발전할 곳인지, 인구가 늘어날 곳인지, 상가 건물이 더 생길 곳인지도 잘 살펴보면 앞으로의 월세 증감을 예상할 수 있습니다.

▌현 임차인의 상태 월세 수익률만이 아닌, 현재 임차인의 계약 기간과 영업 상태도 봐야 합니다. 상가를 산 뒤 얼마 지나지 않아 임차인계약이 끝나서 나갈 수도 있으니까요. 또한 현재 임차인이 영업이 잘 되는 곳인지 허덕이는 곳인지도 미리 살펴봐야 합니다. 얼마 못 버티고 나갈 것 같은 상태라면 월세를 못 받을 수도 있으니까요.

▌스타벅스 불패? 건물주가 선호하는 임차인 우량업종이 있습니다. 대형 프랜차이즈, 병의원, 은행, 약국 등이지요. 그런데 영원한 것은 없습니다. 망하는 병원이 있고, 병원이 망하면 약국도 문을 닫을 수밖에 없지요. 은행은 비대면 영업으로 전환하면서 영업점 수를 줄이는 추세입니다.

대형 프랜차이즈는 어떨까요? 한 시대를 풍미했던 패밀리 레스토랑들은 거의 자취를 감췄습니다. 그러니 우량업종이라고 해도 월세 수입을 보장해주는 것은 아닙니다.

▌유행 타는 업종 유행을 타고 들불처럼 번지는 업종도 주의를 기울여야 합니다. 최근 급격히 증가한 업종은 유행이 끝나면 일시에 사그라들 가능성이 있기 때문입니다. 대왕카스테라, 불닭, 벌꿀아이스크림 등이 대표적으로 유행을 탄 업종입니다. 최근에는 무인 아이스크림 가게, 밀키트 전문점 창업이 늘었습니다. 포화 상태에 다다르면 많은 점포들이 정리될 것입니다.

먼저 자신에게 물어볼 것

시간이 지날수록 상가 임대료가 올라가고 있습니다. 자영업자 창업 빈도와 폐업률, 코로나19 팬데믹으로 인한 영업 손실과는 별개입니다. 임대료가 올라가는 가장 큰 이유는 '분양가가 비싸지고 금리가 올라가서'입니다.

건물주가 중요하게 생각하고 따져야 하는 것은 수익률입니다. 투자 자본 대비 수익을 얼마나 올릴 수 있는지를 따져야 합니다. 이에 따라 건물 값이 비싸질수록 임대료가 올라가는 것은 당연한 이치입니다. 그런데 이마저도 임계점이 있습니다. 한 달 열심히 벌어도 월세 내기가 빠듯하다면 영업을 시작하기가 망설여질 것입니다.

최근 수도권 신도시 분양 상가는 1층 10평 기준 10억 원에 육박하고 있습니다. 분양가 10억 원이면 월세를 300만 원은 받아야 수익률 4%에 맞출 수 있을 정도입니다. 임차인 입장에서 월세 300만 원은 버겁습니다. 더구나 10평 내외라는 크기의 한계도 존재합니다.

상가 투자를 꿈꾸는 사람들이면 스스로에게 물어봐야 할 말이 있습니다. "내가 사장이라면 이 월세를 내고 돈을 벌 수 있을까?" 이 질문에 자신 있게 대답할 수 있다면 절대 실패할 일은 없을 겁니다. 결국 임차인 입장에서 생각해야 상가 투자에 성공할 수 있습니다.

'소액 투자'라는 광고에
속지 말아야 하는 이유는?

┃단돈 1천만 원으로 건물주 되기 부동산투자에 발을 들여놓으려는 순간, 타고난 금수저가 아니라면 자본금이 많지 않을 겁니다. 생활비 아끼고 월급 모아도 목돈을 모으기가 쉽지 않죠. 그래서 눈에 들어오는 게 부동산 소액 투자입니다.

'1천만 원만 있으면 건물주' '부린이도 쉽게 성공하는 소액 투자' 같은 홍보 문구를 많이 접해봤을 거예요. 적은 자본으로 투자하기에 이것보다 솔깃한 말들은 없을 겁니다. 그런데 과연 이것으로 끝일까요? 진짜 1천만 원만 있으면 건물주가 될 수 있을까요? 단언컨대 1천만 원으로 제대로 된 투자를 할 수 있는 건물은 없습니다.

보통 소액 투자의 대상은 오피스텔, 섹션오피스, 구분상가 등입니다. 특히 분양하면서 대대적인 광고와 함께 소액 투자라고 현혹시키

곤 하죠. 보통 1억 원짜리 상가를 분양할 때 '1천만 원만 있으면 된다'라고 포장을 합니다. 실제로 얼마의 투자금이 필요한지 계산해보겠습니다.

▌계약금 10%면 끝?

"1천만 원만 있으면 됩니다." 맞습니다. 여기까지는 사실입니다. 바로 계약금만 말이죠. 그런데 잔금 때 돈이 더 들어간다는 사실은 이야기를 잘 안 해줍니다. 처음에 10% 계약금 외에 잔금 90%도 자기가 마련해야 합니다.

그런데 돈이 없다면? 대출을 받아야겠지요. 상가 담보 대출 최대 70%로 계산하겠습니다. 7천만 원을 빌리면 잔금 20%인 2천만 원이 남습니다. 여기에 세입자를 운 좋게 구해서 보증금 500만 원을 받으면 결국 1,500만 원을 스스로 마련해야 하지요. 게다가 취등록세도 내야 하고, 중개수수료도 내야 합니다. 결론적으로 1억 원짜리 상가를 얻으려면 최소 3천만 원이 필요합니다.

이게 바로 소액 투자의 함정입니다. 여기에서 말하는 '소액'이란 계약을 위해 필요한 돈을 말합니다. 따라서 앞으로 더 내야 할 돈까지 계산해야 정확합니다.

▌최악의 경우를 대비하라

월세를 받을 목적으로 상가에 투자할 때, 두려움 반 설렘 반일 겁니다. '망하면 어쩌지?'라는 두려움과 '내가 건물주? 일 안 하는데 돈이 들어온다고?'라는 기대감이 공존하지요. 그런데 핑크빛 전망만 보지 말고 최악의 경우를 생각해보길 바랍니다. 상가 투자에서 최악의 경우는 무엇일까요? 임대가 안 나가서 월세를 받지 못하는 것이겠지요. 이 상황을 미리 대비해야 합니다.

  세입자가 안 들어와서 월세를 못 받는다면 어떤 리스크가 있을까요? 상가 매수 때 받은 대출 이자가 첫 번째입니다. 대출 이자가 계속 나가겠지요. 그리고 상가 관리비입니다. 공실인 동안에는 건물주가 관리비를 내야 합니다. 1억 원짜리 상가에 대출이 7천만 원이라면 한 달 이자가 못해도 30만 원은 됩니다. 상가 관리비 또한 10만 원 이상이고요. 월세를 못 맞추면 기본적으로 40만 원은 마이너스인 셈입니다. 이 돈을 감당할 수 있을지 충분히 고려해야 합니다.

▎욕심을 버리면 살길이 보인다 공실 위험을 줄이는 2가지 방법은 좋은 자리와 싼 임대료입니다. 상가 투자를 할 때 최대한 이익을 내고 싶고 월세를 많이 받고 싶은 건 당연한데, 이런 욕심이 공실을 부르기도 합니다. 수시로 상황을 파악하면서 경기가 안 좋거나 빈자리가 많을 때는 월세를 과감하게 낮추길 바랍니다. 더 욕심내다가 2~3년의 시간을 공실 상태로 보내는 사람들이 상당히 많습니다. 월세가 5만 원이라도 옆 칸보다 싸다면 주인을 찾을 수 있을 겁니다.

▎월세, 얼마나 받아야 할까? 지방 수익률은 다음과 같이 산출합니다. 서울보다 월세 계산식 수익률을 높게 잡습니다. 1층이라면 4% 전후로 계산하면 되고, 상층부는 6% 전후가 평균입니다. 수익률 계산식은 다음과 같습니다.

• 수익률 계산식: 1년 임대료/건물가격-보증금

　　1억 원인 1층 상가의 수익률이 4%라면 1년에 400만 원(한 달 약 30만 원) 정도가 되겠네요. 여기서 대출을 받는다면 수익률은 좀 더 올라갑니다. 이자보다 월세가 더 많기 때문이지요. 대출을 받아서 수익률을 높이는 방법을 레버리지 효과라고 합니다.

• 레버리지 계산식: (1년 임대료-1년 이자)/건물가격-대출금-보증금

▌수익률의 함정　수익률을 계산할 때 보통은 건물가만을 기준으로 계산해줍니다. 하지만 실제로 첫 해에는 해당 수익률이 나오지 않습니다. 그 이유는 취등록세, 임대 중개수수료, 렌털프리 등이 빠지기 때문입니다.

　　여기에서 렌털프리란 월세를 받지 않는 기간입니다. 인테리어 공사 등 영업 시작까지 준비가 필요하니 그 기간만큼 월세를 안 받는 겁니다. 보통 잔금일부터 렌털프리 기간이 시작됩니다.

> **▶ 특약 사항**
> • 월 임대료 렌털프리는 잔금일부터 ○○일이다(○월 ○일까지로 한다). 이 기간의 관리비 등은 임차인이 부담한다. 렌털프리 기간에 중도 퇴거할 경우에는 월 임대료를 일할 계산해서 임대인에게 지불한다.

▌못생긴 애들 중에 제일 잘생긴 것 집은 없으면 길거리에 나 앉지만, 상가 투자는 그렇지 않습니다. 없어도 굶어죽지는 않습니다. 다만 아쉬울 뿐이죠. 그렇다고 조바심을 낼 필요가 없습니다.

A건물에서 좋은 호실이 없다면 B건물에서 찾으면 됩니다. 바로 옆 건물로 눈을 돌리면 비슷한 조건의 투자 매물이 또 있습니다. 입지가 좋은 A건물에서 남은 쭉정이 대신에 입지가 떨어지는 B건물의 알짜배기 호실이 좋습니다. 결국 못생긴 애들 중에 제일 잘생긴 것이 정답입니다. 좋은 입지의 건물에서 가장 나쁜 게 아니라, 나쁜 입지의 건물에서 가장 좋은 호실을 선택해야 합니다.

▌싼 게 비지떡 이런 사람들이 있습니다. "제일 싼 게 뭐예요?" 그런데 상가 임대가 시장에서 콩나물 사는 것이 아닙니다. 가격이 싼 데는 다 이유가 있습니다. 싼 게 비지떡입니다. 위치가 안 좋거나 크기가 작거나 애매하지요. 투자의 관점에서 보면 무조건 싼 게 아닌 '월세가 잘 나갈 만한 자리' '남들한테 팔기 좋은 자리' '가성비가 좋은 자리'를 얻어야 합니다.

투자에 성공하려면 건물주의 관점에서만 바라봐서도 안 됩니다. 그곳에서 장사를 하려는 세입자의 입장에서도 따져봐야 합니다. '과연 이 월세를 내고도 남는 게 있을까?' '이 자리가 이만큼의 월세를 내고 들어올 정도로 괜찮은 곳인가?'라고 말이지요. 상가를 사는 최종 목적은 월세를 잘 받기 위한 겁니다. 결국 세입자가 잘 돼야 상가 투자도 성공할 수 있습니다.

오피스텔 투자 시
주의해야 할 사항이 뭘까?

▎분양 회사의 달콤한 유혹 "계약금 1,500만 원만 있으면 된다고 해서요" "분양권으로 프리미엄을 받고 팔 수 있을까요?" 소액 투자 관점에서 오피스텔로 눈을 돌리는 사람들이 많습니다. 위의 질문에서 공통점을 발견했습니다. 제대로 된 정보와 계획 없이 계약을 하면 후회하는 경우가 많았다는 점입니다. 다음은 오피스텔에 투자할 때 기본적으로 확인해야 할 내용입니다.

- 입지: 역세권인가?
- 수요: 직장인(1~2인 가구)의 수요가 있는가?
- 공급: 공실이 많은가?
- 수익률: 비슷한 조건에 월세가 얼마인가?

- 감가상각: 5~6년 뒤 근처에 새 오피스텔이 많아질 것인가?

- 만약 나라면 이 월세를 주고 여기서 살 것인가?

▎오피스텔 부가세 환급

오피스텔 분양 시에 부가세도 환급받을 수 있다고 설득하는 경우가 더러 있습니다. "1억 원짜리 오피스텔인데 부가세 600만 원 환급받습니다. 공돈만 600만 원이에요"라는 식으로요.

그러나 부가세를 환급받은 오피스텔은 주거용으로 임대를 하면 안 됩니다. 사무용으로만 세를 놓아야 하므로, 임차인이 전입신고를 할 수 없는 집이 됩니다. 그런데 오피스텔은 대개 주택의 용도로 쓰입니다. 주방 시설이 있는 오피스텔은 업무용이 아닌 주거용으로 봐

오피스텔 전수조사

브릿지경제 | 2019.02.21.
경기도, 주거용 오피스텔 거주자 전입신고 특별 **전수조사**
경기도, 주거용 오피스텔 거주자 전입신고 특별 전수조사 경기도가 주거용 오피스텔 거주자의 전입신고 여부에 대한 특별 전수조사를 실시한다. 탈세를 목적으로 ...

경인방송 2019.02.21.
경기도, 주거용 오피스텔 전입여부 특별 **전수조사**
경기도가 주거용 오피스텔 거주자의 전입신고 여부에 대한 특별 전수조사를 실시합니다. 도는 탈세를 목적으로 전입신고를 하지 않고 전월세 계약을 맺는 일부 오 ...

NSP통신 2019.02.21.
경기도, 주거용 오피스텔 전입신고 특별 **전수조사**
경기도가 주거용 오피스텔 거주자의 전입신고 여부에 대한 특별 전수조사를 실시한다. 탈세를 목적으로 전입신고를 하지 않고 전월세계약을 맺는 일부 오피스텔 ...

출처: 네이버 부동산

야 하지요. 그런데 오피스텔 주인이 부가세 환급을 받으려고 '업무용 임대사업자'를 낸 뒤, 세입자가 들어와서 전입신고를 하면 어떻게 될까요? 전입 이후에는 주거용으로 여기므로 부가세 환급받은 것을 토해내야 합니다.

▍전세를 못 준다

이렇게 전입을 못하는 오피스텔이라면 결국 전세도 줄 수 없습니다. 세입자 입장에서 대항력을 확보하지 못해 보증금에 대한 불안감이 있기 때문이죠. 결국 선택은 하나! '전입신고를 하지 않는 조건의 월세'밖에 없습니다. 처음 예상했던 전세 보증금을 받아서는 잔금 치르기가 안 됩니다. 자신의 돈이 분양가의 90% 이상 필요할 수도 있습니다. 배보다 배꼽이 더 커지는 경우가 생깁니다. 이런 점을 모르고 낭패를 보는 사람들이 의외로 많습니다.

▍취득세와 주택 수

잔금 때 생각지도 않은 목돈이 더 들어가니 대비하세요. 바로 취득세입니다. 일반 집을 생각해서 1%라고 생각하면 안 됩니다. 오피스텔은 취득세가 4.6%입니다. 이외에도 인지세, 부대비용 등을 더한다면 5%에 육박합니다. 1억 원인 오피스텔 잔금 때 500만 원 이상이 필요합니다.

주택 수 계산에도 유의해야 합니다. 흔히 오피스텔은 주택에 포함되지 않는다고 합니다. 그런데 일부는 맞고, 일부는 틀렸습니다. 청약할 때, 취득세와 양도세 따질 때 세금 부분에서, 그리고 오피스텔의 면적과 금액에 따라 적용 방법이 다릅니다.

┃프리미엄 환상은 버린다 '신축 오피스텔로 프리미엄을 받고 팔겠다'라는 환상은 버려야 합니다. 흔히 상담을 하다 보면 "부가세도 환급받고 프리미엄을 얻어서 팔수도 있다. 계약금만 내고 수백 만 원 버는 것이다"라는 이야기도 많이 듣습니다. 그런데 그 말을 믿지 마세요. 거짓말입니다.

물론 한때 부동산 광풍이 불 때는 소형 오피스텔에 프리미엄이 붙기도 했습니다. 그런데 이상현상이었을 뿐이지요. 오피스텔에 프리미엄을 붙여 판다는 것은 투자의 영역이 아닌 투기의 영역입니다. 2021년에 프리미엄이 붙던 오피스텔들은 2022년에 들어서면서 마이너스 프리미엄으로 전환되었습니다. 그러니 오피스텔 분양권으로 한 몫 잡겠다는 환상은 과감히 버리길 바랍니다.

분양 상가 투자 시
주의해야 할 사항이 뭘까?

┃분양 상가 모델하우스에서 호구되지 않는 법 부동산투자로서 주택에는 세금, 대출 등 규제가 많습니다. 상대적으로 비주택은 규제에서 비교적 자유롭지요. 오피스텔, 지식산업센터, 오피스 등이 대표적인 비주택 투자 상품입니다. 그런데 너무나도 쉽게 생각하고 접근하는 사람들이 많아서 안타깝습니다. '돈이 얼마 있는데 어디 투자할 데 없을까?'라는 단순한 생각이지요. 소액 비주택 투자도 엄연한 투자입니다. 쉽게 봤다가는 잃기도 쉽습니다.

'1천만 원만 있으면 나도 건물주' '다달이 월세 나오는 황금알 낳는 거위' '주부도 쉽게 성공하는 상가 투자' 등 초보 투자자를 현혹시키는 미사여구가 무궁무진합니다. 증명되지 않은 달콤한 사탕발림의 끝은 결국 투자 실패입니다.

┃호랑이 굴로! 투자할 때는 어떤 마음가짐으로 해야 되는지를 알아보겠습니다. 그중 분양 상가에 투자할 때의 주의점입니다. 먼저 분양 상가 모델하우스에서 호구 잡히지 않는 법을 보겠습니다.

• **호랑이 굴에 들어가도 정신만 차리면!** - 새로 짓는 상가에는 대개 홍보관이 있습니다. 홍보관에서는 모형도나 지도, 각종 설명 자료를 갖춰놓습니다. 바로 이곳이 투자처에 대한 설명을 듣기에 최고의 공간입니다. 분양상담사들이 지역의 특성과 건물의 특징, 장점, 호재 등을 설명해줍니다. 여러 설명을 들으면서 다양한 정보를 접할 수 있습니다.

하지만 절대 잊지 마세요. 홍보관을 방문한 이유는 정보를 얻고 식견을 늘리기 위한 것임을요. 제대로 준비가 안 되어 있다면 계약해서는 안 됩니다. 공부한다는 차원에서 설명만 듣고 나와야 합니다.

• **'예정'은 '확정'이 아니다** - 홍보관에 방문할 때부터 분양상담사와의 줄다리기는 이미 시작된 셈입니다. 홍보관에 들어가자마자 "당장 계약금 보내고 계약하시죠"라고 밀어붙이는 분양 직원은 없습니다. 아주 작은 긍정의 씨앗을 심는 것부터 시작합니다. 이 작은 씨앗은 상당히 높은 확률로 '호구'를 집어삼킬 가능성이 큽니다. 홍보관에서 보고 듣는 모든 것을 경계해야 합니다. 이것이 성공적인 투자의 첫걸음입니다.

분양 현장에서 제공하는 정보들은 대부분 사실을 기반으로 합니다. 단, 교묘하게 포장하거나 숨기는 사항들도 있으니 주의해야 합니다. 많이 헷갈리는 게 '예정'이라는 단어입니다. '지하철 예정, 병원 임대 예정' 등은 현재 확정이 아니라는 뜻입니다.

• **의심 또 의심하라** – 눈에 보이고 귀에 들리는 모든 것을 의심하세요. 몇 차례 홍보관에 다니다 보면 눈에 보일 겁니다. 누군가가 호구가 되고 있다는 것을요. 어떤 고객들은 이미 앞에 있는 상담사에게 완전히 넘어간 상태입니다. 언제든지 계약금을 넘길 준비가 되어 있는 상태이지요. 이 단계에서 정신 차리기란 쉽지 않겠지만, 그래도 한번쯤은 의심을 해봐야 합니다. '앞에 있는 분양 직원은 날 위한 조력자인가, 날 잡아먹을 포식자인가?'

그만큼 분양 홍보관이나 모델하우스에서는 주의를 기울여야 합니다. 홍보관이란 공간 자체가 '계약을 이끌어내는 목적으로 만들어진 곳'이기 때문입니다. 부동산에 대한 장점들을 나열해놓은 여러 가지 콘텐츠들이 시선을 사로잡습니다. 현장에서의 무언가 바쁘고 조바심 나는 분위기도 판단력을 흐리게 만듭니다. 자기가 방문한 시간에 다른 손님들도 많이 있다면 경쟁자로 인식될 수 있습니다. '저 옆 테이블에 앉은 사람이 왠지 내가 마음에 들어하는 호실을 계약하는 것 아닐까?' 하는 생각이죠.

홍보관이나 모델하우스에서는 계약을 잘 이끌어내기 위해 '밑작업'을 하는 경우가 있습니다. 군중심리나 조바심을 이용하는 방법이지요. '가짜 손님'을 심어놓고 실제 손님이 올 경우 계약이 많이 되는 것처럼 보이게 하는 경우가 있습니다. 게다가 인기 있는 현장이라 분양 열기가 뜨겁다면 조급한 마음은 배가될 겁니다. 이때도 중요한 것은 평정심을 유지하는 일입니다.

▌분양받을 때는 부동산과 함께! 분양받을 때는 부동산을 끼고 하길 바랍니다. 분양 상가에 접근하는 방법은 크게 2가지입니다. 분양팀에 직접 접촉하거나 공인중개사 사무소에서 소개를 받아서 가는 방법이지요. 이때 공인중개사를 끼고 가라는 이유는 무엇일까요? 그것은 바로 상가 분양을 받는 최종 목적인 월세를 놓기 위해서입니다. 결국 월세를 누가 맞춰줄까요? 아마 그 동네(건물 근처)에 있는 부동산에서 중개하게 될 겁니다.

분양팀은 해당 현장이 끝나면 다른 현장으로 옮겨갑니다. 그러니 처음부터 동네 부동산과 연계하는 것이 좋습니다. 자신이 분양받아준 상가 고객에 대해서는 책임감을 갖고 월세를 맞추려 하기 때문입니다.

처음에 부동산을 끼지 못했다면 계약 뒤에라도 동네 부동산을 찾길 바랍니다. "내가 이런 상가가 있으니 나중에 잘 맞춰달라"고 말을 터놓는 게 좋습니다.

상가 분양을 받을 때 부동산을 끼더라도 중개수수료는 내지 않아도 됩니다. 대개 이럴 때는 부동산이 분양 회사에서 '소개비'를 받기 때문이지요. 상가 분양 때 부동산이 수수료를 요구한다면 다른 부동산을 찾으세요.

┃준공 이후를 예측! 분양 당시의 분위기에 현혹되지 말고 완공되었을 모습을 예상해보세요. 분양 당시에 높은 경쟁률을 기록하는 현장이라도 2~3년이 지난 준공 때도 그 분위기가 이어진다는 보장은 없습니다.

2022~2023년에 준공되는 건물들은 보통 2020~2021년에 분양한 경우가 많습니다. 분양 당시는 무조건 잘 되는 분위기였습니다. 어디든 높은 경쟁률을 보였지요. 심지어 분양권 전매 차익인 프리미엄도 수억 원에 이르는 현장이 있었습니다. 그러다가 고금리 기조와 부동산 경기 침체가 맞물리면서 분위기는 급반전됐습니다. 주요 아파트들도 미분양되는 현장이 생기기 시작했고, 수익형 부동산 분위기도 가라앉는 곳들이 많아졌습니다.

비주택 투자의 목적은 단순히 계약하는 데서 끝나는 게 아닙니다. 나중에 잘 팔고 월세를 잘 받기 위해서입니다. 분양 당시 열기가 뜨거웠더라도 준공 이후에 세를 놓기 힘들다면, 지금까지의 과정은 물거품이 되는 겁니다.

오피스, 오피스텔, 상가 등을 분양받기 전에 스스로에게 물어보길 바랍니다. "내가 사장이라면 월세를 이만큼 주고 이 자리에 들어와서 돈을 벌 수 있을까?"라고요.

상가 투자,
어떤 말들에 속지 말아야 하나?

▌상가 분양 시에 흔히 하는 거짓말　건물을 지을 때 많은 돈이 필요합니다. 땅값, 자재비, 인건비, 건축비, 홍보비 등 큰돈이 들지요. 그런데 진짜 건물을 짓는 데는 많은 돈이 필요하지 않습니다. 건물을 짓기 전부터 대출을 받을 수 있습니다. 또한 완공되기 전에 분양을 하면서 계약금으로 충당하지요.

　건축주에게 분양 성적이 중요한 이유입니다. 그래서 일부는 나쁜 수법을 동원하기도 합니다.

▌선임대·임대 확정　상가 건물을 분양받을 때는 '선임대' '임대 확정' 같은 말에 넘어가서는 안 됩니다. 상가를 짓는 현장에 가면 여러 현수막과 광고지들이 휘날립니다. 지어지지도 않은 건물에 '임대 확

정, 병원 입점' 등 다양한 문구가 나부낍니다. 선임대는 말 그대로 '임대가 맞춰져 있다'라는 뜻입니다. 상가 분양 전에 임차인과 월세 계약을 맺은 것으로, 준공과 동시에 공실 없이 바로 월세를 받을 수 있다는 게 장점입니다.

그런데 거짓일 수가 있습니다. 분양 상가를 잘 팔기 위해 임대차계약서를 거짓으로 꾸미는 경우도 있습니다. 방식은 이렇습니다. 분양팀의 누군가가 아는 사람과 짜고 임대차계약을 맺습니다. 계약금도 주는 식으로 해서 겉으로는 정식 계약처럼 보입니다. 이를 근거로 상가 투자자를 모집합니다. 하지만 건물이 다 지어지는 준공 즈음에 문제가 생깁니다. 세입자는 계약금을 포기하고 임대차계약을 해제합니다. 이 경우 일방해제가 가능한 상황이라 건물주는 손도 못쓰고 당하게 되는 거죠.

왜 이런 일이 가능할까요? 분양팀 직원이 상가를 팔아서 받는 수수료 때문입니다. 분양 직원은 계약 건별로 돈을 법니다. 그래서 계약금을 물더라도 수수료를 벌어간다는 생각에 이런 일을 저지르는 겁니다.

이런 일을 당하지 않으려면 임대차계약이 제대로 된 것인지 반드시 확인해야 합니다. 직원이 아닌 시행사와 임대차계약을 한 게 맞는지, 시행사(또는 신탁회사) 계좌 등이 공식적인 통장인지를 봐야 합니다. 또한 임대차계약을 한 세입자를 만나서 실제 영업을 하려는 사람인지도 파악하면 좋습니다.

│병원이라서 분양받았는데 먹튀? 그럼에도 당하는 경우가 있습니다. 시행사로부터 일정 비용을 지원받고 일명 '먹튀'를 하는 경우도 있습니다. 일부 컨설팅 업체가 일을 꾸밉니다. 병의원 등 우량 업종일 경우에는 분양에 유리하기 때문에 시행사에서 비용을 지원하기도 합니다. 이렇게 병의원이 들어온다면서 임대차계약을 맺고 비용을 지원받습니다. 이때 실제 의사도 동원하고, 인테리어 공사를 조금 하는 경우도 있습니다. 그러다가 잔금을 차일피일 미루다가 두 손 들고 잠적하는 수법입니다.

이 경우에는 분양 회사는 물론 개별 호실을 분양받은 사람들까지 피해를 입습니다. 직접적인 피해는 분양받은 사람들이고요. 우량업종 임대 완료를 보고 한 계약 자체가 뒤틀리게 되는 것이지요. 그렇다고 분양사에 책임을 묻기도 어렵습니다. 임대차 해지 소식에 뒤늦게 다른 세입자를 구할 수밖에 없게 된 겁니다.

│'백'마진, 은밀하게 제안합니다 "이 상가를 분양받으면 얼마 얼마를 돌려주겠다"라고 제안하기도 합니다. 많게는 수백만 원에서 수천만 원도 됩니다. 상당히 솔깃한 제안이지요. 이런 것을 '백마진' '백P'라고 합니다.

백마진 제안을 받는다면 누가, 언제 주는지를 물어봐야 합니다. 분양 직원 개인이 주는 것인지, 아니면 회사에서 주는 것인지를요.

한 가지 더 있습니다. 계약서 등으로 내용 보장이 가능한지 꼭 확인해야 합니다. 이때 시행사나 분양대행사의 법인 인감 등이 찍힌 공식 서류라면 더 확실합니다. 백마진이 아닌 분양 할인의 뜻이라 보면 되니까요. 그러나 이런 서류도 없이 개인 직원의 말뿐이라면 주의를 기울여야 합니다.

▎뜨거운 현장, 알고 보니 가짜?
부동산투자는 의외로 이성보다는 감성의 영역에서 좌우될 때가 많습니다. 그래서 모델하우스나 분양 홍보관에서는 일부러 다급한 분위기를 연출하거나 열기가 뜨거운 것처럼 포장하는 경우가 있습니다.

대표적인 것이 '배우'를 고용하는 것이지요. 실제 고객이 아닌데도 고객처럼 위장해서 분위기를 띄우는 겁니다. 옆에서 다른 호실들이 계약되는 것처럼 연출하고, 당장 계약하지 않으면 안 될 것처럼 몰아갑니다. 이런 상황에 속았다가는 자신도 모르는 사이에 계약서에 도장을 찍고 있을지도 모르니 각별히 주의하세요.

부동산은 심리전이다

박원갑 박사의 부동산 심리 수업

박원갑 지음 | 19,800원

부동산 대표 전문가인 박원갑 박사가 부동산과 심리를 쉽고 재미있게 엮은 책을 냈다. 부동산시장의 변동성은 시장 참여자들의 불안 심리에 비례한다. 이에 저자는 부동산시장을 움직이는 사람들의 내면 작용을 다각도로 분석했다. 부동산시장은 공급과 정책 외에도 인간 심리를 함께 읽어야 제대로 보인다. 저자가 제안하는 편향에 빠지지 않는 올바른 부동산 생각법을 체화한다면 어떤 상황에서도 합리적인 선택을 할 수 있을 것이다.

나는 한 달에 1천만 원 월세로 경제적 자유를 누린다

나의 꿈 월천족

정일교 지음 | 17,000원

이 책은 저자가 다가구주택 신축으로 어떻게 경제적 자유를 이루었는지를 보여주는 실천서다. 저자는 최소한의 종잣돈으로 월 1천만 원의 현금흐름을 만드는 비법을 가감 없이 공개한다. 잠자는 동안에도 현금이 들어오는 파이프라인을 구축하는 방법이 궁금한가? 저자가 친절하고 상세하게 공개한 수익형 자산투자와 현금흐름 창출을 위한 비법을 통해 돈과 시간으로부터 자유로워지는 법을 배우고 실천할 수 있을 것이다.

스타벅스 건물주가 된 사람들의 성공 비결

나의 꿈 스타벅스 건물주

전재욱·김무연 지음 | 16,800원

이 책은 미지의 영역에 머물던 스타벅스 건물주들의 비밀을 국내 최초로 파헤친다. 저자가 기자 특유의 취재역량을 발휘해 직접 발로 뛰어 수집한 전국 매장 1,653개의 등기부등본 2,454장을 꼼꼼히 분석한 결과다. 스타벅스가 선호하는 매장의 특징과 실제 임대료, 임대 과정 등 '스타벅스 입점 성공'의 공식을 다루는 저자의 통찰에 진지하게 접근한다면 나의 꿈 스타벅스 건물주 아닌, 나의 '현실' 스타벅스 건물주가 될 수 있을 것이다.

최고의 부동산빅데이터 연구소 경제만랩의 부동산 대예측

빅데이터로 전망하는 대한민국 부동산의 미래

경제만랩 리서치팀 지음 | 16,500원

우리는 집값이 언제 오르고 언제 내리는지 궁금하다. 빅데이터 트렌드 분석을 통해 부동산시장을 파악하고 분석해 올바른 투자전략까지 세울 수 있는 책이 나왔다. 이제 단순히 감으로 부동산시장을 평가하는 시대는 끝났다. 부동산 데이터를 활용해 구체적인 시장분석이 가능해진 것이다. 미래가치가 높은 부동산을 파악하고 투자에 성공하고 싶다면 객관적인 데이터를 기반으로 한 이 책이 좋은 투자 전략서가 될 것이다.

성공투자를 위한 재개발·재건축 실전오답노트

세상에서 가장 친절한 재개발·재건축

장귀용 지음 | 16,000원

우리나라는 대다수 사람들이 대도시에 살고 있다. 사람들이 밀집해 거주하는 대도시는 주택난이 심각하다. 앞으로 재개발·재건축은 피할 수 없는 사업이다. 부동산 전문기자인 저자는 재개발·재건축 사업의 각 단계와 실제 사례를 정리하여 한 권의 책에 담았다. 재개발·재건축 투자에 관심이 있는 사람이라면 반드시 알아야 할 내용만 담았다. 저자가 현장을 오르내리며 경험한 느낌을 고스란히 담아내어 실질적인 투자에 도움이 될 것이다.

다가올 미래, 부동산의 흐름

박원갑 박사의 부동산 트렌드 수업

박원갑 지음 | 18,000원

혼돈의 시대, 부동산 트렌드를 알면 성공의 길이 보인다! 집이 주인이 되는 '주주(住主) 사회'에 걸맞게 국내 최고 부동산 전문가인 박원갑 박사는 공정한 관찰자의 입장에서 냉철하고도 균형 있는 시각으로 부동산 시장을 둘러싼 핵심 트렌드를 심도 있게 분석한다. 세상의 주역인 MZ세대의 특징, 아파트 공화국인 대한민국 부동산 시장의 실체 및 흐름 등을 설명하는 이 책 한 권이면 부동산 트렌드를 빠르게 좇아가는 패스트 팔로워(fast follower)로 성장할 수 있을 것이다.

위기의 시대, 부동산 투자 어떻게 할 것인가

부동산의 속성

신얼 지음 | 16,000원

경제위기의 시대, 살아남기 위해서는 부의 파이프라인을 구축해야 한다! 이 책은 가화만사성의 핵심인 부동산에 대한 새로운 시각을 보여준다. 저자인 신얼은 국내 최초로 부동산과 채권 영역을 모두 아우르는 애널리스트다. 이 책에는 30세 늦깎이 직장인이었던 그가 어떤 우여곡절을 거쳐 부동산에 대해 지금의 통찰을 가지게 되었는지가 생생히 담겨 있다. 객관적인 정보와 함께 부동산으로 부의 파이프라인을 구축한 저자의 실제 경험은 '왜 부동산을 가져야 하는지'에 대한 깨달음을 준다.

혼돈의 시대, 부동산의 미래

대한민국 부동산은 언제까지 오를 것인가

김인만 지음 | 18,000원

도대체 집값은 왜 이렇게 상승하고 잡히지 않는 것일까? 이 책은 부동산 투자자들의 궁금증과 답답함을 단번에 해소시켜줄 부동산 투자 전망서다. 부동산 정책의 메커니즘과 이슈에 대한 완벽한 이해를 제공함으로써 투자자들이 현재 상황을 정확하게 분석하고, 향후 부동산 시장 흐름을 예측하는 능력을 키우는 데 초점을 맞추었다. 이 책을 통해 과열된 부동산 시장 속 쌓였던 스트레스를 속 시원하게 날려보자.

부동산 초보 투자자가 가장 알고 싶은 것들
부동산투자가 처음입니다

성주원·김기덕 지음 | 16,000원

2019년의 부동산 열풍이 2020년에도 이어질 듯했지만 누구도 예상하지 못했던 코로나 19 사태로 국내 경제는 물론 부동산시장도 불확실성에 휩싸이게 되었다. 이 책은 부동산 담당기자로 잔뼈가 굵은 저자들이 부동산시장에서 실패하는 초보자가 없기를 바라는 마음에서 집필했다. 이 책에서 들려주는 부동산의 기본적인 개념과 사례 등을 통해 흔들리지 않는 부동산 원칙을 세울 수 있을 것이다.

서울의 부동산만 오를 것이다

김형근 지음 | 15,000원

추상적 논리가 아닌 주관적 분석 틀로 서울부동산이 앞으로도 계속 오를 수밖에 없는 이유를 들려주고, 나아가 서울에서도 미래가치가 높은 투자 유망지역을 알려주는 책이다. 그 결과 저자는 우리나라에서는 지방도시보다는 서울에 주택을 갖는 것이 투자가치를 더 높일 수 있다는 결론을 얻었다. 저자는 서울지역 중에서도 유망지역에 사는 것이 거주를 목적으로 집테크할 수 있는 최고의 방법이라고 말한다. 비싼 서울 집값은 결국 앞으로도 그 가치가 계속 상승할 것이고, 서울에 집을 보유하는 것은 선택이 아닌 필수임을 강조한다.

1인 디벨로퍼로 3년 안에 건물주 되기
나는 2천만 원으로 시작해 20억 건물주가 되었다

김동철 지음 | 16,000원

종잣돈 2천만 원으로 시작해 도심의 20억짜리 건물을 가지게 된 저자의 소중한 경험과 노하우를 이 한 권의 책에 모두 담았다. 공·경매를 통해 도심의 자투리땅에 있는 단독주택을 시세보다 싸게 낙찰받고 이를 직접 용도에 맞게 기획해 신축함으로써 투자비용은 최소화하고 수익을 극대화하는 '건물주 되기 노하우'를 공개한다. 돈도, 경제지식도, 부자마인드도 없던 대한민국의 평범한 남자가 20억 건물주가 되기까지의 과정을 생생하게 소개한다.

다가올 3년, 아직 부동산 투자 기회는 남아있다
혼돈의 부동산시장, 그래도 기회는 있다

김인만 지음 | 16,000원

부동산시장의 흐름을 읽을 수 있는 노하우, 그리고 부동산 투자자라면 꼭 알아야 할 필수지식과 투자전략을 한 권에 담은 책이 나왔다. 이 책은 현재 부동산시장의 정확한 진단, 과거부터 현재까지의 부동산 정책 흐름, 인구변화, 입주물량, 금리인상 등 부동산 가격에 영향을 주는 여러 요인들을 팩트로 분석해 최대한 정확한 예측을 할 수 있도록 안내하고 있다.